寻迹北京

北京重点文保导览手册

华古团队 编著

陕西新华出版传媒集团
陕西人民出版社

图书在版编目（CIP）数据

寻迹北京：北京重点文保导览手册 / 华古团队编著 .
-- 西安：陕西人民出版社，2022，11
ISBN 978-7-224-14722-3

Ⅰ.①寻… Ⅱ.①华… Ⅲ.①名胜古迹—北京—手册
②文化遗址—北京—手册 Ⅳ.① K928.701-62
② K878-62

中国版本图书馆 CIP 数据核字（2022）第 191387 号

出 品 人：赵小峰
总 策 划：王长海
策划编辑：许晓光　白艳妮
责任编辑：许晓光　白艳妮
整体设计：赵文君

寻迹北京：北京重点文保导览手册
XUNJI BEIJING BEIJING ZHONGDIAN WENBAO DAOLAN SHOUCE

编　　著　华古团队
出版发行　陕西新华出版传媒集团　陕西人民出版社
（西安市北大街 147 号　邮编：710003）
印　　刷　陕西金和印务有限公司
开　　本　850 毫米 ×1168 毫米　1/32
印　　张　28.375
字　　数　300 千字
版　　次　2022 年 11 月第 1 版
印　　次　2022 年 11 月第 1 次印刷
书　　号　ISBN 978-7-224-14722-3
定　　价　218.00 元

众创华夏文物古迹影像志

——“寻迹华夏”丛书总序

华夏大地，山川壮丽，物产丰隆，我们的先辈在这片土地上创造了众多灿烂的文化，也留下了浩如烟海的文化遗产，形成了炎黄子孙的文化根脉。代表这些文化的遗迹现大多被文物部门在原址保护起来，其中重要的被列入文物保护单位，简称“文保”（下皆简称）。

20 世纪 80 年代以来，伴随着我国经济飞速发展，人民物质生活水平不断提高，对精神文化的需求也愈加强烈。除了各种形式的文化旅游飞速发展外，一些地区也出现了很多或由政府引导或民间自发组建的文保志愿者团体。这些团体配合政府文物保护部门，对文物进行细致巡查和面向公众开展各种文化行走、宣传活动。这些活动不仅增强了公众对文物的了解，还提高了公众对文物保护的参与度。

我们组建的华古团队及前身——主题南京团队就是一个文物爱好者和文物保护宣传团队。从 2014 年开始，我们不仅不间断细致走访南京的各级文物，还编撰了宣传和保护六朝陵墓石刻书籍《六朝遗韵：沿着朱偰先生的足迹》。我们的行为得到了文物部门的认可和各级媒体的宣传，2020 年央视纪录片《城 · 墙》还把我们团队事迹编入。

在走访过程中，我们发现很多文保位置较偏远，走访难度大。为了方便其他文保爱好者，我们以政府部门公布的文保列表为基础依据，同时将几年间对南京文物的走访资料加以汇集，建立了文保数据库，并自筹资金研发推出了“金陵文化遗产”网站和手机 App。

网站和 App 上线后，得到了南京众多文保爱好者的支持和肯定，同时也吸引了我们“朋友圈”中各地同好的目光。在全国各地爱好者的支持下，2019 年我们将其升级到全国范围，并更名为“华夏古迹图”文物古迹大数据平台（简称“华古平台”），同时推出全新的网站、App、微信小程序及平台和地区管理端软件。

随着各地文保爱好者的加入，华古平台的数据不断完善。截至 2022 年 11 月，平台共完善了全国 367 个地市（含省管县）的数据，共计收录 69172 个文保及其包含的 74140 个文保点，其中包含了平台用户辅助发现的 19412 个文保点。另外，平台收录用户添加的足迹 210758 个，上传的照片 829568 张。我们的用户群也不断扩大，还吸引了很多文博相关专业的学生和研究从业者加入管理团队。

在此基础上，大家希望能将平台的成果通过众创的方式形成书籍，加以沉淀。

通过书籍辅助平台的方式对文物进行更深入的宣传，让公众更全面了解文物的方方面面。

介绍各地美景风光的书籍，市面上其实已经有很多，或深入或浅出的文字版文物类书籍也不少，但是内容系统全面地聚焦文物，又兼具美观和实用的文物导览工具类书籍还很缺乏。在未来的数年内，我们计划以“寻迹华夏”作为丛书名，以“华古团队”为丛书作者，联合全国各地文物爱好者，以一个城市或一类文物为基点，系统分类整理相应文物，规划线路，配以或难得一见或精彩绝伦的照片，出版一系列精品书籍，为读者打造独有的文物盛宴。

2021 年底我们出版了“寻迹华夏”之古都系列的第一本书——《寻迹南京》。该书以南京市 55 个国家级重点文物保护单位为纲，串联出周边省级、市县级文物保护单位近千处。

《寻迹南京》出版后，得到广大读者的好评和支持，也受到了很多业内单位和人士的关注，陕西人民出版社便是其中之一。该社和“华古团队”决定以完善“寻迹四大古都”为目标，在《寻迹南京》之后，合作《寻迹北京》《寻迹西安》《寻迹洛阳》三本图书。未来双方还会以不同的文化脉络，为广大读者提供更多宣传文物古迹的“寻迹”系列书籍。

另外，我们也将持续不断地完善“华夏古迹图”文物古迹大数据平台，也希望各地的爱好者共同参与到平台的完善工作中来。平台与书籍相辅相成，共绘“华夏古迹图”，共同守护华夏文物。

最后，我们希望“寻迹华夏”丛书可以成为这个时代华夏大地文化遗产的一部影像志，也成为宣传身边文化遗产的系列文化读本。希望通过我们的书籍和平台，让大家更方便地关注身边的文物古迹，让华夏灿烂文化遗产成为我们民族复兴道路上强大的精神力量！

让我们一起“按图索迹，守望古今”！

华古平台创始人、“寻迹华夏”丛书总策划　邵世海

2022 年 11 月

序

架设文化遗产展示与民众观赏的桥梁

北京是世界著名古都，国家历史文化名城，拥有3000多年建城史，860多年建都史，为我们保存和延续了极为丰富的历史文化资源。习近平总书记指出，“北京历史文化是中华文明源远流长的伟大见证……，凸显北京历史文化的整体价值”。在当前加强文物保护、利用、传承的基础上，为使中华优秀传统文化不断发扬光大，增强文化自信，并在传承中华优秀传统文化的基础上，发展社会主义先进文化，加快建设社会主义现代化文化强国，习近平总书记指出要“使文物保护成果更多惠及人民群众，要让收藏在博物馆里的文物，陈列在广阔大地上的遗产，书写在古籍里的文字都活起来”。为了让文物活起来，使文物更好地融入生活、服务人民，让更多的民众亲身感受到民族历史文化的魅力，市文物局围绕着文物的“活化利用”和“文化惠民”推出了多项措施，举办了多项民众广泛参与的文化活动。目前，全市正在不断创新拓展文物惠及民众的多种方式，北京市文物保护协会会员刘雷同志与几位文物保护志愿者编写的《寻迹北京》就是一个可贵的探索。

北京的历史文化资源丰富，等级高，影响大。北京地区有不可移动文物3840处，其中世界文化遗产7处，全国重点文物保护单位135处，市级文物保护单位255处，区级文物保护单位752处。此外，还有国家文化公园2处(长城、大运河)，国家考古遗址公园2处(周口店北京猿人遗址、圆明园遗址)，地下文物埋藏区68处，石窟寺32处，摩崖造像33处以及大批的历史文化街区，等等。

北京是我国世界文化遗产总量最多，且最为集中的城市之一。有长城、故宫、颐和园、天坛、明十三陵、周口店北京猿人遗址、大运河等世界文化遗产，占中国世界文化遗产约1/6比例。目前北京中轴线已列入《中国世界文化遗产预备名单》。北京的革命文物资源丰富厚重，十分珍贵。北京是新文化运动中心和“五四”运动爆发策源地，马克思主义在中国早期传播的主阵地，中国共产党的主要孕育地之一，也是全民族抗战爆发和新中国的诞生地。据目前的统计，北京第一批革命文物名录多达158处，可移动革命文物2111件套，其中不可移动革命文物包括全国重点文物保护单位18处，市级文物保护单位29处，区级文物保护单位52处。

此外还有在全市分布的历史名村、名镇、园林、坛庙、寺院、历史街区、会馆、名人故居以及种类多样、风格各异的近现代历史建筑，体现出北京作为统一多民族国家首都的文化特色。

民族文物是满足人民群众对美好生活向往的重要文化资源。为使文物更好地融入民众的文化生活，近年来，文物部门认真贯彻新的发展理念，不断扩展文物工作融入社会发展的途径和领域，调动社会力量参与文物保护与活化利用工作，不断推进文（文物）旅融合发展，拓展区域交流合作，创新文物保护利用模式，提升历史建筑的文化功能，创造性地实施“文物建筑活化利用计划”，涌现出了“白塔夜话”“会馆有戏”“北京古建音乐季”和“三山五园”国家文物保护利用示范区及“三个文化带”等民众广泛参与的历史文化品牌。特别是围绕着中轴线申遗，更是开展了一系列邀请广大民众走进中轴线参观各种展览、互动体验，举办了多种参观中轴线、探访中轴线等文物活化利用活动，受到了民众和游人的广泛欢迎。

北京是国家的首都，作为全国的政治中心和文化中心，每年都将迎接国内外众多的宾客与观览游人。为适应更为广泛的各方游人参观游览的需求，针对北京文物建筑时代跨度大、地域分布广的情况，特别是全市文物建筑还缺乏整体的系统性的参观路线导览，尤其是一些位于城内闹市之中的文物建筑，或处于楼群包裹之中，被高楼所遮挡，或处于背街小巷之内，使人不易寻找，一些分布于郊区的文物建筑也往往是或藏于交通不便的深山之中，或处于路况不清的山林旷野，致使游人寻访参观多有不便等问题，刘雷等同志，历经千辛万苦，克服了重重困难，不惧艰辛，遍访了北京地域内的 130 余处国家级文物保护单位，并逐一考察，拍摄全景图、细节图，在《寻迹北京》中认真记录和描述了每一处文物保护单位的交通状况、周边环境和与其临近的文物单位的名称、方位、距离和连接道路状况等等，系统性地标记出了每个地域的文物单位之间相联结的参观路线图、照片和电子图等，同时还根据文物保护单位的不同性质，将北京地区的国家级文物保护单位，按照古遗址、古墓葬、古建筑、近现代重要史迹及代表性建筑，进行专项分类，逐一标明每处文物单位的寻访路线图，给全市国家级文物保护单位搭建了一座与观众连接的桥梁。

参观游人可在《寻迹北京》的引导下，选择参观各类文物单位和出行线路，首次来京的宾客游人，可以在《寻迹北京》的引领下，参观最具北京历史文化特色的皇家宫殿、坛庙、园林以及北京著名的八达岭长城、明十三陵、北京城中轴线等文物建筑；而对于多次来京的宾客、游人，可根据《寻迹北京》提供的多种文物景点及游览线路，选择参观位于城内胡同四合院群落中的各类清代王府和孔庙、国子监、智化寺、历代帝王庙等多处著名的文物单位以及位于远郊山区的云居寺、潭柘寺、戒台寺、法海寺、大觉寺等久负盛名的历史名胜及分布周边的爨底下、古北口等历史悠久、文化丰富的古村古镇。

“让文物活起来”是文物工作在新时代的一项新的课题，充分利用并发挥全市文物的历史文化资源优势，“讲好中国故事”，打造更多民众满意的“文化家园”，是当前发挥文物的社会教育功能和以史育人的重要措施，《寻迹北京》的出版，是使文物更好地融入社会生活、服务人民的重要方式，将在推进全市文物保护利用工作的发展中发挥重要作用。

北京市文物保护协会会长、北京市文物局原局长　孔繁峙

2022 年 11 月

前　言

《寻迹北京》是一本带您寻访北京重要文物保护单位的路书。

北京是我们伟大祖国的首都，作为全国的政治中心、文化中心、国际交往中心、科技创新中心，拥有 3000 多年建城史，860 多年建都史，留下了大量的文化遗迹。截至 2022 年，国务院共公布了八批全国重点文物保护单位（以下简称“国保”） 5058 处，其中北京市有国保 135 处。目前，北京市公布了九批市级文物保护单位（以下简称“市保”）255 处，区级文物保护单位（以下简称“区保”） 700 余处，未定级不可移动文物 2000 余处，各级文物保护单位共计近 4000 处。后续内容中我们将以级别加批次的方式进行简写，如“国一”“市一”。

我们按照国家文物局的文物分类方法，把全书分为四章，分别是古遗址、古墓葬、古建筑、近现代重要史迹及代表性建筑（由于北京国保中没有“石窟寺及石刻”和“其他”两类，故未列）。北京国保中，古建筑和近现代重要史迹及代表性建筑两个类别数量众多，分别达到 78 处和 43 处。每章国保大多数是按照时间顺序排列，由旧石器时代至近现代，同一历史时期的，按照类型和等级排序。在形式上，135 处国保的包含方式也有不同，有单体项目，也有多个子项的打包项目，比如大运河、长城等。在分布区域上，西城区国保最多，达到 43 处。而东城区和西城区组成的首都功能核心区国保相对集中，达到 80 处之多。

在内容介绍上，我们选择了贴近大众的视角，以实地走访为基础，充分考虑受众的阅读体验，主要从历史沿革、文保结构、规模和组成部分（包含子项）、相关拓展（如重要人物、出土文物等）角度进行叙述。同时，也将地理位置、开放时间（景区选取的是淡季开放时间）、收费情况和推荐寻访方式等一一呈现，力求做到把 135 处国保的重点和亮点精彩呈现。特别指出的是，北京地区的部分古迹会不定期进行修缮或维护，景区也会不定期地暂停开放，大家在北京访古要及时关注相关古迹或景区公众号的最新开放信息，以免“白跑一趟”。

在配图方面，我们得到了北京众多文博单位领导、北京地区访古人和摄影师的帮助，同时还有“华夏古迹图”文物古迹大数据平台众多访古爱好者的鼎力贡献。我们对投稿的数万张图片进行精心挑选，对部分图片进行了补拍和定点征集，最终定版了 70 位访古摄影人的 1300 多张图片，力求做到图文结合的同时，希望可以多角度、多层次地展示文保古迹的状况和看点。主要有全景图、俯瞰图、细节图、古代书画相关图和老照片等，也选取了不同季节的照片以体现文保各时段的美感，很多罕见的角度、不开放的区域都在书中有所呈现。

北京市近 4000 处各级文物保护单位分布于 16 个区。为了方便大家区域性寻访北京古迹，我们以国保为主体，结合周边的市保、区保，多次反复修改和验证，精心设计了 49 条线路，配以文字说明及部分文保图片展示。每条线路大约以一天行程为参考。特别值得一提的是，我们还开发了“华夏古迹图”App 和小程序（扫描本书最后一页的二维码可以下载），您可以通过它随时随地了解北京目前各级文物保护单位的基本信息，而且可以一键导航到达并留下足迹照片和所看所想。在此，我们也要向寻找和记录这些北京古迹的朋友们表示衷心的感谢，“前人种树，后人乘凉”，我们希望通过大家的共同努力，能有更多的朋友关注和了解我们北京身边的古迹，让它们受到更好的保护，让传统文化在历史的长河中薪火相传。

《寻迹北京》，我们是创作人；同时还有大量的参与人，比如照片和资料提供人；最终还是要服务于我们的文物古迹寻访人。跟着《寻迹北京》寻访北京，相信用不了太多的时间，您也会成为一位北京访古达人。希望通过我们的努力能给更多的访古爱好者提供便利，更好地宣传我们的传统文化，让文物活起来，让文化走起来。

目　录

第四章

近现代重要史迹及代表性建筑

周口店遗址（刘莹莹 / 绘）

第一章 古遗址

截至 2022 年的数据统计，北京市范围内市级以上的古遗址类文物保护单位数量为 24 处。其中，国保 8 处，市保 16 处。北京有 3 处古遗址入选年度全国十大考古新发现。

北京地区的史前时代古遗址中，周口店遗址（国一）是我国最早发掘的旧石器时代遗址，揭示了距今 70 万年前至 20 万年前的“北京人”和距今 3 万年前的山顶洞人的生产生活方式；东胡林人遗址（市九）提供了华北地区 11000—9000 年前人类发展史的重要资料；上宅遗址（国八）和北埝头遗址（市六）则代表了燕山南麓泃河流域新石器时代中期的上宅文化，出土了大量形制独特的陶器。

三代古遗址中，琉璃河遗址（国三）是北京建都的最早见证，出土的克盉等精美青铜器证明了《史记》中“封召公于北燕”的记载，伯矩鬲入选禁止出境展览文物名单。

汉代北京地区属幽州刺史部广阳郡管辖，其治所蓟县是华北地区重要的中心城市，留下了丰富的遗存。窦店土城（市二）、清河汉城遗址（市六）、广阳城遗址（市九）、路县故城遗址（市九）都是重要的汉代城址，其中路县故城遗址入选了 2016 年全国十大考古新发现。

辽金时期是北京历史上快速发展的时期，在这段时间里北京先后成为辽南京城、金中都城，而后者是北京作为王朝都城的起点。大庄科辽代矿冶遗址群（市九）保存了大量辽代冶铁炉，填补了辽代冶铁史的空白，入选 2014 年全国十大考古新发现；金中都水关遗址（国五）是金中都保存至今最为重要的遗存，对于标定金中都城墙和水系位置、研究金代建筑技术均有重大意义，入选 1990 年全国十大考古新发现；金中都城遗迹（市三）和金中都太液池遗址（市三）同样是金中都重要的历史见证。

元代是北京作为统一多民族国家都城的开始，元大都奠定了明清北京城规划的基础。元大都城墙遗址（国六）和元大都下水道（区保）是元大都城市建设的重要标志；澄清下闸遗址（市九）是元代通惠河上的重要水工建筑物。元大都是国际性的大都会，各种文化在此交流碰撞，留下了十字寺遗址（国六）这样一处珍贵的景教寺庙遗存。

明成祖朱棣定都北京，基本奠定了明清北京城的格局，留下了北京明清皇城墙遗存（市七）。清代的北京城则延续了明代的格局，留下了永定门御道遗存（市九）这处重要的中轴线标识。清代在西郊大量建设园林，圆明园遗址（国三）是北京西郊最为重要的皇家园林遗存之一，也是英法联军野蛮侵略行径的历史见证。

周口店遗址（国一）

周口店遗址全景（郑直 / 摄）

地　址	房山区周口店镇龙骨山
开放时间	9:00—16:00
收费情况	收费

周口店遗址是中国古人类学、旧石器时代考古学和古脊椎动物学的发祥地，1918 年由瑞典地质学家、考古学家安特生首先发现，1921 年试掘，1927 年开始进行系统发掘。至今共发现和发掘包含有人类化石、古生物化石、石器或人类居住遗迹的遗址 27 处，出土有石器、骨角器和穿孔饰物等。周口店遗址涵盖了直立人、早期智人和晚期智人三个古人类阶段，堪称人类化石的宝库。1987 年 12 月，周口店北京人遗址被列入《世界遗产名录》。

猿人洞（刘远航/摄）

猿人洞（刘远航 / 摄）

“北京人”头盖骨复制品（编号 3）（李春琳 / 摄）

1929 年 12 月 2 日，中国考古学者裴文中先生主持发掘时发现第一个完整的“北京人”头盖骨化石。后又在第 1 地点（猿人洞）上部的山顶洞发现了“山顶洞人”化石。2003 年在第 27 地点还发现了田园洞人类化石。

猿人洞内灰烬层（刘远航 / 摄）

1966 年“北京人”头盖骨发现处（刘远航 / 摄）

1966 年“北京人”头盖骨复制品（刘雷 / 摄）

猿人洞

猿人洞原是一个天然石灰岩溶洞。几十年来，主要发掘了堆积的中段（约 27000 立方米），从中发现了近 200 件人类化石（代表 40 个古人类个体）、上万件石器、数层灰烬和近 200 种动物化石。这是迄今世界上同时期遗址中材料最丰富、最全面、最具代表性的古人类遗址。

1966 年在第 1 地点发现了“北京人”额骨、枕骨和部分顶骨，原件现保存在中国科学院古脊椎动物与古人类研究所。

第 4 地点（刘雷 / 摄）

早期智人牙齿模型（李春琳 / 摄）

第 4 地点

第 4 地点是一处南北向的洞穴——裂隙堆积，主要为黄色砂质黏土，时代为中更新世末期，与第 1 地点的上部堆积相近。发现了石器、古人类用火的证据（灰烬、烧石及烧过的朴树籽）以及豺和鹿的化石，1973 年又发现了古人类前臼齿 1 枚。

山顶洞（刘雷 / 摄）

山顶洞

山顶洞是距今 3 万年前到 1 万年前山顶洞人生活过的洞穴。原洞穴分入口（已坍塌）、上室、下室和下窨四个部分。上室为居住处，下室为墓地，下窨只发现过动物化石，并且有完整的骨架，推测其可能为一天然陷阱。

山顶洞出土的骨针复制品（刘雷 / 摄）

山顶洞内发现包括 3 个头骨在内的代表至少 8 个个体的人类化石材料，还有碳屑、石器、骨器（包括骨针）和用穿孔石子、兽牙、贝壳等做成的装饰品。在人骨化石周围还发现有赤铁矿粉末，这是山顶洞人对死者进行埋葬的证据。

科学家纪念园是在周口店遗址的发掘和研究中做出巨大贡献的杨钟健、裴文中、贾兰坡、尹赞勋、周明镇、吴汝康等科学家长眠的地方。

周口店科学家纪念园（高晨翔 / 摄）

上宅遗址（国八）

上宅遗址全景（刘雷 / 摄）

地　　址	平谷区金海湖镇上宅村西北
开放时间	全天
收费情况	免费

上宅遗址是新石器时代中期上宅文化的命名地，1984 年被发现并进行了多年考古发掘。上宅遗址是北京地区迄今发现最早的原始农业萌芽状态的新石器时代文化遗存，填补了燕山南麓地区新石器时代中期考古学文化发展序列的空白，补充了距今 7500 年前后中原地区与东北地区史前文化交流的中间缺环，具有重要价值。

上宅遗址出土的陶器（刘雷 / 摄）

上宅遗址出土陶器、石器和动植物遗存7000余件，其中装饰斜向刮抹纹、压印“之”字纹的弧壁筒形陶罐和平底陶钵、圆底陶钵、圈足陶钵，以及单面起脊石斧状器等，代表了燕山南麓泃河流域独特的考古学文化，因而被命名为“上宅文化”。

上宅遗址出土的石磨盘和石磨棒（刘雷 / 摄）

上宅遗址出土的石器（刘雷 / 摄）

上宅遗址出土的陶猪头（刘雷/摄）

遗址内还出土大量鸟、猪、羊、猴等动物形象的陶质、石质雕塑和器具，反映了史前人类丰富的精神生活。遗址出土文物现主要展陈于首都博物馆、平谷区博物馆和上宅文化陈列馆。

上宅遗址出土的石猴形饰件（刘雷/摄）

上宅遗址出土的鸟首形器（刘雷/摄）

琉璃河遗址（国三）

琉璃河遗址全景（郑直 / 摄）

地　址	房山区琉璃河镇董家林村北京考古遗址博物馆（琉璃河遗址）
开放时间	9:00—17:00（周一闭馆）
收费情况	免费

琉璃河遗址是西周时期我国北方主要的诸侯国——燕国都城的遗址，也是目前北京地区可追溯到的最早的城市文明的源头。遗址核心区现存西周时期夯土城墙、城内居址和城外墓葬。该遗址 1962 年被发现并进行小规模发掘，经过多年的考古，已出土青铜器、刻字甲骨、玉器、漆器、原始瓷器等大量精美文物。

伯矩鬲（李春琳 / 摄）

出土于 M251 的伯矩鬲是禁止出国展览的文物之一，和出土于 M253 的堇鼎一起成为首都博物馆的“镇馆之宝”，是北京悠久历史的重要符号。

堇鼎内壁铭文释读：匽（燕）侯令（命）堇饴（颐）大保于宗周。庚申，大保赏堇贝，用乍（作）大子癸宝尊口。

堇鼎铭文进一步证实召公家族一支封于燕国为侯，一支在宗周世袭太保，与克盉、克罍铭文互为印证。

堇鼎铭文拓片

堇鼎（李春琳 / 摄）

克罍（李春琳 / 摄）

克罍铭文拓片

克盉（李春琳 / 摄）

M1193出土的青铜器克盉、克罍中“命克侯于匽（燕）”等铭文首次印证了《史记》中关于分封制的记载，证明了琉璃河遗址就是西周早年燕国的都城。

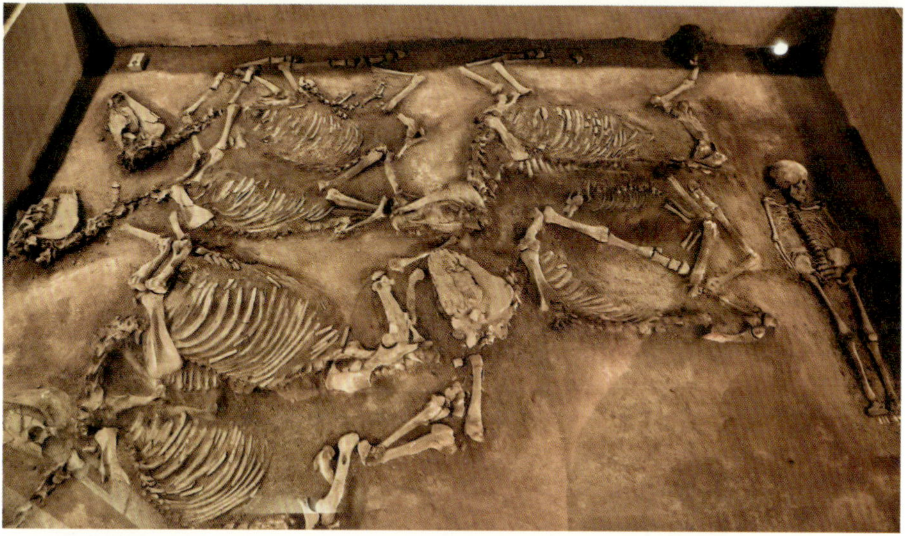

车马坑（刘远航 / 摄）

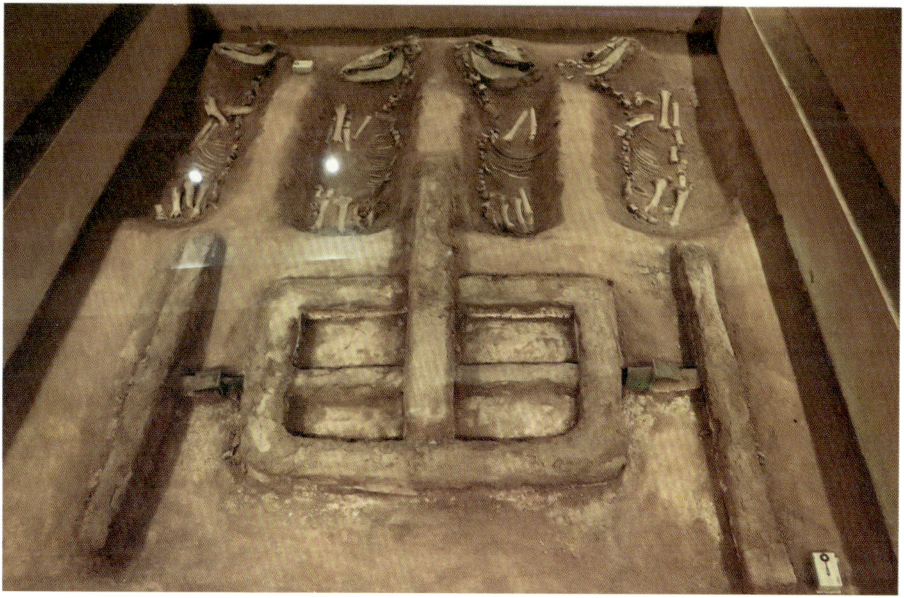

车马坑（刘远航 / 摄）

延庆古崖居（国七）

古崖居全景（刘雷 / 摄）

地　　址	延庆区张山营镇东门营村北
开放时间	9:00—16:00
收费情况	收费

延庆古崖居是我国目前已知规模最大的崖居遗址。开凿年代和用途尚无定论，史学界多数专家学者认为其开凿于1000多年前的唐五代时期，是我国北方少数民族之一的奚族人的崖居山寨。在“二十四史”的《新唐书》《旧唐书》《新五代史》《旧五代史》《辽史》《金史》中都有关于奚族历史踪迹的记载。

古崖居道路（王勘 / 摄）

古崖居分为前沟、后沟两部分。现有石室百余座，大部分保存基本完好、形制可辨，少部分未开凿完成。

古崖居内部空间（刘远航 / 摄）

石室功能分为居室、储藏室、议事厅、马厩等，形制分为单间、双套间、三套间等，而且多层互相通连。其中有一座当地人称为“官堂子”（奚王府）的洞窟是遗址区的中心洞窟，推测是首领的住所。

“官堂子”（刘雷 / 摄）

金中都水关遗址（国五）

金中都水关遗址远景（刘雷/摄）

地　　址	丰台区右安门街道玉林小区甲40号北京辽金城垣博物馆
开放时间	9:00—16:00（周一闭馆）
收费情况	免费

金中都水关遗址是已发现的中国古代都城水关遗址中规模最大的一处，与宋代《营造法式》中“卷水窗”的规定一致，是研究我国古代建筑和水利设施的重要实例，入选 1990 年全国十大考古新发现。

金中都水关遗址过水涵洞（刘远航 / 摄）

金中都水关遗址于 1990 年被发现，它不仅确定了金中都南城墙的位置，而且通过考古钻探向北追寻古河道的方向，基本明确了金中都城内水系东流过龙津桥后，其中一支向南的走向和经南城墙入护城河的确切地点。

金中都水关遗址残存基础部分，平面呈“] [”形，南北向，进出水口及泊岸两侧设有擗石桩。水关建筑为木石结构，最下层基础是密布的上千根地钉，地钉之间用碎石、碎砖瓦及砂土夯实。地钉之上有衬石坊，上铺过水地面石，用银锭榫连接，整体坚固合理。

地钉（李春琳 / 摄）

城墙基础（刘雷 / 摄）

道石和地钉（刘雷 / 摄）

元大都城墙遗址（国六）

元大都城墙遗址（刘雷 / 摄）

地　址	海淀区、朝阳区
开放时间	全天
收费情况	免费

元大都城墙遗址是元代大都城的外城墙遗址，以土夯筑，俗称土城。太祖十年（1215）蒙古军攻占金中都之后废之，恢复燕京旧称。至元四年（1267）以金中都东北郊离宫万宁宫为中心开始兴建都城，工程由汉人刘秉忠主持。至元九年（1272）正式定都于此，改称大都。至正十九年（1359）大都城墙基本建成。

石额榜书横题“平则门”三字，左侧小字题“洪武六年（1373）五月”。元大都城西南门曰“平则门”，明初原名仍保留，正统四年（1439）更名“阜成门”。

“平则门”石额（田毅 / 摄）

元大都城坐北朝南，外城平面呈长方形，《元史 · 地理志》载“城方六十里，门十一座”。南城墙开丽正门、文明门、顺承门，东城墙开崇仁门、齐化门、光熙门，西城墙开和义门、平则门、肃清门，北城墙开健德门、安贞门。城墙四角建有角楼，今建国门南侧的古观象台即是元大都东南角楼旧址。“燕京八景”之一的蓟门烟树就位于西土城中部。

蓟门烟树碑（刘雷 / 摄）

北土城水关遗址 （任波 / 摄）

水关元代石刻题记（行者 / 摄）

现存元大都城墙遗址包括北城墙和西城墙北段部分墙体，根据区域划分为海淀段（4200 米）和朝阳段（4800 米）。其中海淀段除了南端的肃清门瓮城遗址外，还有 2002 年在北土城花园路段发现的目前北京唯一保存下来的较完整的元朝城垣水关涵洞。在涵洞北面东侧铁栅栏下的一块大青石板上刻有“至元五年二月日石匠作头”（现场已回填）。这是当时元大都城垣水关竣工的重要时间物证。

十字寺遗址（国六）

十字寺遗址秋景（刘雷 / 摄）

地　　址	房山区周口店镇车厂村北三盆山
开放时间	全天（防火期除外）
收费情况	免费

十字寺遗址是目前北京已知唯一一处元代景教寺庙遗址。该寺始建于东晋建武元年（317），原是佛寺；唐贞观十二年（638）重修；辽应历二年至八年（952—958）再修，改名为三盆山崇圣院。元至正十八年（1358），顺帝赐名十字寺，改为景教寺院，景教即基督教的一支。明清又改为佛寺。十字寺坐北朝南，原有三间正殿及东西配殿等建筑，现殿宇已毁。

遗址现存两棵银杏古树和一棵柏树，以及殿基、院墙、石构件，明代重刻辽应历十年（960）《三盆山崇圣院碑记》碑及元至正二十五年（1365）大元敕赐十字寺碑两通，后者碑额刻有十字架。

《三盆山崇圣院碑记》碑（刘雷 / 摄）

大元敕赐十字寺碑（刘雷 / 摄）

石柱础残件（洛卡奇 / 摄）

十字寺遗址内还发现景教石刻两件，现藏于南京博物院，其中一件刻有叙利亚文。

景教石刻（任哨奇 / 摄）

圆明园遗址（国三）

圆明三园之长春园“含经堂”遗址（刘远航 / 摄）

地　址	海淀区青龙桥街道清华西路 28 号
开放时间	7:00—17:30
收费情况	每年 10 月 18 日圆明园罹难纪念日免费

圆明园始建于清康熙年间。康熙帝六次南巡对江南的山水大加赞赏，回京后仿照江南景观修建了畅春园，并将水景园圆明园赐给皇四子胤禛。后圆明园在雍正、乾隆时期陆续大规模扩建达到鼎盛。圆明园号称“万园之园”，是清代皇家园林集大成之作，包括呈“品”字形排列的圆明园、长春园和绮春园，合称圆明三园。

圆明三园中，朝寝建筑以圆明园为主，多建于雍正初年，绮春园和长春园也有部分辅助性朝寝建筑，多为乾隆、嘉庆、道光时期增建。圆明园中最重要的朝寝建筑是举行朝仪之处的“正大光明”和东侧的“勤政亲贤”，为皇帝处理政务的场所。“后寝”主要为后部的“九州清晏”“长春仙馆”“山高水长”等处。绮春园在圆明园南部，规模与长春园相当，嘉庆皇帝常至此办公和游赏，道光以后成为皇太后、太妃的园居之所。

圆明园共有150余景，其中具代表性的有圆明园四十景、绮春园三十景、长春园20余景。“正大光明”为“圆明园四十景”之首，建成于雍正三年（1725）。

清·宫廷画师绘·《圆明园四十景图咏》之“正大光明”（法国国家图书馆藏）

圆明园之“长春仙馆”遗址（刘雷 / 摄）

圆明园之“坦坦荡荡”遗址（刘雷 / 摄）

圆明园之“廓然大公”遗址（刘雷 / 摄）

圆明园之“九州清晏”如意桥（刘雷 / 摄）

“万方安和”烫样（刘雷 / 摄）

“九州清晏”始建于康熙后期，雍正初年增建为帝后寝宫区，四面环水，用桥梁和游船以通往来。

“万方安和”建于雍正初年，初名万字房，形式奇特，四时皆宜择优居住。雍正帝特喜在此居住，乾隆时期仍是游憩寝宫之一，端午节例在此殿侍奉皇太后进宴。嘉庆帝亦有“万方安和”题咏 23 次。

绮春园之正觉寺（田毅 / 摄）

圆明园中还有一些宗教和祭祀建筑，不仅有正觉寺、慈云普护、舍卫城等佛寺，还有广育宫、花神庙等道教殿宇。其中，法慧寺琉璃塔是乾隆时期北京四座琉璃塔之一，可惜后来被毁。

长春园之“狮子林”虹桥（杨虎 / 摄）

江南美景对于乾隆帝充满了吸引力，他在圆明园中仿建了很多江南风景的建筑群，如长春园仿南京“瞻园”建“如园”，仿苏州“狮子林”建“狮子林”，仿杭州“小有天园”建“思永斋”等。正所谓“谁道江南风景佳，移天缩地在君怀”。

大水法遗址（刘远航/摄）

长春园在圆明园东部，是乾隆帝归政颐养之地，以中央岛屿的含经堂为中心，四周分布众多景点，其中北部西洋楼景区最为著名，由意大利画师郎世宁、法国传教士蒋友仁和王致诚等设计监修，是中西建筑文化交流的经典之作。自西向东依次为谐奇趣、黄花阵、养雀笼、方外观、五竹亭、海晏堂、远瀛观、大水法、观水法、线法山、线法画等。

咸丰十年（1860）十月，英法联军进攻北京，对圆明园内珍藏的各种珍宝进行了野蛮的抢夺与破坏，并将其烧毁。后因国库空虚，同治十二年（1873）只进行了短暂的重修，后又不断遭到各种拆卸、挖掘和倒运，现仅残存西洋楼景区部分依然屹立的石雕，成为圆明园遗址被毁的历史铭证。

远瀛观遗址（刘雷 / 摄）

谐奇趣遗址（王腾 / 摄）

谐奇趣遗址石狮（刘雷 / 摄）

观水法遗址（王腾 / 摄）

清·宫廷画师绘·《西洋楼铜版画》之海晏堂（故宫博物院藏）

海晏堂遗址（刘远航/摄）

海晏堂遗址旧影（西德尼·甘博/摄）

圆明园 7 个兽首（赵伯晟 / 摄）

马首（李春琳 / 摄）

圆明园十二兽首铜像是海晏堂喷泉的一部分，每个时辰由相应的生肖依次喷水，正午时分全部同时喷水，俗称“水利钟”。十二兽首为红铜质，造型写实，由郎世宁等人设计，中国宫廷匠师制造。1860 年英法联军焚掠圆明园，十二兽首流失海外。

20 世纪 60 年代以来，圆明园兽首陆续现身，回归祖国。其中牛、虎、猴、猪首藏于保利艺术博物馆，鼠、兔首藏于中国国家博物馆，马首藏于圆明园。2019年，在中国国家博物馆举办的“回归之路——新中国成立 70 周年流失文物回归成果展”中，七只兽首全部展出，盛况空前。

观水法东西两侧各建有一座角门，是清代帝后进入西洋楼的主要入口。这座西洋式角门上部装饰有中国传统琉璃，现已无存。

观水法角门旧影（托马斯 · 查尔德 / 摄）

圆明园界石（刘雷 / 摄）

1931 年 3 月，由梁思成先生参与的中国营造学社与北平图书馆在中山公园联合举办“圆明园遗物文献展览”，力争以圆明园的现状唤起民众对于国家罹难的记忆。次年，中国营造学社与北平市政府，共同组成“圆明园遗址保管委员会”，制定遗址保管办法，还对三园遗址勘定界石，并测绘成 1∶2000 的《遗址形势实测图》，对后期保护工作起了非常重要的作用。

十三陵神道石像生（刘莹莹/绘）

第二章 古墓葬

截至 2022 年的统计数据，北京市范围内市级以上的古墓葬类文物保护单位共有 15 处。其中国保 6 处，市保 9 处。

北京地区先秦至两汉时期的古墓葬中，玉皇庙山戎墓遗址（市五）是一处先秦时期的山戎文化遗存，出土大量精美器物；大葆台西汉墓遗址（市五）和老山汉墓（市六）都是西汉时期的高等级黄肠题凑墓葬，规模宏大，出土大量汉代珍贵文物；北张岱汉墓、放光汉墓和三大冢等区保也是北京地区汉代墓葬的重要实例。

北京地区的唐代古墓葬中，既有唐幽州卢龙节度使刘济墓（市九）这样出土文物众多的大型墓葬，也有贾岛墓（区保）这样的名人墓。

辽金元时期北京先后为辽南京城、金中都城和元大都城，这一时期的墓葬是北京地区古墓葬的重要组成部分。其中，最具代表性的是金陵（国六），作为北京地区现存最早的帝陵，具有重要的历史价值；门头沟金代壁画墓（区保）则是北京地区壁画墓的重要发现。

明成祖朱棣定都北京后，北京地区涌现了大量高等级的墓葬。其中最典型的是自明成祖开始的十三位皇帝营造的陵寝十三陵（国一），其中定陵出土的凤冠被列入禁止出境展览文物；景泰陵（国五）是“夺门之变”的重要历史见证；田义墓（市六）和高时明墓（区保）是明代宦官墓葬的代表，石刻十分精美。明代著名思想家李卓吾墓（市三）则是他离经叛道的历史纪念。明代晚期，西方传教士进入中国，利玛窦和外国传教士墓地（国六）是中西文化交流的历史实证；著名抗清将领袁崇焕含冤遭磔于西市，袁崇焕墓和祠（国六）成为对其凭吊之所。

清代北京地区继续建设了一批高等级贵族墓葬。醇亲王墓（国八）、孚郡王墓（市三）、庄亲王园寝（市九）、恭亲王墓（区保）、庆禧亲王家族墓地（区保）、显谨亲王衍璜墓（区保）、肃慎亲王敬敏墓（区保）、长沟西甘池村王爷坟（区保）和瑞王坟（区保）等都是清代王爷墓葬，而醇亲王墓和孚郡王墓地上建筑（包括阳宅）均保存较好。嵩年墓碑、耿聚忠墓、那桐墓等区保也是清代高级官员墓葬的代表。

民国时期北京地区古墓葬的代表为西城区百万庄路 8 号墓园石刻（市六），形制中西结合，内部的多处民国政要题字更是十分珍贵。

金陵（国六）

俯瞰金陵（洛卡奇/摄，制图）

地　址	房山区周口店镇车厂村
开放时间	全天（防火期除外）
收费情况	免费

金陵是北京地区年代最早的皇家陵墓群。金代海陵王完颜亮迁都北京后，仿照历代王朝的制度在都城附近营建皇陵，经勘陵考察后决定将皇陵建在中都西南大房山麓的云峰山下。金贞元三年（1155）三月至十月，云峰寺旧址建成三个墓穴，安葬了完颜亮之前的三个皇帝，第二年又将金朝建国之前的十位祖先的灵柩迁来此地安葬，各立称号。

经海陵王、世宗、章宗、卫绍王、宣宗5世60年间的营建，形成了17座帝陵和唯一的一座后妃陵——坤厚陵，同时还营建了埋葬着完颜宗室的“诸王兆域”。明晚期统治者惑于形家之说，认为是满人祖陵金陵王气太盛，导致后金崛起，明朝屡战屡败，于是在天启二年（1622）拆毁金陵。清朝初期对陵墓进行了局部整修。

金丝冠（李春琳/摄）

金陵全景（刘雷/摄）

行龙石栏板（田毅 / 摄）

石椁龙纹（刘雷 / 摄）

金睿宗神道碑（自在香山 / 摄）

金陵陵区以神道为中轴线，由石桥、神道、石踏道、碑亭、东西大殿、陵墙、陵寝等组成。2001 年对金太祖陵进行抢救性发掘，出土大量珍贵文物，特别是地宫出土了金太祖和皇后的两具汉白玉石椁，石椁上雕有精美的龙、凤纹，现藏于首都博物馆。北京石刻艺术博物馆和辽金城垣博物馆也陈列有金陵出土的精美汉白玉石雕构件。

十三陵（国一）

清人绘·《大明十三陵图绘》

地　址	昌平区十三陵镇
开放时间	8:30—16:30 （神路、长陵、定陵、昭陵、康陵开放）
收费情况	收费

十三陵是明朝十三个皇帝的陵寝所在地，是我国埋葬帝后最为集中的一组陵寝群。自明永乐七年（1409）开始营建，及至清代顺治初年，前后约240年，依次为长陵（成祖）、献陵（仁宗）、景陵（宣宗）、裕陵（英宗）、茂陵（宪宗）、泰陵（孝宗）、康陵（武宗）、永陵（世宗）、昭陵（穆宗）、定陵（神宗）、庆陵（光宗）、德陵（熹宗）、思陵（思宗），共葬有13位皇帝、23位皇后、2位太子、30余位嫔妃和两位太监。此外，还有行宫、神宫监、祠祭署、宰牲亭、神马房等附属建筑。

总神道（刘雷 / 摄）

总神道

陵区由陵道和陵园组成。各陵均前呈长方形祭祀区，后为圆形或椭圆形宝城。除思陵偏在西南一隅，其余帝陵均呈扇面形分列于长陵左右。其中，长陵规模最大，思陵规模最小。在陵区南北长达 7 公里的中轴线上，有一条总神道通向各陵。

沿神路建有石牌坊、三孔桥（已无存）、大红门、神功圣德碑亭、石像生、龙凤门、南五孔桥、七孔桥（仅存遗址）、北五孔桥等。2003 年 7 月，明十三陵作为“明清皇家陵寝”的扩展项目被列入《世界遗产名录》。

石牌坊（邵世海/摄）

石牌坊，建于明嘉靖十九年（1540），汉白玉质，五间六柱十一楼，是中国现存最大的石牌坊。额枋隐刻旋子彩画，夹柱石四面有精美的狮子滚绣球及云龙浮雕。

大红门（田毅/摄）

大红门，坐北朝南，单檐庑殿顶，红墙黄琉璃瓦，下辟券门三洞。据记载，中门为帝后梓宫、神御物经由之门，左门为皇帝谒陵所走之门，右门为大臣们谒陵所进之门。门南百余米东西两侧各立一块下马碑。

大碑亭（莎萝蔓蛇 / 摄）

长陵神功圣德碑局部（杨虎 / 摄）

长陵神功圣德碑亭为重檐歇山顶，平面正方形，四面各辟券门。亭壁下部石雕须弥座，亭内券顶原为木结构，清乾隆五十年（1785）修缮时改为石条券顶。碑制为螭首龟趺，碑首篆刻“大明长陵神功圣德碑”，碑身正面刻明仁宗朱高炽撰文、翰林学士程南云书丹的碑文，清代在背面刻高宗乾隆五十年御制诗《哀明陵三十韵》；东侧刻乾隆五十二年（1787）御制碑文；西侧刻清仁宗嘉庆九年（1804）御制文。此碑立于明宣德十年（1435），为碑文撰就十年之后。

碑亭四隅各立汉白玉石华表，柱身雕云龙纹，上端附云板，顶部圆盘上蹲踞望天吼。

长陵神功圣德碑正面（田毅/摄）

神道石柱（洛卡奇 / 摄）

神道石像生（洛卡奇 / 摄）

石像生有石望柱 2 座，石人石兽 36 尊，其中石兽 24 尊、石人 12 尊，在神道两侧相对而置。石兽有狮、獬豸、骆驼、象、麒麟、马，其中狮、獬豸、骆驼、象、麒麟呈两坐两立姿势，骆驼、象、马呈两卧两立姿势，将军、品官、功臣石人像为立像。

立象
（杨虎 / 摄）

卧骆驼（邵世海 / 摄）

蹲狮（刘远航 / 摄）

卧象（张建明 / 摄）

武将正面（杨虎 / 摄）

武将背面（杨虎 / 摄）

文臣正面（杨虎 / 摄）

勋臣侧面（杨虎 / 摄）

龙凤门，又称棂星门，有三道门。各门左右有石柱，柱顶雕蹲龙，柱间石刻门簪，大额枋上部正中石雕火焰宝珠。三门之间短垣相连，1994 年改建为琉璃照壁。

龙凤门（洛卡奇 / 摄）

长陵全景（莎萝蔓蛇 / 摄）

长陵

长陵是明朝第三位皇帝成祖朱棣和皇后徐氏合葬陵寝，始建于明永乐七年（1409）。陵南向，现存陵门、碑亭、祾恩门、祾恩殿、内红门、棂星门、宝城、明楼等。

长陵龙蚨碑（田毅／摄）

成祖圣号碑（田毅／摄）

长陵棂星门及方城明楼（邵世海／摄）

长陵祾恩殿（刘远航 / 摄）

长陵祾恩殿内部（洛卡奇 / 摄）

献陵雪景（天翔 / 摄）

献陵石五供（刘德旺 / 摄）

献陵

献陵是明朝第四位皇帝仁宗朱高炽和皇后张氏合葬陵寝，始建于明洪熙元年（1425）。陵西南向，布局分为前后两部分，中间隔一座小山。前一部分现存神厨、神库、焚帛炉、祾恩殿等遗址；后一部分现有陵门三道、棂星门、宝城、明楼。明楼内竖螭首方趺碑一座，上书“大明仁宗皇帝之陵”。

景陵雪景（刘雷 / 摄）

景陵大门（刘雷 / 摄）

景陵

景陵是明朝第五位皇帝宣宗朱瞻基和皇后孙氏合葬陵寝，始建于明宣德十年（1435）。陵西南向，形制狭长，以祾恩门为陵门。现仅存陵墙、内红门、棂星门、宝城、明楼和部分建筑遗址。明楼内竖螭首圣号碑，碑趺为须弥座式，上书“大明宣宗章皇帝之陵”。

长陵西部的献陵、庆陵、裕陵、茂陵和泰陵鸟瞰（刘雷／摄）

裕陵
献陵

裕陵鸟瞰（刘雷 / 摄）

茂陵明楼宝城秋景（郑直 / 摄）

泰陵焚帛炉（李天择/摄）

裕陵

裕陵是明朝第六位皇帝英宗朱祁镇和皇后钱氏、周氏合葬陵寝，始建于明天顺八年（1464）。陵西南向，规制除祾恩殿不设后门外，其余亦如景陵。现存有陵墙、内红门、棂星门、宝城、明楼和殿庑基址。明楼内竖螭首圣号碑，以须弥座为趺，上书“大明英宗睿皇帝之陵”。

茂陵

茂陵是明朝第八位皇帝宪宗朱见深和皇后纪氏、王氏、邵氏合葬陵寝，始建于明成化二十三年（1487）。陵西南向，规制与裕陵基本相同。现存陵墙、内红门、棂星门、宝城、明楼和殿庑基址。明楼内立螭首须弥座圣号碑一座，上书“大明宪宗纯皇帝之陵”。

泰陵

泰陵是明朝第九位皇帝孝宗朱祐樘和皇后张氏合葬陵寝，始建于明弘治十八年（1505）。陵东南向，规制同茂陵。现存陵墙、宝城、明楼和殿庑基址。明楼内立螭首圣号碑一座，上书“大明孝宗景皇帝之陵”。

康陵明楼（刘雷 / 摄）

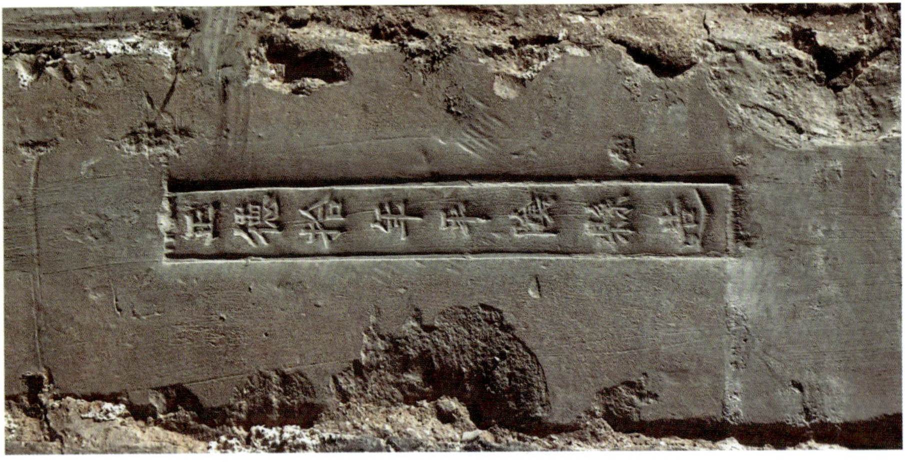

康陵明楼铭文砖（刘雷 / 摄）

康陵

康陵是明朝第十位皇帝武宗朱厚照和皇后夏氏合葬陵寝，始建于明正德十六年（1521）。陵东南向，规制同泰陵。现存有陵墙、宝城、明楼和殿庑门基址。明楼内立螭首方趺碑一座，上书“大明武宗毅皇帝之陵”。

永陵

永陵是明朝第十一位皇帝世宗朱厚熜和皇后陈氏、杜氏、方氏合葬陵寝，始建于明嘉靖十五年（1536）。陵西南向，规制与长陵基本相同，但多了一道外罗城，祾恩殿和祾恩门比长陵各少了两间。现陵寝存有重垣、重门、棂星门、宝城、明楼和殿庑基址。明楼内立螭首方趺圣号碑一座，上书“大明世宗肃皇帝之陵”。

永陵全景（刘雷/摄）

永陵祾恩门遗址（黑攸 / 摄）

永陵宝城花板石垛口（李天择 / 摄）

昭陵碑亭（田毅 / 摄）

昭陵方城影壁（田毅 / 摄）

昭陵

昭陵是明朝第十二位皇帝穆宗朱载垕和皇后孝懿李氏、孝定李氏、陈氏合葬陵寝，始建于明隆庆六年（1572），崇祯十七年（1644）被李自成农民起义军烧毁，清乾隆五十年（1785）修缮。1987年对明楼进行了大修，并对主要建筑进行了复建。陵东西向，规制与康陵基本相同。明楼内竖螭首方趺圣号碑一座，上书“大明穆宗庄皇帝之陵”，碑身残损严重。

定陵雪景（刘远航 / 摄）

定陵

定陵是明朝第十三位皇帝神宗朱翊钧和皇后孝端王氏、孝靖王氏合葬陵寝，始建于明万历十一年（1583）。陵东南向，规制同永陵。崇祯十七年（1644）被李自成起义军烧毁；清乾隆五十年（1785）重修；1914 年定陵殿庑又毁于大火，唯城垣、重门、宝城、明楼幸存。楼内竖螭首方趺碑一座，额篆“大明”，碑阳书“神宗显皇帝之陵”。

定陵地宫　又称“玄宫”，在宝城之下，是存放帝后灵柩的地方。1956 年经国务院批准对定陵地宫进行考古发掘。地宫分前、中、后和左、右室，皆为券石结构。前殿属过厅性质，中殿殿内放置石雕帝后神座、长明灯、五供等物，是仿帝后生前所置。后殿是地宫主殿，内设棺床一座，安置帝后棺椁，神宗皇帝居中，二后分列左右，棺床上还有随葬衣物箱 26 只。左右殿对称于中殿两侧，以券洞与中殿连接，各设棺床一座，无任何陈设。定陵地宫共出土近 3000 件文物。

定陵地宫（杨虎/摄）

定陵地宫（刘远航/摄）

定陵圣号碑座龙纹（刘远航 / 摄）

定陵宝城围墙龙头（刘雷 / 摄）

定陵神宫监拴马桩（李天择 / 摄）

定陵出土明孝端皇后凤冠（刘远航 / 摄）

庆陵琉璃门（刘雷/摄）

德陵俯瞰（刘雷/摄）

庆陵

庆陵是明朝第十四位皇帝光宗朱常洛和皇后郭氏、王氏、刘氏合葬陵寝，始建于明天启元年（1621）。陵南向，规制仿效献陵。前部现存有陵园残墙、后门、祾恩殿庑基址，后部现存有宝城、明楼和陵园残墙。明楼中立方座螭首圣号碑一座，额篆“大明”，碑阳楷书“光宗贞皇帝之陵”。

德陵

德陵是明朝第十五位皇帝熹宗朱由校和皇后张氏合葬陵寝，始建于明崇祯元年（1628）。陵西南向，规制与景陵相同。现存有陵园残墙、宝城、明楼和殿基。明楼内竖螭首圣号碑一座，额篆“大明”，碑阳书“熹宗悊皇帝之陵”。碑趺为须弥座式，下部浮雕佛教图案。

思陵（刘德旺 / 摄）

思陵石五供（牧夫 / 摄）

思陵

思陵是明朝第十六位皇帝思宗朱由检和皇后周氏、贵妃田氏合葬陵寝，始建于明崇祯十五年（1642），初为田贵妃墓。崇祯十七年（1644），李自成农民起义军攻入北京，思宗和皇后周氏自尽，被草葬于田贵妃墓内，称“思陵”。清顺治十六年（1659）为思陵增添碑亭一座，祾恩殿及左右殿庑各三间。乾隆五十年（1785）改建思陵明楼、享殿等，自此帝陵规制始备。清代以后多次被盗，损毁严重，仅存部分建筑基址、石五供、残碑和宝顶。1992 年进行了修缮。

万贵妃墓（刘雷/摄）

万贵妃墓 明宪宗朱见深的宠妃万氏之墓，建于明成化二十三年（1487）。墓东南向，分前后两部分，中门、照壁相连，有内外围墙二重。前后设门，原有享殿五间、左右庑各三间。现仅存园墙门、照壁、石碣、石供案、石柱础和坟茔一座。

王承恩墓 明崇祯皇帝司礼监秉笔太监王承恩之墓。明末京城失陷后，太监王承恩随崇祯帝在煤山自缢，清廷为旌表其“殉难从死”忠君之举，在顺治二年（1645）四月将其葬于思陵旁，建墓立碑。

此外，十三陵还包括山口，悼陵，四妃二太子墓，贤妃墓，郑贵妃与二李、刘、周妃墓，万贵妃墓，九龙池遗址（龙头石刻已集中保存），东井，西井等遗存。

王承恩墓（李天择/摄）

东井（刘德旺 / 摄）

九龙池遗址（张元哲 / 摄）

景泰陵（国五）

景泰陵乾隆御碑正面（洛卡奇/摄）

地　址	海淀区青龙桥街道香山路娘娘府2号院干休所内
开放时间	不开放
收费情况	无

景泰陵是明朝第七位皇帝朱祁钰的陵墓。朱祁钰（1428—1457），宣宗次子，英宗之异母弟，正统十四年（1449）“土木之变”英宗被俘后登基称帝。朱祁钰在位八年，景泰八年（1457）英宗复辟后被废，同年病逝，以亲王礼葬于西山。明宪宗即位后，追谥朱祁钰“恭仁康定景皇帝”，并对原陵墓按皇陵规制进行了修扩，使其基本具备了同时期明皇陵的主体建筑和布局特点。现地面建筑仅存御碑亭、祾恩门和宝城遗址，大多为清代重建。

御碑亭（自在香山 / 摄）

乾隆御碑细节（自在香山 / 摄）

乾隆御碑背面（自在香山 / 摄）

祾恩门（田毅 / 摄）

宝城雪景（刘雷 / 摄）

景泰陵御碑亭为黄琉璃瓦重檐歇山顶，四面辟券门，亭内立有方形须弥座乾隆御碑。正面篆书阴刻“大明”，碑身正面为楷书双线勾“恭仁康定景皇帝之陵”，背面为清乾隆三十四年（1769）题高宗御制诗《题明景帝陵》。御碑亭后为祾恩门，灰瓦硬山顶，面阔三间，为清代原址重建。祾恩门后是宝城，即地宫所在，仅存部分残墙。

景泰陵旧影（海达·莫理循 / 摄）

袁崇焕墓和祠（国六）

袁崇焕墓和祠大门（田毅 / 摄）

袁崇焕祠正殿（田毅 / 摄）

袁崇焕墓和祠包括墓、祠以及庙，是明末杰出的军事家、抗清名将袁崇焕的祭祀之地。明崇祯年间，袁崇焕被冤杀，其部下佘义士冒死为其收尸下葬，并世代守墓。清乾隆四十九年（1784），乾隆帝下诏为袁崇焕平反，清中期在墓前修建祠堂。

地　址	东城区东花市街道东花市斜街 52 号、龙潭街道龙潭公园
开放时间	袁崇焕墓和祠 9:30—16:30（周一闭馆），袁崇焕庙暂不开放
收费情况	收费

墓和祠现存广亮大门一间，硬山清水脊合瓦屋面，大门两侧有东西倒座房各三间。门内为祠堂正殿，面阔五间，两侧廊心墙及室内墙壁上嵌有李济深撰《重修明督师袁崇焕祠墓碑》和康有为、梁启超等人撰书的石刻。祠后为袁崇焕墓，建于明朝末年，墓前立有清道光十一年（1831）湖南巡抚吴荣光题写的《有明袁大将军墓》石碑。袁崇焕墓旁为佘义士墓。

袁崇焕庙建成于1917年，坐落于龙潭湖北岸高约1.3米的虎皮石台阶上，坐西朝东，面阔三间，中门上书“袁督师庙”。庙堂内三间各自分隔，内有康有为、梁启超等人撰书石刻及门联多方。

袁崇焕庙（刘雷 / 摄）

袁崇焕庙内康有为手书《袁督师庙记》碑（刘雷 / 摄）

袁崇焕墓（田毅 / 摄）

利玛窦和外国传教士墓地（国六）

利玛窦、汤若望、南怀仁墓碑（田毅 / 摄）

利玛窦和外国传教士墓地是著名意大利传教士利玛窦以及明清以来数百位来华传教的外国传教士的墓地。墓地坐北朝南，分为两个墓园。西侧为利玛窦、汤若望和南怀仁墓园，整个墓地以砖墙围绕，南门外有一石墁甬道，墓前为一石门，仿中国传统木门造型，门框两侧石柱上各置一石狮。石门两侧为石影壁，下设须弥座，上部装饰中心花和岔角。东侧为明清两代 60 余位外国传教士墓地，清代著名画师郎世宁也安葬于此。

地　址	西城区展览路街道车公庄大街 6 号北京市委党校内
开放时间	预约开放
收费情况	免费

清光绪二十六年（1900），墓地被毁，同年重修。20 世纪 60 年代，墓地再次被毁。1979 年，利玛窦、汤若望、南怀仁墓园得以重修。1984 年，扩建新墓园，竖残存各国教士墓碑。1993 年，清代石门移至墓园南端，形成现今墓地格局。

1900 年墓地石门旧影

石门（田毅 / 摄）

迁建石门题记（刘雷 / 摄）

1900 年墓地墓碑被毁旧影

外国传教士墓碑（刘雷 / 摄）

外国传教士墓地全景（田毅 / 摄）

光绪二十九年重修茔地碑（刘雷／摄）

外国传教士墓碑碑额（刘雷／摄）

郎世宁墓碑（刘雷／摄）

醇亲王墓（国八）

醇亲王墓碑亭和石拱桥（洛卡奇 / 摄）

醇亲王墓是清道光帝第七子醇亲王奕譞之墓，俗称七王坟。醇亲王墓坐西朝东，依山而建，包括阴宅和阳宅两部分。

阴宅园寝主要有碑亭、石拱桥、门殿、享殿和宝顶。墓冢中心为奕譞及其嫡福晋叶赫那拉氏（慈禧太后胞妹）墓，南侧两座和北侧一座分别为三位侧福晋墓。墓园遍植白皮松，南墙外几座小墓是他的早殇子女墓。

阳宅又称“退潜别墅”，由五层台地组成，分南北两路。南路主要是会客和宗祠建筑，北路是山泉花园景观，其中水镜堂（后更名“丘壑前缘”）内立有一卧碑，正面镌刻清同治七年（1868）奕譞亲笔所书《九月十九日看定妙高峰风水志喜并序》，记录园寝选址的经过，背面刻光绪十五年（1889）慈禧太后嘉奖奕譞的懿旨。园寝西侧为金代香水院金鱼池遗址，也是山泉发源地，有多处醇亲王手书石刻。

地　址	海淀区苏家坨镇七王坟 17 号
开放时间	不开放
收费情况	无

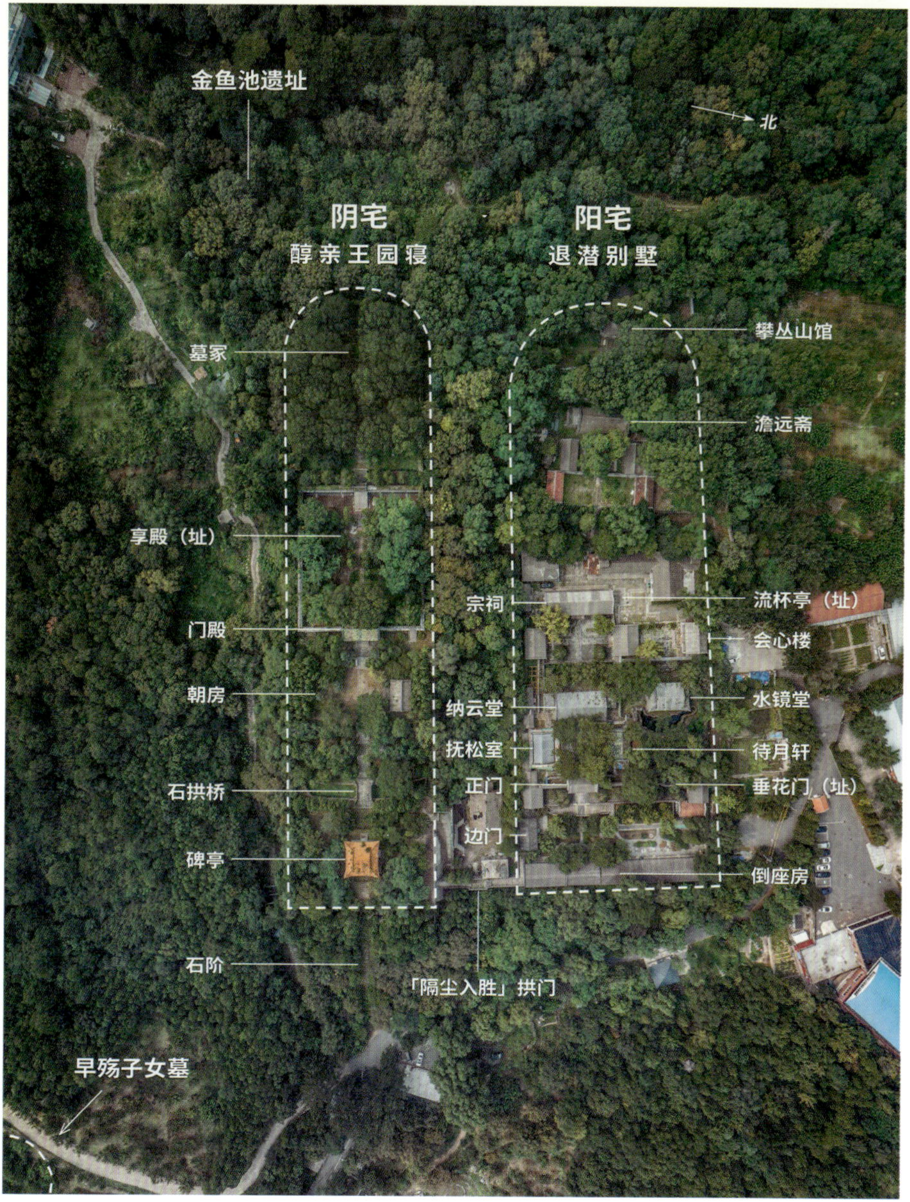

俯瞰醇亲王墓（莎萝蔓蛇 / 摄，制图）

门殿（洛卡奇 / 摄）

醇亲王墓宝顶（刘德旺 / 摄）

阳宅门额（刘德旺 / 摄）

醇亲王早殇子女墓园寝门（刘雷 / 摄）

醇亲王侧福晋墓碑（自在香山 / 摄）

阳宅宗祠（莎萝蔓蛇 / 摄）

阳宅水镜堂（行者 / 摄）

阳宅流杯亭遗址及会心楼（行者 / 摄）

阳宅石刻（行者 / 摄）

金鱼池遗址醇亲王手书石刻（刘雷 / 摄）

北京鼓楼、钟楼（刘莹莹 / 绘）

第三章 古建筑

截至2022年的统计数据，北京市范围内市级以上的古建筑类文物保护单位数量为217处。其中，国保78处，市保139处，是所有类别文保中数量最多的一类。

隋唐辽金时期，北京地区佛教兴盛，古建筑遗存丰富。房山云居寺塔及石经（国一）包括了北京“八座半”唐塔中的七座半、多处形制独特的辽塔、隋代的石雕佛殿建筑雷音洞和数万块珍贵的石经。北京地区现存多处辽金时期佛塔，除了辽南京城仅存的地面建筑天宁寺塔（国三）之外，还有良乡多宝佛塔（国七）、戒台寺（国四）法均大师墓塔等多处辽塔；金塔有银山塔林（国三）五座密檐式塔，也有镇岗塔（国七）这样华丽的花塔。

元代是北京历史上第一次作为统一多民族国家都城的时期，元大都留存至今的建筑有我国现存最大的喇嘛塔妙应寺白塔（国一）以及小型元代砖塔万松老人塔（国七）。郭守敬主持修建的通惠河是大运河（国六）的重要组成部分。此外，北京地区还保存有灵严寺大殿（市五）等珍贵的元代木结构建筑。

北京地区保存有大量明清时期官式古建筑，其中故宫（国一）是世界上规模最大的皇家宫殿建筑群；太庙（国三）、社稷坛（国三）、天坛（国一）、地坛（国六）、日坛（国六）、月坛（国六）、先农坛（国五）、历代帝王庙（国四）、景山（国五）寿皇殿等构成了一组完整的明清皇家祭祀体系遗存；北海及团城（国一）、中南海（国六）是皇城内历史悠久的皇家园林建筑；颐和园（国一）和静明园（国六）则是清代在北京西郊营建的另一政治中心“三山五园”的珍贵建筑遗存。北京市内还保存有多处王府建筑，最具代表性的是以园林艺术闻名的恭王府及花园（国二）。

明清北京城是中国古代城市规划的集大成者，北京城墙虽然大部分不幸遭到拆除，但仍保存了正阳门（国三）、德胜门箭楼（国六）、北京城东南角楼（国二）、古观象台（国二）、明北京城城墙遗存（国七）等建筑。此外还有北京鼓楼、钟楼（国四）等多处城市建设关键遗存。明代重视边防建设，北京地区的长城（国五）多为明代所建。

明清北京城内外寺观星罗棋布，至今保存有完整的明代建筑群智化寺（国一）、以壁画而闻名的法海寺（国三）、收藏众多珍贵佛教文物的法源寺（国五）、道教全真派第一丛林白云观（国五）等。北京明清时期古塔众多，最具特色的是以真觉寺金刚宝座（国一）为代表的金刚宝座塔。

清代北京也涌现出一批优秀的四合院住宅，如崇礼住宅（国三）、可园（国五）等，是北京城历史风貌的重要遗存。

大运河（国六）

俯瞰白浮泉遗址（刘雷／摄）

地　址	昌平区、海淀区、西城区、东城区、朝阳区、通州区
开放时间	部分全天开放
收费情况	部分收费

大运河是人工开凿的水运通道，始建于公元前 486 年，由隋唐大运河、京杭大运河、浙东运河三大部分、十段河道组成，自北向南通达海河、黄河、淮河、长江、钱塘江五大水系，涉及沿线 8 个省市 27 座城市，全长约 2700 千米，是世界上开凿时间较早、规模最大、线路最长、延续时间最久的运河，2014 年被列入《世界遗产名录》。大运河在北京的遗迹众多，主要分布在昌平区、海淀区、西城区、东城区、朝阳区、通州区六区。

白浮泉九龙吐水（张建明/摄）

元至元二十九年（1292），郭守敬奉命开凿通惠河，引龙山北麓白浮泉水西折而南，并汇入虎眼泉、一亩泉等诸水，筑成白浮瓮山河，经瓮山泊（今昆明湖）注入元大都城内，使京杭大运河从通州延伸至积水潭，增加了很多便利。白浮泉作为京杭大运河的源头，为元大都城的发展做出了巨大的贡献。白浮泉所在的龙山，是一处重要的祈雨场所，都龙王庙则是龙山的标志性建筑。白浮泉至今还保存有雕刻精美的九个石质吐水龙头。

都龙王庙正殿（高晨翔 / 摄）

白浮泉遗址（自在香山 / 摄）

广源闸（滇中樵夫 / 摄）

广源闸　高粱闸　广源闸、高粱闸是郭守敬主持的白浮引水工程中的两座重要水闸，起到调节水位高低的作用。现广源闸闸口、四个镇水兽头，高粱桥本体及高粱闸闸槽、绞关石等构件基本保存完好。

高粱闸（滇中樵夫 / 摄）

什刹海（滇中樵夫 / 摄）

什刹海　澄清上闸（含万宁桥） 澄清上闸是郭守敬为调节积水潭（今什刹海）水位、满足漕船航运而建造的重要水闸，与万宁桥连为一体，目前仍保存有闸槽、绞关石及桥两侧的镇水兽。其中桥东北部的镇水兽下部有“至元四年九月”题刻。

澄清上闸（含万宁桥）（郑直 / 摄）

澄清上闸（含万宁桥）镇水兽（严卫 / 摄）

澄清上闸（含万宁桥）东北侧镇水兽下部元代题记（刘雷 / 摄）

玉河故道之澄清中闸（含东不压桥）（刘雷/摄）

玉河故道 玉河是京杭大运河——通惠河的城内河道，起着通漕至终点码头积水潭的作用。现东城区保存有明清两代堤岸及河道、码头、雁翅、排水道、澄清中闸（含东不压桥）等遗存。

南新仓 始建于明永乐七年（1409），现存仓廒七座、廒房合计九廒及部分旧仓墙。

南新仓（严卫/摄）

庆丰闸遗址（慈鸟·李京华/摄）

平津闸绞关石（刘雷/摄）

庆丰闸　平津闸　坝河故道

出元大都城向东的第一处闸口是大通闸，俗称“头闸”，20 世纪 60 年代修建地铁时被拆除。庆丰闸是出元大都城向东第二处闸口，故又俗称“二闸”，因河道拓宽，庆丰闸现已淹没于水下。两闸均为控制水位落差而建。此外，在朝阳区还有平津闸、坝河故道遗存。

平津闸遗址（滇中樵夫 / 摄）

坝河故道（刘雷 / 摄）

永通桥（刘远航/摄）

永通桥及石道碑 永通桥始建于明正统十一年（1446），因其距离通州城西八里，故俗称“八里桥”。该桥为三孔石桥，中孔奇高，是专为方便漕船通行而设置的。它与京西卢沟桥、京北朝宗桥、京南琉璃河大桥并称京城四大古桥。清末著名的八里桥战役就发生在这里。

这里还是清雍正七年（1729）所建京通四十里石道起始处，被称为“国东门孔道”，现在存有雍正十一年（1733）所立的御制通州石道碑，原碑亭在光绪二十六年（1900）被八国联军烧毁，现碑亭为2005年在原址重建。

永通桥石栏板及靠山兽
（连达 / 摄）

御制通州石道碑（杨虎 / 摄）

通州燃灯塔（刘远航/摄）

通州燃灯塔 全称为燃灯佛舍利塔，始建于北周，为镇潞水而建，唐、辽、元、清多次重修。塔平面呈八角形，为十三层密檐式实心砖塔，砖木结构，高56米，为京杭大运河北端的标志，也是历史上著名的通州八景之“古塔凌云”。塔身有精美砖雕，塔刹铜质刹肚铸有“康熙岁次戊寅仲夏吉旦立”等字样。

通州燃灯塔周边曾建有坐粮厅、司空衙署等漕运机构，是当时漕运的中枢。塔北有“葫芦头”，是进京漕船朝发夕至的起始点。

通运桥（刘远航/摄）

通运桥及张家湾镇城墙遗址 明嘉靖四十三年（1564）为保障“卫京护漕”修筑张家湾城。该城四面设门，一直为京师东部重要漕运重地。至清朝后期，由于运河改道、漕运衰败，张家湾城也一并衰落。现古城仅存南部城墙遗迹。

通运桥是万历三十三年（1605）为大运河北端客船码头而建，呈南北走向，三孔联拱式，中券较高，下部内嵌碑记一块，桥两侧雕有镇水兽、望柱石狮、戗栏兽等，栏板两面亦是浮雕精美花纹。

通运桥石狮及栏板（刘雷/摄）

俯瞰通运桥（杨虎 / 摄）

大运河在通州区的遗存还有很多，比如永济渠故道、笥沟故道、金代闸河遗址、白河、金口新河故道、萧太后运粮河故道、京杭大运河通州段、通惠河故道等。

通运桥与石碑（刘雷 / 摄）

通运桥桥铭石刻（颐和吴老 / 摄）

长城（国五）

居庸关南关闸楼和角楼（田毅 / 摄）

地　址	昌平区、门头沟区、怀柔区、平谷区、密云区、延庆区
开放时间	部分全天开放
收费情况	部分收费

长城是中国古代修建的以城墙为主体并同大量关堡、壕堑等结合的军事防御系统，是世界上最大的军事防御设施，1987 年 12 月被列入《世界遗产名录》。

长城修筑的历史可上溯到西周时期。秦灭六国统一天下后，秦始皇连接和修缮战国长城，始有万里长城之称。按照国家文物局 2016 年 11 月公布的《长城保护报告》数据：截至 2012 年，我国各时代长城资源分布于北京、天津、河北、山西、内蒙古、辽宁、吉林、黑龙江、山东、河南、陕西、甘肃、青海、宁夏、新疆 15 个省（自治区、直辖市）404 个县（市、区）。各类长城资源遗存总数 43721 处（座/段），其中墙体 10051 段，壕堑/界壕 1764 段，单体建筑 29510 座，关、堡 2211 座，其他遗存 185 处。墙壕遗存总长度 21196.18 千米。

北京市范围内的长城始建于北齐，明代大规模修筑，东起平谷区，经密云区、怀柔区、延庆区、昌平区，西至门头沟区，长城墙体 461 段，全长约 520 千米，关堡 147 座，单体建筑 1742 座，相关设施 6 处，核定公布为全国重点文物保护单位的遗存有 2328 处。比较著名的有古北口、司马台、慕田峪、居庸关等长城。

慕田峪长城（刘远航 / 摄）

居庸关长城 11 号敌楼内景（田毅 / 摄）

箭扣长城（董旭明 / 摄）

远眺望京楼、仙女楼（杨虎 / 摄）

延庆区火焰山京畿雄关（董旭明/摄）

明朝户部尚书秦霖曾作《宣镇东路舆图说》提道:“登火焰山望之，而神京在前，宫阙在目，是京师以火焰山为后屏也，东顾而蓟镇在左，西顾而昌镇环右，南山崔巍崒嵂，拱抱陵寝，龙之蟠，虎之踞，美哉!”

将军关（刘雷 / 摄）

五虎水门关　位于密云区新城子镇花园村，因两道关门（东门行人、西门泄水）内、外石券顶部各雕一只虎头，水门内侧 6 米处，还有一只由青石随形雕刻的卧虎，共五虎而得名。五虎守门这种设计在我国现存长城建筑中仅此一处。

五虎水门关（连达 / 摄）

黄花城水长城（连达 / 摄）

蟠龙山长城（杨虎 / 摄）

岔道城东城门（张建明 / 摄）

九眼楼营盘遗址威严门石匾额（连达 / 摄）

九眼楼营盘遗址（刘雷 / 摄）

遥桥峪堡（刘雷 / 摄）

房山云居寺塔及石经（国一）

云居寺全景（莎萝蔓蛇 / 摄）

地　址	房山区大石窝镇
开放时间	9:00—16:00
收费情况	收费

云居寺始建于隋代，是高僧静琬法师所建。寺院坐西朝东，原有六进，分南、中、北三路。中路依次是山门（天王殿）、毗卢殿、大雄宝殿、药师殿、弥陀殿、大悲殿。南北两路为僧房和行宫院落，寺北有一辽代复合式砖塔，俗称北塔，南部也曾有一座辽代密檐式砖塔。抗日战争时期，南塔和寺院大部分殿宇被炮火炸毁，仅存山门、北塔及数座小塔。近年南塔和主体殿宇进行了复建。

云居寺山门（刘远航 / 摄）

云居寺还有清代皇家行宫，其中嘉庆皇帝曾两次到访云居寺并留有一座御碑。

嘉庆御碑（洛卡奇 / 摄）

云居寺北塔（莎萝蔓蛇 / 摄）

北塔，重建于辽代，塔身分为两部分，下部为平面八角形两层楼阁式，上部为巨大覆钵及相轮。

云居寺北塔人物佛塔砖雕（洛卡奇 / 摄）

楼阁式塔身底部为双层须弥座，有佛像、供养人、伎乐、妙音鸟、力士、佛塔等精美砖雕。北京现存的八座半唐塔均在房山区，其中云居寺和石经山就有七座半。

云居寺北塔砖雕细节（洛卡奇 / 摄）

云居寺北塔四周的四座唐塔（洛卡奇 / 摄）

七座半唐塔包括景云二年塔（711）、太极元年塔（712）、开元十年塔（722）、开元十五年塔（727）、梦堂庵塔、金仙公主塔（721）、石经山单檐唐塔（898）、石经山施茶亭半座唐塔，其中六座有明确纪年，部分塔内有精美石雕造像。

唐开元十年塔内部雕像细节（筱溪听泉 / 摄）

石经山全景（莎萝蔓蛇 / 摄，制图）

中国唯一的石刻大藏经藏于云居寺对面石经山上的九个岩洞内。其中雷音洞被宿白等学者考古研究后认定为“中国现存最早的佛殿”，其四壁存有静琬法师以防佛经再遭“法难”而留存的146块隋代最初刻经。后续高僧陆续刻经，直至明末完成，其中以唐、辽、金三代刻经最多。

石经山单檐唐塔（刘雷 / 摄）

石经山金仙公主塔
（自在香山 / 摄）

石经山藏经洞
（刘远航 / 摄）

石经山 6、7 号藏经洞
（刘雷 / 摄）

云居寺开山琬公塔和压经塔（黑旼 / 摄）

石经山雷音洞内景（刘雷 / 摄）

石经（刘远航 / 摄）

目前已发现完整的经板 14278 块，其中 10082 块辽、金经板于 1999 年 9 月 9 日 9 时 9 分 9 秒回藏于南塔地宫内。

房山大石窝镇大白玉塘全景（天翔/摄）

大石窝镇大白玉塘是北京最大、最古老的汉白玉采石场，历经隋、唐、辽、金、元、明、清七个朝代，初被开采用于云居寺雕刻石经，此后为历代皇宫建造宫殿的采石场所。大白玉塘也是北京地区较为珍贵的古代矿业遗存。

万佛堂、孔水洞石刻及塔（国五）

万佛堂孔水洞（王腾/摄）

地　址	房山区河北镇万佛堂村
开放时间	不开放
收费情况	无

万佛堂是孔水洞古刹仅存的一座殿宇，坐落在孔水洞出水口的墩台之上，坐西朝东，始建于唐大历五年（770），原名万佛龙泉宝殿，因殿内嵌有“文殊、普贤万菩萨法会图”，故俗称万佛堂。现存建筑为明代正德年间建造，形制为歇山顶无梁殿，其券门顶嵌石额楷书“大历古迹万佛龙泉宝殿”，落款“大明万历已丑春吉日重建”。

殿内“万菩萨法会图”石刻（玉尊回雪 / 摄）

妙音鸟石刻（玉尊回雪 / 摄）

普贤菩萨像石刻（玉尊回雪 / 摄）

唐大历五年（770）石刻题记（玉尊回雪 / 摄）

伎乐菩萨像（玉尊回雪 / 摄）

殿内正面及两侧墙壁嵌有石浮雕“万菩萨法会图”，由 31 块长方形汉白玉石雕组成。主体浮雕是释迦说法的场面，周围浮雕佛像约万尊，其上有“大历五年”的题记，堪称唐代浮雕艺术珍品（部分有后世修补）。

孔水洞隋代题记（天翔/摄）

孔水洞金代题记（天翔/摄）

孔水洞初见于北魏郦道元的《水经注》。洞内石壁上有隋代石经、隋唐摩崖造像、金大定题记。1982 年洞内泉水一度干涸，曾出土动物化石、铁器和七件唐代金龙。

孔水洞隋代佛像（天翔 / 摄）

孔水洞隋代菩萨像（天翔 / 摄）

万佛堂辽代花塔（刘远航/摄）

元代龄公和尚舍利塔（左）（刘德旺 / 摄）

万佛堂西北侧有辽代花塔，坐北朝南，平面呈八角形。由青砖砌筑而成，通高20多米。塔身有“咸雍六年”“寿昌七年”等题记。万佛堂东部还有一座元代砖塔——龄公和尚舍利塔，坐西朝东，平面呈八角形，七级密檐式，通高约15米。

元代龄公和尚舍利塔塔铭（刘雷 / 摄）

天宁寺塔（国三）

天宁寺塔身塑像（邵世海 / 摄）

地　址	西城区广安门外街道天宁寺前街甲 3 号
开放时间	9:00—16:00
收费情况	免费

天宁寺塔是北京城区最古老的建筑遗存，是现存辽代密檐式砖塔中最典型的一座，建于辽天庆九年至十年（1119—1120）。该塔为八角形十三级密檐式，实测高度 55.94 米。

天宁寺山门（田毅 / 摄）

接引殿（自在香山 / 摄）

天宁寺塔（高俊卿/摄）

准提菩萨塑像（邵世海 / 摄）

琉璃瓦（刘雷 / 摄）

塔基为方形平台，底部为须弥座，束腰部位壶门雕有狮兽头，壶门内雕刻坐佛像，间柱上浮雕缠枝莲纹，转角处雕金刚力士像。基座上部是平座，勾栏、斗拱均仿木结构，再上施三层仰莲座承托塔身。塔身四正面辟拱门，门侧泥塑天王像。余之四面为直棂窗，窗侧泥塑菩萨像，是辽代雕塑艺术的精品。

各层塔檐角梁均为木质，檐角悬有铜铃，各种瓦件和脊兽、套兽等构件，均为琉璃烧制。塔顶用两层八角仰莲上托小须弥座承宝珠。

基座壶门中的狮子雕塑（邵世海/摄）

基座砖雕细节（邵世海/摄）

良乡多宝佛塔（国七）

良乡多宝佛塔（刘雷/摄）

地　址	房山区拱辰街道东关村昊天公园
开放时间	全天
收费情况	免费

良乡多宝佛塔又称昊天塔、良乡塔，是北京地区仅存的一座辽代仿木结构楼阁式砖塔。因所处燎石岗而得名的“燎岗古塔”是古代良乡八景之一。该塔始建于隋代，现塔建于辽咸雍四年（1068），清光绪二十七年（1901）部分佛龛被八国联军破坏，1985 年维修。

良乡多宝佛塔近景（高俊卿 / 摄）

良乡多宝佛塔坐北朝南，为八角五层楼阁式空心砖塔，通高 45 米左右（北京建筑大学 2014 年实测为 45.8517 米）。外形收分明显，塔基为双层须弥座，有上下两道束腰，束腰处雕有花卉、兽头等纹饰，壶门内雕有佛像。束腰上部雕有砖制仿木一斗三升斗拱，拱眼壁雕莲花、梅花等图案。

塔身细节（古小东 / 摄）

塔内楼梯（洛卡奇 / 摄）

塔身东、南、西、北四个正面辟有券门，其余四个侧面雕有直棂窗，每层塔檐下均施砖制仿木斗拱。塔刹为砖砌僧帽形式，由莲瓣、相轮和覆钵等组成。塔内设中心柱，沿中心柱有回廊，各层之间有爬梯直至顶层。

戒台寺（国四）

戒台寺雪景（刘远航/摄）

地址	门头沟区永定镇马鞍山麓
开放时间	8:30—16:30
收费情况	收费

戒台寺，又名戒坛寺，创建于隋唐时期，原名慧聚寺。辽咸雍年间高僧法均在此建立戒坛传戒，明清多次重修。寺院坐西朝东，由南北两路组成，南路从下而上依次排列山门、天王殿、大雄宝殿、千佛阁（复建）、三仙殿、九仙殿等。大雄宝殿两侧有伽蓝殿、祖师殿、禅堂等附属建筑。北路有法均大师墓塔和衣钵塔、明王殿、戒坛殿、大悲殿等。

天王殿（刘远航 / 摄）

大悲殿（刘雷 / 摄）

大雄宝殿内景（刘雷 / 摄）

戒坛殿东部明王殿内小木作（刘雷 / 摄）

戒坛殿（刘雷 / 摄）

戒坛殿是一座方形重檐琉璃盝顶建筑，殿顶有五个金色宝顶，中央大宝顶有“大明成化三年九月”题记。殿内戒坛为汉白玉砌筑，三层方形，四出陛，有石佛龛 113 个，雕刻有护戒神像。它与杭州延庆寺、泉州开元寺的戒坛，并称中国三大戒坛，且因规模最大被誉为“天下第一戒坛”。

戒坛（洛卡奇 / 摄）

牡丹院（刘雷 / 摄）

千佛阁遗址与戒坛之间有牡丹院，为两进四合院，清代以来种植丁香、黑牡丹等稀有品种，闻名京城，恭亲王奕䜣曾在此隐居十年。寺内还有辽、金、元、明、清历代珍贵碑刻和经幢，以及著名的“戒台五松”。

牡丹院垂花门恭亲王手书“慧聚堂”匾（刘雷 / 摄）

法均大师塔、抱塔松与辽代经幢（刘雷 / 摄）

戒台寺石牌坊雪景（刘远航 / 摄）

戒台寺南塔院（左黄右苍 / 摄）

戒台寺塔林知幻大师塔塔铭（刘雷 / 摄）

寺东南有南塔院，遗存有十余座僧人墓塔，其中以明英宗敕建的知幻大师密檐式砖塔最为著名。寺东北还有一座石牌坊，建于明代，清代重修，雕刻非常精美。

银山塔林（国三）

银山塔林雪景（刘雷 / 摄）

地　址	昌平区兴寿镇湖门村银山塔林景区
开放时间	8:00—16:30
收费情况	收费

银山塔林是一组金元以来的墓塔建筑群，银山因冬季“冰雪厚积，色白如银”而得名；又因“麓有石崖，皆成黑色”被称为“铁壁银山”，为明清时期“燕平八景”之一。

五座金代密檐塔（田毅 / 摄）

五座金代密檐塔和两座明代覆钵塔（刘远航 / 摄）

俯瞰五座金代密檐塔（田毅 / 摄）

相传唐朝名僧邓隐峰曾在此山修行，并建有华严寺。辽寿昌年间满公禅师在山前创建了宝岩寺，金天会三年（1125）云门宗名僧佛觉大禅师海慧改建该寺为大延圣寺。明正统十三年（1448）重建，钦赐寺名“法华禅寺”，下领七十二庵，为京郊名刹，佛教圣地。明代以后，银山诸多寺院逐渐衰败，木结构殿堂全部无存。

银山塔林现存有建于金、元、明、清四代佛塔多处，较为完整的有 18 座，其中密檐式塔 6 座、覆钵式塔 11 座、复合式 1 座，还有说法台、古佛岩、朝阳洞等古迹。银山塔林群中以法华禅寺塔群最为壮观，是我国目前保存最大、最完好的金代密檐式塔群。

元代密檐塔（田毅/摄）

复合式塔（田毅/摄）

覆钵式塔两座（田毅/摄）

覆钵式塔 3（田毅 / 摄）

覆钵式塔 4（田毅 / 摄）

覆钵式塔 5（转腰塔）（洛卡奇 / 摄）

覆钵式塔 6（洛卡奇 / 摄）

覆钵式塔 7（刘雷 / 摄）

覆钵式塔 8（刘雷 / 摄）

覆钵式塔 9（刘雷 / 摄）

覆钵式塔 10（洛卡奇 / 摄）

覆钵式塔 11（程尧 / 摄）

镇岗塔（国七）

镇岗塔（洛卡奇/摄）

镇岗塔是一座砖砌结构实心八角形花塔，建于金代，明嘉靖四十年（1561）重修。抗日战争时期，塔底一角和塔刹部分被日军炸毁，现存塔刹为1949年以后重修。塔前原有嘉靖四十年重修碑记，现已无存。

地址	丰台区长辛店镇张家坟村
开放时间	全天
收费情况	免费

镇岗塔砖雕细节（刘雷 / 摄）

镇岗塔旧影（拉里贝 / 摄）

镇岗塔坐北朝南，基座之上为平座与斗拱。塔身东、南、西、北四个正面隐作券门，其余四个侧面隐作直棂假窗。塔身之上挑出短檐，原檐角处各挂一个铜铃，现已全部失落。拱眼壁上为浮雕人物和动物造型。上部塔身外形为圆弧形，有七层佛龛，第一层为两层楼阁式方塔，第二层以上均为单层亭式方塔。塔身共有塔形佛龛百余座，每座佛龛内端坐一尊佛像，形态各异。

妙应寺白塔（国一）

妙应寺白塔全景（失重的梁柱 / 摄）

地　址	西城区新街口街道阜成门内大街 171 号白塔寺
开放时间	9:00—17:00（周一闭馆）
收费情况	收费

妙应寺白塔是我国现存元代最早、最大的藏式佛塔，至元八年（1271）由元世祖忽必烈敕令建造，著名的尼泊尔匠师阿尼哥主持修建，至元十六年（1279）建成，明、清以来多次维修。中路保存有天王殿、意珠心境殿、七佛宝殿三座殿宇和元代石狮等珍贵文物。西路尚存大觉能仁殿、过厅、藏经阁等建筑。

意珠心境殿（刘雷 / 摄）

元代石狮（自在香山 / 摄）

意珠心境殿内景（自在香山 / 摄）

七佛宝殿（刘雷 / 摄）

七佛宝殿内部藻井（黑攸 / 摄）

七佛宝殿千手观音铜像（黑攸 / 摄）

七佛宝殿诸天像（黑攸 / 摄）

具六神通殿内景（刘雷 / 摄）

塔前建有具六神通殿，面阔三间，单檐歇山顶，殿内供奉三世佛像，东西墙上悬挂八幅清代唐卡。塔的正前方为“二鹿听经”石雕。

角亭（刘雷 / 摄）

妙应寺白塔（刘远航 / 摄）

妙应寺白塔是一座砖砌的喇嘛塔，外表粉刷成白色，建在一个“凸”字形台基上，四角有角亭。白塔基座呈“亞”字形，四周有矮墙。台座上是双层“亞”字形须弥座，须弥座上以覆莲和五道金刚圈承托塔身。

铜制华幔（刘雷 / 摄）

塔身明代铜牌（熊炜 / 摄）

塔身近似鼓形，上方又是一层须弥座，座上是圆锥形的“十三天”，顶部为铜制华盖承托塔刹，华盖周边悬 36 片铜制华幔，塔刹为铜制覆钵式塔。1978 年大修白塔时从塔顶发现一批佛教文物，是清乾隆十八年（1753）修塔时放入的，包括清代大藏经、赤金无量寿佛、黄檀木观音、乾隆御笔《心经》等。

“二鹿听经”石雕（刘雷 / 摄）

居庸关云台（国一）

居庸关关城与云台（莎萝蔓蛇 / 摄）

地　址	昌平区南口镇居庸关村
开放时间	8:30—16:30
收费情况	收费

居庸关云台位于居庸关关城中心，是居庸关内一座元代过街塔的基座，建造于元至正二年到五年（1342—1345），其上原有三座并排的藏式佛塔，后塔毁。明正统八年（1443）又在云台上修建佛殿泰安寺，清康熙四十一年（1702）泰安寺又毁，现仅存云台。

居庸关云台（莎萝蔓蛇 / 摄）

云台券洞内壁六种文字刻写的经文（田毅 / 摄）

云台券洞“六拏具”石刻细节（田毅 / 摄）

云台券洞内壁石刻（刘远航 / 摄）

居庸关云台是一座汉白玉雕琢砌筑的长方形高台，台座中间辟一南北向拱券门，为抹角券式。券门及券洞刻有佛教的护法神四大天王、“六拏具”浮雕等。券门穹顶中央，依次排列着五个曼陀罗图案，两边各排列着五尊佛像，称“十方佛”。每方佛四周刻有 102 尊小佛，共计 1020 尊，取千佛之意。

在云台券门内，在四天王像之间，还有以梵文、藏文、八思巴文、回鹘文、西夏文、汉文六种文字刻写的《陀罗尼经咒》和除梵文外其他五种文字刻写的《造塔功德记》等。台座顶部挑出石平盘两层，刻有云头、兽面和璎珞垂珠图案。平盘四周有排水龙首和方形石雕栏杆，栏板上雕有卷花图案。

东方持国
天王像
（田毅 / 摄）

南方增长
天王像
（田毅 / 摄）

西方广目
天王像
(田毅 / 摄)

北方多闻
天王像
(田毅 / 摄)

万松老人塔（国七）

万松老人塔（刘雷/摄）

地　址	西城区金融街街道西四南大街 43 号
开放时间	9:00—21:00
收费情况	免费

万松老人塔是金元时期曹洞宗著名僧人万松老人的灵骨塔。该塔是元大都时代的重要建筑遗存，具有珍贵的历史地标意义。塔院坐西朝东，塔高 15.9 米，平面呈八角形，为叠涩封护檐，密檐下不施斗拱，顶部为尖形筒瓦顶，最上方为刹座和宝珠。

万松老人名万松行秀（1166—1246），河南洛阳人，俗姓蔡，自称“万松野老”。自幼受家庭熏陶，15 岁出家，受戒后云游天下，精通儒家经典。金章宗曾于明昌四年（1193）召见他，询问佛道。承安二年（1197）又下诏让他住燕京西郊仰山的栖隐寺。大蒙古国时期中书令耶律楚材曾拜其为师，并深受其“以儒治国，以佛治心”政治思想主张的影响。

万松老人圆寂后，时人在此为其建造墓塔，清乾隆十八年（1753）重修时，将原八角七级密檐式砖塔加高至九级，至今塔上仍嵌有石刻一块，上书“乾隆十八年岁次癸酉七月谷旦康亲王永恩奉敕重修”。

1927 年由北洋政府交通总长叶恭绰等人组成“万松精舍”筹资重修，加筑了围墙和门楼，石门额上书“元万松老人塔”。1986 年重修中发现了清乾隆十八年重修时裹砌其内的原塔。由其得名的砖塔胡同是北京最古老的胡同之一。

万松老人塔院大门（田毅 / 摄）

万松老人塔塔铭（刘雷 / 摄）

北京孔庙（国三）

远眺北京孔庙（失重的梁柱 / 摄）

地　址	东城区安定门街道国子监街 13 号北京孔庙和国子监博物馆
开放时间	8:30—17:00（周一闭馆）
收费情况	收费

北京孔庙是元、明、清三代祭祀孔子的地方，为全国规模第二大的孔庙。北京孔庙始建于元大德六年（1302），历代重建、扩建，坐北朝南，分三进院落。主要建筑依次为先师门、大成门、大成殿、崇圣门及崇圣祠。

先师门（刘雷 / 摄）

先师门为孔庙临街正门，是目前北京罕见的具有元代风格的木结构建筑。门内东西两侧共有三座碑亭及元、明、清三代进士题名碑 198 通，共录元、明、清三代 51624 名进士的姓名、籍贯、名次，是研究我国科举制度的珍贵实物资料。大成门又称戟门，面阔五间，里外三出陛，门内放置乾隆年间仿制的十枚石鼓和两座清代石碑。

大成门（田毅 / 摄）

大成门内石碑、石鼓和铜钟（刘雷 / 摄）

御制新建太学之碑（刘雷 / 摄）

进士题名碑林（刘雷 / 摄）

碑亭（刘远航 / 摄）

大成门内有甬道直通大成殿，甬道两侧有 11 座明清两代纪功碑亭。大成殿是孔庙的中心建筑，是举行祭孔典礼的地方。大成殿黄琉璃瓦重檐庑殿顶，九间五进，规格仅次于故宫太和殿。

大成殿（田毅 / 摄）

大成殿内景（高晨翔 / 摄）

殿内正中供奉着孔子“大成至圣文宣王”木牌位。两旁设配享的“四配”牌位，东西两侧分列“十二哲”牌位。殿内外悬挂着清康熙至宣统皇帝及民国总统黎元洪题写的匾额。

大成殿内“十二哲”牌位（刘雷 / 摄）

崇圣门（田毅 / 摄）

大成殿后的崇圣祠，为供奉及祭祀孔子五代先祖之地，由崇圣门、崇圣殿及东西配殿组成。

崇圣殿（刘雷 / 摄）

崇圣殿内景旧影（海达·莫理循 / 摄）

前院东部还有宰牲亭、井亭、神厨，用于祭孔三牲的宰杀、清洗和烹制。西侧有神库、致斋所用于祭孔礼器的存放和供品的备制，并有持敬门与国子监相通。

井亭和宰牲亭（刘雷 / 摄）

北京东岳庙（国四）

北京东岳庙全景（失重的梁柱 / 摄）

地　址	朝阳区朝外街道朝阳门外大街 141 号
开放时间	8:30—16:30（周一闭馆）
收费情况	收费

北京东岳庙是道教正一派在华北地区第一大道观，始建于元延祐六年（1319），元至治三年（1323）竣工，由“玄教宗师”张留孙创建，初名东岳仁圣宫，主祀泰山神东岳大帝，元末在战乱中受到严重破坏。明代，东岳仁圣宫改名为东岳庙，明正统十二年（1447）英宗命于故地重建庙宇。万历、崇祯年间曾进行多次修建、扩建，清代又多次重修。东岳庙坐北朝南，以中路为轴线，辅以东西跨院组成。现存主要建筑有琉璃牌坊、钟鼓楼、二门（现东岳庙正门）、瞻岱门、岱岳殿、育德殿、后罩楼等。

琉璃牌坊（刘雷 / 摄）

琉璃牌坊位于东岳庙对面，砖结构三间四柱七楼式，绿琉璃瓦歇山顶。二门全木结构，庑殿顶，左右各设一随墙式门，现为东岳庙正门。东岳庙原有山门、过街牌楼，后均因城市建设而被拆除。

北京东岳庙二门（刘雷 / 摄）

瞻岱门（刘远航 / 摄）

门前左右为钟鼓楼。穿过瞻岱门，通过中间的甬道通向岱岳殿。岱岳殿是东岳庙的核心建筑，供奉东岳大帝，梁、柱、檩、枋均绘有金龙和玺彩画。

岱岳殿（田毅 / 摄）

广嗣殿（王扬 / 摄）

东西两侧分别有广嗣殿和阜财殿。岱岳殿后通过五间穿堂与其后的育德殿组成一个整体，形成“工”字殿的格局。

阜财殿（田毅 / 摄）

“工”字殿中部通道（洛卡奇 / 摄）

“工”字殿中部通道内景（刘远航 / 摄）

育德殿内部（刘雷 / 摄）

后罩楼（刘远航 / 摄）

育德殿是东岳大帝与淑明坤德帝后（东岳大帝之妻）的寝宫。岱岳殿院落四周配庑环绕，连接东西配殿、朵殿，供奉“地狱七十六司”。育德殿后为连檐通脊的后罩楼。

地狱七十六司（刘远航 / 摄）

东部碑林（刘远航 / 摄）

东岳庙内立有元代以来的众多碑刻共 138 通，主要分布在岱岳殿前的东西碑林，为东岳庙一大特色，以赵孟頫《张公碑》最为著名。

灵岳寺（国七）

灵岳寺全景（洛卡奇/摄）

地　址	门头沟区斋堂镇灵岳寺村
开放时间	不开放
收费情况	无

灵岳寺创建于唐贞观年间（627—649），五代时遭战乱破坏，辽代重修，称“白贴山院”，金代改称“灵岳寺”。元至元三十年（1293）、至正年间（1341—1368）、清康熙二十二年（1683），雍正十一年（1733）四次重修。明代建下院宝峰寺，清代多次重修。

灵岳寺坐北朝南，二进院落，现存山门、天王殿、大雄宝殿和西配殿。寺的南部山门两侧为钟鼓楼遗址。山门为砖砌一间，歇山顶，正脊有雕花。前殿面阔三间，悬山顶，存有元代遗韵。正殿面阔和进深均为三间，四周有回廊，单檐庑殿顶，拱眼壁为彩绘佛像。西配殿两座，一座为面阔三间、进深两间；另一座为面阔五间、进深一间。寺内现存石碑两通，分别是元至元三十年（1293）《重修灵岳寺记》碑和清康熙二十二年（1683）《重修灵岳禅林碑记》碑。

山门（刘雷 / 摄）

前殿（自在香山 / 摄）

前殿内重修题记（刘雷 / 摄）

正殿（自在香山 / 摄）

正殿内部（自在香山／摄）

元碑（刘雷／摄）

灵岳寺全景（自在香山／摄）

俯瞰灵岳寺（刘雷／摄）

故宫（国一）

远眺故宫（失重的梁柱 / 摄）

地　址	东城区东华门街道天安门北侧
开放时间	8:30—15:40（周一闭馆）
收费情况	收费

故宫古称紫禁城、宫城，是明清两朝的皇宫，先后有明清 24 位皇帝在此执政。故宫为明成祖朱棣于明永乐四年（1406）下诏备料兴建，永乐十八年（1420）完工。故宫是世界上现存规模最大、最完整的古代木结构建筑群，1987 年被列入《世界遗产名录》。

东北角楼（王腾 / 摄）

午门（杨虎 / 摄）

故宫占地72万多平方米，四面各开辟一门，南为午门，东为东华门，西为西华门，北为玄武门（康熙年间避讳改为神武门），城墙四角各矗立一座角楼。

神武门夜景（杨虎/摄）

太和殿（杨虎 / 摄）

太和殿、中和殿、保和殿（从左至右）（王腾 / 摄）

故宫建筑依据其布局与功用分为“外朝”与“内廷”，以乾清门广场为界，以南为外朝，以北为内廷。外朝以太和殿、中和殿、保和殿三大殿为中心，是皇帝行使权力、举行盛典的地方。

太和殿内景（刘远航 / 摄）

太和殿前的东西两侧为皇家的府库体仁阁（清乾隆四十八年六月毁于火，当年重建）和弘义阁。两翼东有文华殿、文渊阁、传心殿、内阁大堂、南三所等；西有武英殿、内务府等。

传心殿（任昱/摄）

保和殿后部巨大丹陛石和乾清门广场（杨虎/摄）

文渊阁（田毅／摄）

文华门（苏唐诗 / 摄）

《观所尚斋诗存》注："曩偕右衡同直会典馆，尚无海棠，后设政务处，于晦若侍郎所植。癸卯，同考试差借榻花下。"而今，文华殿植有许多的西府海棠，四月为盛花期。

乾清宫内景（田毅 / 摄）

内廷以乾清宫、交泰殿、坤宁宫后三宫为中心，两翼为养心殿、东西六宫、斋宫等，是帝后居住和祭祀之所。

坤宁宫东暖阁（任昱 / 摄）

雨花阁（任昱 / 摄）

永和宫（苏唐诗 / 摄）

延禧宫雪景（杨虎 / 摄）

养心殿内景（邵世海/摄）

永寿宫（苏唐诗/摄）

畅音阁大戏楼（当年公瑾 / 摄）

九龙壁（杨虎 / 摄）

寿康宫东暖阁（田毅 / 摄）

内廷东有太上皇宫宁寿宫，这里有著名的九龙壁和畅音阁大戏楼。西为太后太妃居住的慈宁宫、寿安宫、寿康宫等。

宁寿宫花园竹香馆雪景（杨虎 / 摄）

御花园天一门（王腾 / 摄）

内廷还有四座花园，即御花园、宁寿宫花园、慈宁宫花园和建福宫花园。其中在御花园中还有故宫中轴线上唯一的道教建筑——钦安殿。

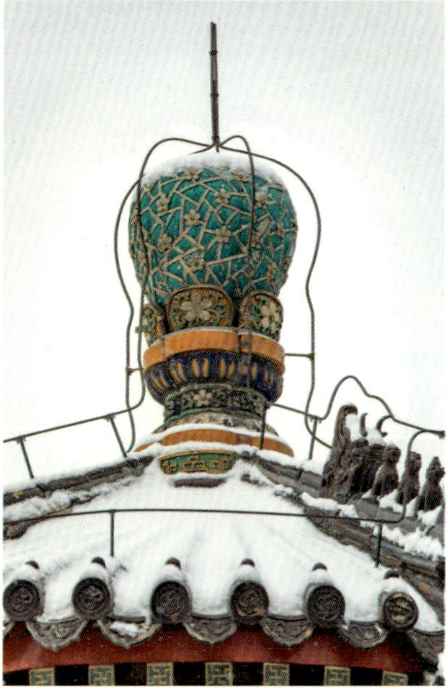

宁寿宫花园碧螺亭琉璃宝顶（杨虎 / 摄）

御花园堆秀山和御景亭（王腾 / 摄）

钦安殿雪景（杨虎 / 摄）

宁寿宫花园倦勤斋内景（桂立新 / 摄）

建福宫花园静怡轩（李永涛 / 摄）

御花园万春亭藻井（杨虎/摄）

建福宫花园惠风亭（李永涛/摄）

社稷坛（国三）

社稷坛（王腾/摄）

地　址	东城区东华门街道天安门西侧
开放时间	6:30—19:30
收费情况	收费

社稷坛是明清帝王祭祀土地神和五谷神的地方，建于明永乐十八年（1420），原为辽、金时的兴国寺，元代改名万寿兴国寺。明成祖朱棣在营建紫禁城的同时，根据《周礼·考工记》中“左祖右社”的原则在万寿兴国寺的基址上修建了社稷坛。清承明制。至1914年辟为公园，称中央公园。1928年为纪念孙中山先生，改称为中山公园。

南坛门（王腾／摄）

南棂星门雪景（邵世海／摄）

社稷坛平面呈正方形，为汉白玉砌成的三层平台。坛上铺着由全国各地进贡来的五色土：中央黄、东青、南红、西白、北黑，以表古时“普天之下，莫非王土”之意，并象征土、木、火、金、水五行。坛台中央原有一方形石柱，名“社主石”，又称“江山石”，以示“江山永固”。坛四周建有四色琉璃壝墙，东青、南红、西白、北黑，四面各立汉白玉棂星门一座。坛北为拜殿，是皇帝祭祀时休息或雨天行祭的地方，为明洪熙元年（1425）建，是北京现存少有的明初木结构建筑之一。殿面阔五间，黄琉璃瓦单檐歇山顶，朱红色隔扇门窗，汉白玉台基。1925 年孙中山先生在北京逝世，灵柩曾在此殿停放，接受各界人士瞻仰吊唁，1928 年该殿改名中山堂。拜殿之北为戟门，亦为明代所建，民国时被改为殿堂。

拜殿（中山堂）（自在香山 / 摄）

戟门（自在香山 / 摄）

神厨（刘雷 / 摄）

宰牲亭（刘雷/摄）

北坛门（自在香山/摄）

社稷坛外还有神厨、神库、宰牲亭等附属建筑。神厨、神库形制相同，均坐西朝东，面阔五间，上覆黄琉璃瓦悬山顶，分别是明清时制作祭品和储存祭器之处。

天坛（国一）

远眺天坛祈年殿建筑群雪景（任昱 / 摄）

地　　址	东城区天坛街道天坛路甲 1 号
开放时间	6:00—20:00
收费情况	收费

天坛是明清两代皇帝祭天、祈谷和祈雨的场所。坛域北呈圆形，南为方形，寓意“天圆地方”。四周环筑坛墙两道，把全坛分为内坛、外坛两部分，祈谷坛、皇穹宇、圜丘坛、斋宫等主要建筑集中于内坛，是中国现存古代等级最高、最完整的坛庙建筑群。1998 年被列入《世界遗产名录》。

皇乾殿（田毅 / 摄）

内坛以隔墙分为南北两部。北为“祈谷坛”，用于正月上辛日祈谷，中心建筑是祈年殿，始建于明永乐十八年（1420）。嘉靖二十四年（1545）改建圆形三层攒尖顶建筑。清乾隆十六年（1751）改建。光绪十五年（1889）祈年殿毁于雷火，七年后重修完成。祈年殿南有东西配殿和祈年门，北侧有皇乾殿。

祈谷坛和祈年殿（田毅 / 摄）

祈谷坛南门（田毅 / 摄）

祈年殿雪景（任昱/摄）

祈年殿为蓝琉璃瓦攒尖顶的三重檐圆形大殿。三层重檐逐层向上收缩，殿顶安放镏金宝顶。殿内北侧雕龙宝座上安放皇天上帝神主，后部置有木雕屏风。

祈年殿内景（田毅 / 摄）

圜丘（田毅 / 摄）

燎炉和燔柴炉（田毅 / 摄）

内坛南为“圜丘坛”，用于冬至日祭天，中心建筑是一座圆形石台，名“圜丘”，建于明嘉靖九年（1530），清乾隆十四年（1749）扩建。台分三层，每层四面出阶各九级，上层台面中央是一块圆形中心石，外铺九圈扇面形石块，最内一圈九块，每向外一圈递增九块，中下层亦每向外一圈递增九块。坛面四周栏板数和台阶级数，也都是九和九的倍数。圜丘坛外围墙两重，内圆外方，红墙蓝瓦，四面各辟棂星门。

圜丘坛天心石（刘雷 / 摄）

圜丘坛北棂星门和皇穹宇（田毅 / 摄）

圜丘坛之北有皇穹宇，是一座单檐圆亭式殿堂，用于存放圜丘神牌，始建于明嘉靖九年（1530），清乾隆八年（1743）改建为现状。皇穹宇两侧各有配殿五间，为收藏配祀神牌的地方。皇穹宇和东西配殿被一座圆形墙壁环绕，其墙面弧度建造得规则平滑，因而能反射声波，俗称“回音壁”。

皇穹宇（刘雷 / 摄）

皇穹宇内景（田毅/摄）

丹陛桥（刘雷 / 摄）

祈谷坛和圜丘坛由一座长 360 米、宽约 30 米的神道（又称丹陛桥）相连。内坛西部建有斋宫，是皇帝祭祀前斋戒沐浴之所，有两道宫墙和正殿、寝殿等建筑。斋宫西侧外坛内有神乐署建筑群，主要包括显佑殿、凝禧宫等建筑，是专司皇家祭祀大典乐舞的机构。两坛各有神库、神厨、宰牲亭等附属建筑。

斋宫正殿（田毅 / 摄）

斋宫正殿内的皇帝宝座及乾隆御笔“钦若昊天”匾额（刘雷 / 摄）

神乐署凝禧殿（刘雷 / 摄）

地坛（国六）

远眺地坛（任昱 / 摄）

地　址	东城区和平里街道安定门外大街地坛公园
开放时间	6:00—20:30
收费情况	收费

地坛原称方泽坛，是明清两代帝王夏至日祭祀地皇神祇的专用场所，明嘉靖九年（1530）始建，规制仅次于天坛。地坛分内坛和外坛，有两重坛墙环绕，内坛墙四面辟门，外坛西墙辟一门。

方泽坛一角（田毅 / 摄）

地坛祭台为上下两层汉白玉石质方形台，外立面贴黄琉璃砖，坛面用方石铺砌。下层台东西两侧有四个石座，分别刻着山水形花纹，原放置从祀的五镇、五岳、四海、四渎神位。绕坛有一条方泽水池，为祭祀时贮水所用。祭坛四周设两重坛墙，四面建有汉白玉棂星门，其中北墙三门并立，东、西、南各一道。

方泽池西南部白石龙头（用于测量水位高度）（刘雷 / 摄）

皇祇室（刘雷 / 摄）

皇地祇神位（田毅 / 摄）

祭坛外正南为皇祇室，面阔五间，黄琉璃瓦单檐歇山顶，内部放置祭祀所用的地祇、五镇、五岳、四海、四渎神牌和清代前六位皇帝的神位。

斋宫正门（田毅 / 摄）

钟楼（田毅 / 摄）

远眺宰牲亭和神库院落（失重的梁柱 / 摄）

斋宫、钟楼、神库、神厨、宰牲亭、神马圈等附属建筑多位于祭坛西侧。

神厨井亭（刘雷 / 摄）

先农坛（国五）

远眺先农坛（失重的梁柱 / 摄）

地　址	西城区天桥街道东经路 21 号
开放时间	9:00—17:00（周一闭馆）
收费情况	收费

先农坛是明清两代帝王祭祀先农、山川神祇、太岁诸神的地方，始建于明永乐十八年（1420），嘉靖年间形成现今格局。先农坛建于北京中轴线西南，与天坛东西相望，全坛占地 1700 余亩，其主要建筑群坐北朝南，呈东西横向错落排列，现存古建筑有先农神坛、太岁殿、拜殿、神厨、神仓、具服殿、观耕台、庆成宫等，是北京现存皇家祭祀建筑体系中保留较为完整的一处。

先农坛（王腾/摄）

清·宫廷画师绘《雍正帝先农坛亲祭图》中的先农坛（故宫博物院藏）

先农神坛始建于明嘉靖年间，清乾隆十九年（1754）重修。坐北朝南，是一座砖石结构方形平台，四面各出八级台阶。正殿在坛的正北，与神厨、神库独立成一院落，殿内供奉先农神牌，神厨、神库是制作贡品和存放祭祀用品的地方。井亭在神库、神厨之南，东西相对各一座，筒瓦六角盝顶。

神厨院落井亭与神库（田毅 / 摄）

神厨后檐下部的排水石槽（刘雷 / 摄）

宰牲亭（陈坚/摄）

宰牲亭在正殿西侧，面阔五间，重檐悬山顶，建筑形制为我国明代官式建筑中独有。

拜殿（王腾/摄）

太岁坛建于永乐十八年（1420），由太岁殿和拜殿组成，两殿形制相近，坐北朝南，面阔七间，黑琉璃瓦绿剪边歇山顶。太岁殿前有东西配殿，黑琉璃筒瓦绿剪边悬山顶，各面阔11间，前出廊，分祀春秋、夏冬各六位月将神。

拜殿内隆福寺毗卢殿明间盘龙藻井（杨虎 / 摄）

焚帛炉（刘雷 / 摄）

太岁殿（王腾 / 摄）

太岁殿内景（杨虎 / 摄）

太岁殿内隆福寺万善正觉殿明间藻井（田毅 / 摄）

太岁殿太岁坛（刘雷 / 摄）

神仓院落（刘雷/摄）

仓房（自在香山/摄）

神仓位于太岁殿东，是储藏五谷祭品的场所。观耕台和具服殿位于太岁殿东南。

观耕台（田毅 / 摄）

籍田（杨虎 / 摄）

观耕台是明清皇帝亲耕后观耕的地方，始建于明嘉靖年间，最初为木结构，清乾隆年间改为砖砌，台呈方形，东、南、西三出阶各为八级，台周饰黄绿琉璃砖并绕以汉白玉石护栏。观耕台南为皇帝亲耕的田地。

具服殿（王腾 / 摄）

具服殿在观耕台北，是皇帝亲耕前更换衣服的场所。

地祇坛神龛（王腾 / 摄）

先农坛内原有神祇坛一座，包括天神坛、地祇坛两座小坛，已被拆毁，现存神龛放置在太岁坛南。

名山神龛（田毅/摄）

地祇坛棂星门（赵伯晟/摄）

天神坛焚帛炉（任昱 / 摄）

天神坛棂星门（任昱 / 摄）

庆成宫正殿（刘雷 / 摄）

庆成宫正殿内景（自在香山 / 摄）

庆成宫位于内坛东门东北，坐北朝南，明代清初称为斋宫，清乾隆二十年（1755）改称庆成宫，是皇帝在谒坛行礼后休息和犒劳随从百官的地方，为一独立院落，由正殿、寝殿和东西配殿组成，正殿为绿琉璃瓦庑殿顶，面阔五间，建在汉白玉石台上，殿前有月台，台上设日晷、时辰牌亭各一座。寝殿在正殿之北，绿琉璃瓦庑殿顶，面阔五间，形制与正殿相近。配殿在寝殿前之东西，绿琉璃瓦悬山卷棚顶，面阔三间。

日坛（国六）

日坛西棂星门（田毅 / 摄）

地　址	朝阳区日坛北路 6 号日坛公园
开放时间	6:00—21:00
收费情况	免费

日坛又名朝日坛，是明清两代皇帝每年春分祭祀太阳神的专用场所，始建于明嘉靖九年（1530），是明清北京“五坛”之一。日坛坛墙由东部一道圆墙和西部一道方墙构成，象征“天圆地方”。坛西墙、北墙各有一座砖结构坛门。

日坛坛体（冯帅康 / 摄）

钟楼（刘雷 / 摄）

拜坛是日坛的中心，由白石砌成，面砌金砖，四边有台阶，各九级。坛周围有砖砌壝墙，呈圆形，东、南、北面各有一座石棂星门，西有石棂星门三座。坛内主要建筑还有钟楼、神厨、神库、宰牲亭、井亭、乐器库、祭器库、具服殿等。

具服殿院落（刘雷 / 摄）

神路（刘雷 / 摄）

月坛（国六）

月坛具服殿及东天门（失重的梁柱/摄）

地　址	西城区月坛街道月坛北街6号
开放时间	6:00—21:00
收费情况	收费

月坛又名夕月坛，建于明嘉靖九年（1530），是明清两代帝王祭祀夜明之神和天上诸星宿神祇的处所。明清两代都将夕月坛的祭祀时间定为每年秋分日的酉时，祭月时以星辰配祀。凡丑、辰、未、戌年岁，皇帝亲自致祭，其余年岁遣官代祭。清后期祀典渐废，光绪三十二年（1906）停止对月坛的祭祀。

月坛东棂星门（刘雷 / 摄）

宰牲亭（任昱 / 摄）

月坛西部夯土坛墙（刘雷／摄）

月坛铜钟（刘雷／摄）

月坛原貌呈正方形，四周有坛墙，2003年在西坛墙发现明代夯土墙心遗存。月坛辟有东天门、北天门。东天门外原有礼神牌坊，内有神路直通祭坛。祭坛在西坛墙中部，四周有土壝墙，东侧为三门六柱式棂星门，南北及西侧为一门两柱式棂星门，汉白玉石柱，红色栅栏门。祭坛在土壝墙内正中位置，为正方形，高1.5米，各边长14米，面积为196平方米，现已无存。东棂星门和北棂星门外原各有一燎炉，现已无存。祭坛西南分布着神仓、神厨、宰牲亭、祭器库和乐器库等。北天门内东侧为具服殿和东西配殿，为帝王祭祀时更衣的场所。西侧为钟楼，原嘉靖铜钟现藏于大钟寺古钟博物馆。

太庙（国三）

太庙享殿（王腾/摄）

地　址	东城区东华门街道东长安街劳动人民文化宫
开放时间	7:00—17:00
收费情况	收费

太庙是明清两代帝王祭祀祖先的场所，始建于明永乐十八年（1420），根据《周礼 · 考工记》中“左祖右社”的原则设于皇城东南。

第一道琉璃门和神库（刘雷 / 摄）

太庙四周以三道红墙及层层古柏衬托出金碧辉煌的建筑，营造出神秘、肃穆的祭祖氛围。建筑采用中轴对称式布局，琉璃门、汉白玉石拱桥、戟门、三大殿依次排列在中轴线上，井亭、神厨、神库依次排列于两侧。

太庙享殿在戟门正北，是供奉帝后神座、神位，举行祭祀的场所，现存建筑重建于明嘉靖二十四年（1545），黄琉璃瓦重檐庑殿顶，檐下悬挂满汉文“太庙”九龙贴金题额。

享殿九龙贴金题额（邵世海 / 摄）

享殿内部（郑直 / 摄）

享殿面阔 11 间，进深 6 间，坐落在三层汉白玉须弥座上。殿内梁栋饰金，地墁金砖，68 根大柱及主要梁枋为金丝楠木，是我国现存规模最大的金丝楠木宫殿。

享殿前有东西配庑各 15 间，供奉皇族、功臣；后有寝殿、祧庙及各自的东西配殿，供奉历代帝、后和用于储存祭器。

东配殿（自在香山 / 摄）

中殿（寝殿）（自在香山 / 摄）

后殿（祧庙）（自在香山 / 摄）

后殿（祧庙）琉璃门（田毅 / 摄）

牺牲所（田毅 / 摄）

历代帝王庙（国四）

远眺历代帝王庙（失重的梁柱 / 摄）

历代帝王庙为明清两代祭祀炎黄祖先、历代帝王和功臣名将的场所，是我国唯一现存的历代帝王庙。始建于明嘉靖九年（1530），明清时期多次修缮，特别是在清乾隆二十九年（1764）修缮中被提高等级，绿琉璃瓦被更换为黄琉璃瓦。历代帝王庙坐北朝南，分为中、东、西三路。中路从南向北依次为影壁、石桥（已拆除）、两座牌楼（遗存构件修复组装的一个牌楼，现展陈于首都博物馆）、大门、钟楼、景德门、景德崇圣殿（正殿）、祭器库等。

地　址	西城区新街口街道阜成门内大街131号
开放时间	9:00—16:30（周一、周二闭馆）
收费情况	收费

景德街牌楼（李春琳 / 摄）

大门（自在香山 / 摄）

景德门（刘雷 / 摄）

景德崇圣殿（杨虎 / 摄）

景德崇圣殿为黄琉璃重檐庑殿顶，面阔九间，金丝楠木柱。殿东西两侧分别为清世宗、清高宗御制碑及碑亭。东院有神厨、神库、宰牲亭、井亭等，西院有致斋所、关帝庙、遣官房等。正殿内供祀上自伏羲、炎帝、黄帝、夏禹、商汤开始至明代帝王共 188 位，东西庑殿供祀历代名将贤臣 79 人。

景德崇圣殿内景（刘雷 / 摄）

祭器库（刘雷 / 摄）

宰牲亭和井亭（自在香山 / 摄）

龙蚨御碑（刘雷 / 摄）

景德崇圣殿东西两侧各有一座罕见的龙蚨御碑亭，东侧碑亭内御碑为乾隆五十年（1785）所立，正面刻有《祭历代帝王庙礼成记》，用满汉两种文字篆刻。西侧碑亭内为无字碑。

景山（国五）

景山绮望楼和万春亭（赵伯晟/摄）

地　址	西城区什刹海街道景山西街 44 号
开放时间	6:30—19:30
收费情况	收费

景山东部的明思宗殉国处碑（郑直/摄）

景山原为元大都宫苑的一座土山，名“青山”。明成祖营建北京时，开凿紫禁城护城河泥土及拆卸南移城垣的渣土堆筑，青山改称万岁山。清顺治十二年（1655）定名景山，满语意为雄伟高大之山。1928 年被开辟为公园。景山主要建筑分布于山前、山后和山上三个部分，山前和山后的建筑是祭祀祖先的地方。山前主体建筑由绮望楼及其附属建筑组成。

远眺景山五亭（任昱/摄）

景山之上有五峰，清乾隆十五年（1750）每峰建一亭，自东向西依次为周赏亭、观妙亭、万春亭、辑芳亭和富览亭。光绪二十六年（1900），五亭中四尊佛像被八国联军掠走。

俯瞰寿皇殿建筑群（田毅/摄）

山后中轴线上主体建筑为寿皇殿，寿皇殿东还有观德殿，均曾为清朝皇帝停灵之所。最东部还有关帝庙，东北角和西北角还分别建有兴庆阁和集祥阁。

寿皇殿（黑攸 / 摄）

寿皇殿内景（黑攸 / 摄）

远眺观德殿和关帝庙（赵伯晟 / 摄）

集祥阁（任昱 / 摄）

万春亭、辑芳亭、富览亭（任昱 / 摄）

北海及团城（国一）

北海琼华岛白塔（自在香山／摄）

地　址	西城区什刹海街道文津街1号
开放时间	6:30—20:00
收费情况	收费

北海是北京城中心著名的皇家园林，始建于金代，大定十九年（1179）金世宗在此建太宁宫，并将北宋汴梁艮岳御苑太湖石移置琼华岛上，元、明、清历代扩建维修。北海主要由琼华岛、东岸、北岸景区组成。

团城承光殿（自在香山 / 摄）

团城玉瓮亭（王扬 / 摄）

团城承光殿内玉佛（杨虎/摄）

团城位于琼华岛南部，始建于金代，城高5米，主体建筑为承光殿，内供奉白玉释迦牟尼坐佛一尊。殿前有一重达3.5吨的墨玉雕成的大玉瓮，名“渎山大玉海”。元世祖忽必烈曾用它盛酒宴赏功臣，乾隆皇帝复得之后亲笔撰写《玉瓮歌》《玉瓮诗》铭刻在玉瓮上。团城上还有古籁堂、敬跻堂、余清斋、朵云亭、镜澜亭等建筑以及“白袍将军”“遮荫侯”等古树名木。

永安桥南牌楼（杨虎 / 摄）

琼华岛以白塔为中心，建于顺治八年（1651），塔顶距地面 60 余米，是清代北京城的最高点。琼华岛南面以永安寺为主体，西面有悦心殿、庆宵楼、琳光殿及存放乾隆时摹刻珍品《三希堂法帖》的阅古楼。北面沿岸建有一排双层60间的临水游廊，游廊后设漪澜堂、远帆阁等建筑。此外，北侧山腰处还有一“仙人承露盘”作为“缀景之物”，更添几分古意幽思。东面有“燕京八景”之一的琼岛春阴碑。

永安寺法轮殿（杨虎 / 摄）

永安寺龙光牌楼（杨虎/摄）

北海白塔和善因殿（杨虎/摄）

阅古楼（刘雷 / 摄）

仙人承露盘局部（钱川 / 摄）

仙人承露盘（钱川 / 摄）

分凉阁与临水游廊（刘雷/摄）

琼岛春阴碑（刘远航/摄）

濠濮间九曲石桥（黑敂 / 摄）

濠濮间（黑敂 / 摄）

东岸有濠濮间、画舫斋、先蚕坛等，北岸有静心斋、快雪堂、元代铁影壁，中国现存三座九龙壁中唯一的双面九龙壁、阐福寺、大西天，还有由四座琉璃牌楼、万佛楼、妙相亭等构成的小西天，与景山五亭山水呼应的五龙亭等。

画舫斋（刘雷/摄）

先蚕坛南坛门（田毅/摄）

静心斋（黑攸 / 摄）

西天梵境华藏界琉璃牌坊（田毅 / 摄）

大慈真如宝殿（田毅/摄）

七佛塔亭与琉璃阁（任昱/摄）

九龙壁局部
（杨虎 / 摄）

九龙壁（田毅 / 摄）

铁影壁
（刘远航/摄）

快雪堂（刘雷 / 摄）

五龙亭（杨虎 / 摄）

五龙亭藻井（严卫/摄）

阐福寺山门（刘雷/摄）

阐福寺大佛楼遗址（刘雷/摄）

小西天琉璃牌坊（杨虎/摄）

小西天极乐世界（杨虎 / 摄）

小西天极乐世界内景（刘雷 / 摄）

小西天琉璃门和万佛楼遗址（刘雷 / 摄）

小西天万佛楼旧影（小川一真 / 摄）

小西天妙相亭（刘雷/摄）

妙相亭罗汉像（刘雷/摄）

小西天万佛楼石碑（杨虎/摄）

小西天万佛楼遗址石刻（刘雷/摄）

中南海（国六）

新华门（田毅/摄）

地　址	西城区西长安街街道西长安街北侧
开放时间	不开放
收费情况	无

中南海是中海和南海的统称，为明清皇家禁苑，是一座具有重大历史、艺术价值的皇家园林式建筑群。中海始建于金代，是金章宗修建的大宁宫的一部分。元代在北海和中海两岸建造皇城内的宫殿，成为御苑，湖泊取名太液池。明代开凿了南海，也归入太液池。明清时期的皇城西苑，合称为西苑三海。1929 年辟为公园，1949 年以后为党中央和国务院所在地。

双环万寿亭（刘雷 / 摄）

中海与南海以蜈蚣桥为界，中海与北海以金鳌玉蝀桥为界。建筑物主要集中在南海中一座名为瀛台的小岛上和湖东西两岸。南海主要建筑包括南端的宝月楼（今新华门），瀛台的勤政殿（已拆除）、翔鸾阁、涵元殿、景星殿、庆云殿、绮思楼、藻韵楼、蓬莱阁、长春书屋、补桐书屋、丰泽园等；中海包括怀仁堂、海晏堂、紫光阁、蕉园、万善殿、水云榭等，“燕京八景”之一的太液秋风碑就位于水云榭中。1949 年以后，中南海的双环万寿亭被迁至天坛公园，云绘楼、清音阁被迁至陶然亭公园。

水云榭雪景（刘雷 / 摄）

云绘楼（刘雷/摄）

紫光阁旧影（小川一真/摄）

皇史宬（国二）

皇史宬正殿（古小东 / 摄）

地　址	东城区东华门街道南池子大街 136 号
开放时间	可团体预约参观
收费情况	免费

皇史宬又称表章库，是中国明清两代皇家的档案库，也是目前我国保存最完整、最古老的档案库房。皇史宬始建于明嘉靖十三年（1534），历时两年建成，历史上屡经修缮。

皇史宬门（古小东 / 摄）

皇史宬坐北朝南，由皇史宬门、正殿、东配殿、西配殿、御碑亭五部分组成。正殿为庑殿顶，内部为无梁殿拱形建筑，砖石外表用油彩绘饰。殿内筑有石台，台上现有金匮 32 座，另有 120 座迁入中国第一历史档案馆新馆展厅保存。匮体内为楠木或樟木材质，外面包裹铜皮鎏金，錾刻云龙图案。东西配殿系砖石木制混合结构，是正殿的左右衬托。东配殿北部有清嘉庆十二年（1807）所立御碑亭一座，亭中《重修皇史宬记》石碑记述了重修皇史宬的经过。

皇史宬正殿大石门（刘雷 / 摄）

金匮（自在香山/摄）

皇史宬内的金匮（当年公瑾/摄）

皇史宬正殿内贮藏的主要有：满、汉、蒙文大红绫本清帝实录，满、汉文圣训，清代皇族家谱——玉牒（嘉庆十二年移至景山寿皇殿东西室存放），还有《大清会典》《朔漠方略》以及将军印信。西配殿主要存放通政使送到内阁的题本副本，东配殿保存石刻法帖以及明朝存放实录的19座金匮。

乾隆御碑（自在香山 / 摄）

嘉庆御碑（陈碧璇 / 摄）

御碑亭（自在香山 / 摄）

东配殿（当年公瑾 / 摄）

盛放玉牒的龙柜（刘雷 / 摄）

大高玄殿（国四）

大高玄殿乾元阁内小木作神龛（海里的乌鸦 / 摄）

地　　址	西城区什刹海街道景山西街 21、23 号
开放时间	不开放
收费情况	无

大高玄殿为明清两代皇家道观，专门用于供奉、祭祀道家的“三清上帝”。始建于明嘉靖二十一年（1542），嘉靖二十六年（1547）毁于火灾，万历二十八年（1600）重修，清朝及民国时期曾多次重修。

大高玄门（任昱/摄）

大高玄殿坐北朝南，大门外明代曾建有两座形似故宫角楼的建筑，名灵真阁、水月灵轩，清代改称习礼亭。两亭之南、东、西原各有牌楼一座，其中南牌楼曾在1920年因糟朽倾斜被拆除，1937年复建。习礼亭和三座牌楼均在20世纪50年代扩展道路时被拆除。1960年，以东、西牌楼的构件拼装组成的“弘佑天民”牌楼在中央党校北区庭院内重新树立，但由原来的四柱三间九楼改为四柱三间七楼。南牌楼于2004年在原址复建，其中“乾元资始”石匾为原物。

大高玄殿现存主要建筑沿中轴线从南向北依次为两重琉璃三座门、大高玄门、大高玄殿、九天应元雷坛和乾元阁，左右还建有钟鼓楼和配殿。

习礼亭旧影（小川一真/摄）

大高玄殿（任昱 / 摄）

钟楼及东配殿（任昱 / 摄）

大高玄殿藻井（海里的乌鸦 / 摄）

九天应元雷坛藻井（海里的乌鸦 / 摄）

九天应元雷坛（郑直 / 摄）

乾元阁（海里的乌鸦 / 摄）

正阳门（国三）

正阳门箭楼和城楼（郭蔚嘉/摄）

地　址	东城区东华门街道前门大街甲 2 号
开放时间	暂不开放
收费情况	无

正阳门俗称“前门”，是明清两代内城的正南门，也是北京城内唯一城楼、箭楼均保存完好的城门。正阳门为明永乐十七年（1419）将元大都丽正门向南平移 800 米所建，正统二年（1437 ）开始修建城楼、箭楼及瓮城，正统四年（1439）完工，并更名为“正阳门”，取“积阳为天，天有九重”和《左传》中的“天子当阳”之意。

正阳门箭楼和城楼夜景（任昱 / 摄）

正阳门由城楼、箭楼、瓮城组成。城楼坐北朝南，面阔七间，进深三间，重檐歇山顶三滴水楼阁式，绿剪边灰筒瓦屋面，是北京内城九门中最雄伟高大的一座。箭楼位于城楼南部，同样坐北朝南，砖砌堡垒式，正中设券门，也是内城九门箭楼中唯一设券门的。

远眺正阳门城楼（失重的梁柱 / 摄）

正阳门城楼侧面仰视（郑直 / 摄）

正阳门城楼入口（郑直 / 摄）

正阳门箭楼北部（王腾 / 摄）

北京城东南角楼（国二）

远眺北京城东南角楼（失重的梁柱 / 摄）

地　　址	东城区建国门街道崇文门东大街 9 号
开放时间	8:30—17:00
收费情况	收费

北京城东南角楼是北京城唯一保留下来的城墙角楼，明正统四年（1439）落成。明清时期，为加强防御能力，北京内城除了九座城门建城楼、瓮城、箭楼外，又于内城四角建立了箭楼，即城墙角楼。

北京城东南角楼（任昱/摄）

东南角楼沿城台外缘转角建起，平面呈曲尺形，四面砖垣，重檐歇山顶。楼体外侧辟箭窗，共计144孔。楼体内侧随主楼各出抱厦，亦相连成转角房。楼内金柱20根，设射孔，铺设楼板三层。

北京城东南角楼内景（刘雷/摄）

东南角楼城墙上（田毅/摄）

外国士兵在东南角楼城砖上留下的刻痕（刘雷/摄）

清光绪二十六年（1900）八国联军进攻北京城，8月14日角楼被攻陷。此后十几年间，东南角楼一带城墙一直被外国士兵占据，部分城砖上还留有当年他们的刻痕。

古观象台（国二）

远眺古观象台（任昱/摄）

地　　址	东城区建国门街道崇文门东大街9号
开放时间	8:00—17:30
收费情况	收费

观象台石额（杨虎 / 摄）

古观象台是明清两朝皇家天文台，是现存最古老的保留有天文仪器的天文台。元大都东南角楼旧址于明正统七年（1442）改筑为观星台，清代改名为观象台。此台曾遭八国联军破坏，古仪器被掠夺，后归还。古观象台台基中部用黄土夯筑，四周砌砖，平面呈方形，呈覆斗状，东侧连接城墙，台顶平面高出城墙约 3 米。

清·徐扬绘·《日月合璧五星联珠图》局部（台北故宫博物院藏）

天体仪（杨虎/摄）

黄道经纬仪（杨虎/摄）

古观象台现存紫微殿、东西厢房、晷景堂、司天台等建筑和清代制造的天体仪、象限仪等八种天文仪器，浑仪、简仪等几台明代天文仪器在抗日战争前被转移到南京，现藏于南京紫金山天文台。

紫微殿（杨虎/摄）

德胜门箭楼（国六）

远眺德胜门箭楼（失重的梁柱 / 摄）

地　　址	西城区德胜街道德胜门东大街9号
开放时间	暂不开放
收费情况	无

德胜门箭楼始建于明正统二年（1437），建成于正统四年（1439），坐南朝北，由城台和楼体两部分组成。德胜门取“以德取胜”之意，是北京内城九座城门之一，民国时期拆除瓮城和城楼，1955 年拆除城台，现仅存箭楼。

箭楼侧面（王腾 / 摄）

城台墙体有收分，楼体建在城墙前沿，为城墙的防御性建筑，平面呈凸字形，前楼后厦，北侧楼体面阔七间，南侧楼体面阔五间，重檐歇山灰瓦绿琉璃剪边屋顶。

箭楼登城入口（王腾 / 摄）

箭楼南面（邵世海 / 摄）

箭楼南向开三座过梁式门，楼内金柱与梁架相互连接，将内部空间分为四层，每层外侧都开设箭孔，共 82 个，其中北侧 48 个，东西两侧各 17 个，作为守城时向外射击的孔。瓮城内有真武庙一座（1992 年复建）。

真武庙（田毅 / 摄）

明北京城城墙遗存（国七）

明北京城城墙遗存西便门段（刘雷/摄）

地　址	东城区崇文门东部、左安门桥东北角、西城区复兴门南部
开放时间	东便门段（8:30—17:00），西便门段（8:00—18:00），左安门值房暂不开放
收费情况	东便门段登城收费

北京明城墙建于明永乐年间（1403—1424），明成祖朱棣在元大都城的基础上改建成北京城，将南北城墙南移，对旧有的东西城墙加以整修，建成外为砖砌、内为夯土的明北京城墙。明嘉靖年间又增筑南侧外城。

明北京城城墙遗存东便门段墩台马面遗址（田毅 / 摄）

北京明城墙内城垣周长约 20 千米，外城垣周长约 14 千米，内外城共设城门 16 座，内城 9 座，外城 7 座。各门均建有城楼和箭楼，内外城墙四角还建有角楼。主要遗存包括东便门段、西便门段和左安门值房三处。

东便门段城墙遗存全长 1500 米，包括自东南角楼至崇文门之间的一段内城南墙及 11 座马面、东南角楼之北的一小段内城东。

明北京城城墙遗存东便门段（刘雷 / 摄）

明北京城城墙遗存西便门段碉楼（田毅 / 摄）

西便门段城墙遗存，是内城西墙的南端，现存城墙长 199.60 米，其中有马面一处。城墙南端靠西处有 L 形城墙残迹。

左安门值房（刘雷 / 摄）

左安门值房建于明嘉靖三十二年（1553），是城门守军驻守、居住的房子。值房为木结构建筑，面阔五间，进深一间，前出廊，悬山灰筒瓦卷棚顶。

北京鼓楼、钟楼（国四）

北京鼓楼、钟楼雪景（任昱/摄）

地　　址	东城区安定门街道地安门外大街钟楼湾胡同临字9号
开放时间	9:30—17:30
收费情况	收费

北京鼓楼、钟楼是北京中轴线最北端的一组古代建筑。两楼前后纵置，相距百米，曾是元、明、清三代都城的报时中心，亦是古都北京的标志性建筑之一。鼓楼、钟楼均始建于至元九年（1272），被毁后于明永乐十八年（1420）与明北京城同时重建，后又历经多次被毁及多次重修重建。

鼓楼正门全景（田毅／摄）

鼓楼西面（刘雷／摄）

鼓楼内击鼓场景（刘雷 / 摄）

鼓楼坐北朝南，台基南北有砖砌阶梯，东西为礓礤坡路。鼓楼为三重檐歇山顶，灰筒瓦绿琉璃剪边。面阔五间，南北各有三座券门，东西各一座。鼓楼共三层，下层为四米高的砖石城台，台上两层楼阁，门内有 69 级石阶直通二层。二层四周有回廊，四个转角建有擎檐柱。鼓楼内原置有象征二十四节气的 24 面群鼓和一面主鼓。现仅存主鼓，由整张牛皮蒙制而成。鼓面上有八国联军侵入北京时留下的刀痕。如今重制更鼓 25 面，每日定时有击鼓表演。

八国联军刺刀破坏的鼓面（刘雷 / 摄）

钟楼（田毅/摄）

钟楼位于鼓楼北侧，坐北朝南。钟楼基座全部用城砖砌筑而成，四面各有拱券式大门一座，顶部建有雉堞，北墙东侧有旁门，门内有75级石阶直通二层。二层楼体用砖石砌筑，面阔三间，重檐歇山顶，上覆绿剪边黑琉璃瓦。楼内立有一八角形木框架，上悬明永乐年间所铸的铜钟，重约63吨，是全国最重的报时铜钟。钟楼南侧大门内立乾隆十二年（1747）御制重建钟楼碑。碑阴为刻于1925年的《京兆通俗教育馆记》。

钟楼上的永乐大钟（田毅 / 摄）

万里长城—八达岭（国一）

八达岭秋色（刘远航/摄）

地　址	延庆区八达岭镇八达岭景区
开放时间	9:00—16:00
收费情况	收费

八达岭是长城上的一个重要关口，是居庸关的外口前哨，是明代北京的重要屏障。明弘治十八年（1505）开始在北齐长城基础上修建八达岭长城，而八达岭长城真正大规模的修建尤其是敌楼的加建，是隆庆三年（1569）戚继光任蓟州总兵官后主持完成的。

八达岭长城由关城、城墙、敌楼和哨楼等组成。保护范围包括南第 16 楼至北第 19 楼之间的段落和关城，其中北 8 楼为最高点，海拔 888 米。关城有东、西两座关门，东面关门石额“居庸外镇”，西面关门石额“北门锁钥”。目前开放的是关城和南第 7 楼至北第 12 楼之间的段落（全长 3741 米）。

“居庸外镇”石额（刘雷 / 摄）

“北门锁钥”石额（刘雷 / 摄）

八达岭关城（刘雷 / 摄）

八达岭雪景（唐时星光 / 摄）

智化寺（国一）

智化寺全景（失重的梁柱 / 摄）

地　　址	东城区建国门街道禄米仓胡同 5 号
开放时间	9:00—17:00（周一闭馆）
收费情况	收费

智化寺始建于明正统八年（1443），原为司礼监太监王振的家庙，因其是皇帝宠臣，加之冠以感念皇恩名义营建庙宇，故英宗赐名“报恩智化禅寺”。“土木堡之变”中英宗被俘，王振被杀。天顺元年（1457）英宗复辟在智化寺内为王振建旌忠祠，立塑像。天顺六年（1462）又特颁赐大藏经一部，并建经橱两座。智化寺坐北朝南，共五进院落，中轴线上依次为山门、智化门、智化殿、万佛阁、大悲堂等，两侧还有钟鼓楼及附属建筑。

山门（田毅 / 摄）

智化门（田毅 / 摄）

智化寺主要建筑均为黑色琉璃瓦屋面，符合明代祭祀建筑规制。全寺主殿为智化殿，面阔三间，原明间有精美藻井一座，民国时期被古董商倒卖，现藏于美国费城艺术博物馆。智化殿后抱厦内存明代《地藏菩萨与冥府十王》壁画，为 20 世纪 60 年代从东城区卧佛寺移来。智化殿东西两侧分别是大智殿和藏殿，其中藏殿内设木制八角形明代转轮藏一具，雕刻精美，是北京现存三具转轮藏之一。转轮藏顶部还有一尊毗卢遮那佛，佛顶是智化寺仅存的一座坛城壁画藻井。智化殿北部的万佛阁，又称如来殿，分上下两层，下层中供奉如来像，左右列胁侍两尊。上层供三世佛，中央顶部原有斗八云龙藻井，20 世纪 30 年代初被寺僧盗卖，现存于美国纳尔逊博物馆。

智化殿（田毅 / 摄）

智化殿三世佛（田毅 / 摄）

智化殿藻井（美国费城艺术博物馆藏）（张建宇 / 摄）

智化殿藻井楼阁细节（张建宇 / 摄）

智化殿藻井盘龙细节(张建宇 / 摄）

智化殿藻井龙纹细节（张建宇 / 摄）

智化殿内壁壁画（筱溪听泉 / 摄）

转轮藏（杨虎／摄）

转轮藏细节（杨虎 / 摄）

转轮藏顶部坛城藻井（筱溪听泉 / 摄）

如来殿和万佛阁（田毅 / 摄）

如来殿内部塑像（田毅 / 摄）

万佛阁内塑像（蓝灯心绒 / 摄）

万佛阁内塑像须弥座细节（蓝灯心绒 / 摄）

万佛阁藻井（美国纳尔逊博物馆藏）（李春琳 / 摄）

大悲堂（田毅 / 摄）

法海寺（国三）

法海寺全景（自在香山 / 摄）

地　　址	石景山区金顶街街道模式口 48 号
开放时间	9:00—16:30（周一闭馆）
收费情况	收费

法海寺始建于明正统四年（1439），正统八年（1443）建成，是由英宗朱祁镇的太监李童集资、宫廷工部营缮司主持修建的，英宗赐名“法海禅寺”。弘治十七年（1504）至正德元年（1506）大修，清康熙二十一年（1682）重修。

山门（自在香山 / 摄）

大雄宝殿和古白皮松（黑敀 / 摄）

大雄宝殿面阔五间，单檐庑殿顶，灰瓦黄琉璃剪边，为明代遗物。殿前有两株参天古白皮松为古寺增色不少。

明代铜钟（自在香山 / 摄）

寺内还存有建寺时所铸铜钟一座，钟内外壁铸满了经文，工艺十分精湛。

天王殿内天王和铜钟旧影（海达·莫里循 / 摄）

明代《法海禅寺记》碑（自在香山 / 摄）

水月观音壁画（复制品）（刘雷/摄）

殿内最珍贵的是明代巨幅壁画，佛像坐龛背后有三幅壁画，中为水月观音，左为普贤菩萨，右为文殊菩萨。其中水月观音最为曼妙，肩披轻纱，胸佩璎珞，周围绘善财童子、韦陀、供养佛、狮子、驯象人及鹦鹉、牡丹等图案。大殿两侧壁画以莲花托体的如来、飞天等为主，以月季、牡丹等花卉图案为衬托，笔法精湛。北墙壁两侧绘制的“帝释梵天礼佛图”更是精品中的精品，画面上有天帝天后、天龙八部、鬼众、侍女、力士等组成的礼佛护法队伍，采用传统的叠晕烘染技法，配以描金、沥粉贴金，使用朱砂、石青、石黄等颜色，令画面有烟云缥缈、神秘庄重之氛围。殿内还有供桌、法器等物，殿顶有三个绘有“曼陀罗”彩画的明代藻井。

帝释梵天礼佛图局部（复制品）（黑攸 / 摄）

碧云寺（国五）

碧云寺金刚宝座塔雪景（自在香山/摄）

地　　址	海淀区香山街道香山公园北侧
开放时间	8:30—16:30
收费情况	收费

碧云寺创建于元至元二十六年（1289），始称碧云庵。至顺二年（1331），僧人圆通修整重建，更名碧云寺。清乾隆十三年（1748）再次进行大规模修整和扩建，增加了两层院落，在最后一进院落建造了金刚宝座塔，之后又建了行宫及罗汉堂。

山门前的一对石狮（邵世海／摄）

碧云寺坐西朝东，分为南、北、中三路。中路建有山门、天王殿、大雄宝殿、菩萨殿、普明妙觉殿（今孙中山纪念堂），最后是金刚宝座塔。

山门（自在香山／摄）

大雄宝殿（自在香山 / 摄）

大雄宝殿内佛像（刘雷 / 摄）

大雄宝殿内藻井（刘雷 / 摄）

乾隆御制重修碧云寺碑亭和菩萨殿（自在香山 / 摄）

孙中山纪念堂（邵世海 / 摄）

孙中山像（邵世海 / 摄）

罗汉堂天王殿东方持国天王像和南方增长天王像（邵世海/摄）

罗汉堂（自在香山/摄）

南路建筑中最为重要的是罗汉堂，平面呈“田”字形，殿堂内塑罗汉五百零八尊。

罗汉堂天王殿西方广目天王像（左）和北方多闻天王像（右）（邵世海 / 摄）

五百罗汉像（杨虎 / 摄）

石牌坊（任昱 / 摄）

石牌坊石雕麒麟（刘雷 / 摄）

乾隆御制金刚宝座塔碑亭（刘雷 / 摄）

金刚宝座塔基座（刘雷 / 摄）

从金刚宝座塔西部远望北京城（自在香山 / 摄）

金刚宝座塔高 34.7 米，全部用汉白玉砌筑而成，塔座台面上建有五座十三层密檐方塔。1925 年孙中山先生逝世后，灵柩停放在寺内金刚宝座塔二层正中券洞内。1929 年，孙中山先生灵柩运往南京紫金山，孙中山的衣冠则留在塔内，成为后人凭吊、怀念的场所。

金刚宝座塔上覆钵小塔（邵世海/摄）

孙中山先生衣冠冢（邵世海/摄）

金刚宝座塔石雕细节（邵世海 / 摄）

北路的水泉院，原为乾隆皇帝行宫的一部分，院内有山石泉水，亭台小桥点缀其间，颇具江南风光。

北路水泉院洗心亭遗址（自在香山 / 摄）

北路水泉院“清净心”（自在香山 / 摄）

北路水泉院含青斋（刘雷 / 摄）

大慧寺（国五）

大慧寺大悲宝殿（自在香山 / 摄）

地　址	海淀区北下关街道大慧寺6号院
开放时间	不开放
收费情况	无

大慧寺建于明正德八年（1513），为司礼监太监张雄所建。明万历二十年（1592）和清乾隆二十二年（1757）重修，今仅存大悲宝殿。大悲宝殿坐北朝南，面阔五间，重檐庑殿顶。

千手观音像（李惠东 / 摄）

殿内明间正面原有一尊高五丈的千手千眼观音菩萨铜立像，故又把大慧寺称为大佛寺。铜像在抗日战争时期被毁，现存的木胎彩绘立佛和两个协侍为 1944 年补塑。主尊观音像背后塑有三尊坐像。

殿内藻井（熊炜 / 摄）

殿内后壁三尊坐像（李惠东 / 摄）

殿内东部诸天像（李惠东 / 摄）

西方广目天王像（李惠东 / 摄）

殿内两面山墙和后檐墙前的 28 尊明代彩塑诸天护法神像堪称明代雕塑艺术杰作（部分为清代补塑）。

东方持国天王像（李惠东 / 摄）

殿内西部诸天像（李惠东 / 摄）

阿修罗像（李惠东 / 摄）

诸天背后的墙面上，还有一套精美的大型彩色工笔佛教故事壁画。

殿内塑像背后的佛教壁画（左图 熊炜 / 摄；上图 李惠东 / 摄）

鬼子母像（李惠东 / 摄）

大觉寺（国六）

大觉寺无量寿佛殿乾隆御笔“动静等观”木匾（刘远航/摄）

地　　址	海淀区苏家坨镇大觉寺路9号
开放时间	9:00—17:00
收费情况	收费

大觉寺是中国北方著名的禅宗寺院，始建于辽代，时称清水院。后金章宗将其辟为离宫别苑，改名灵泉寺。明宣德三年（1428）由国库出资扩建重修，更名大觉寺。明正统十一年（1446）、成化十四年（1478），清康熙五十九年（1720）、乾隆十二年（1747）均进行过大规模重修。

大雄宝殿（古小东/摄）

大觉寺碑亭（古小东/摄）

大雄宝殿后部古银杏树（杨虎/摄）

天王殿、大雄宝殿、无量寿佛殿是明代遗存，大雄宝殿内二十诸天、十地菩萨和海岛观音悬塑为明代佛像雕塑精品。

大雄宝殿内藻井（查杉/摄）

大雄宝殿内三世佛（刘雷/摄）

大雄宝殿内诸天像（当年公瑾/摄）

大雄宝殿内诸天像（当年公瑾/摄）

大雄宝殿内诸天像（当年公瑾 / 摄）

大雄宝殿内诸天像（当年公瑾 / 摄）

大雄宝殿内菩萨像（当年公瑾 / 摄）

无量寿佛殿（自在香山 / 摄）

无量寿佛殿内佛像（当年公瑾 / 摄）

无量寿佛殿内观音（当年公瑾 / 摄）

龙王堂（郑直 / 摄）

大觉寺北路为旧时僧舍，南路亦称行宫，是由四宜堂院、憩云轩、领要亭及山石、泉瀑组成的园林建筑。寺内还有古塔，辽、明、清碑刻、匾额及古玉兰树和古银杏树等遗存。

白塔（刘雷 / 摄）

辽碑（古小东 / 摄）

承恩寺（国六）

承恩寺山门（田毅/摄）

地　址	石景山区金顶街街道模式口大街20号
开放时间	预约（周一闭馆）
收费情况	收费

承恩寺于明正德八年（1513）由太监温祥重建，正德皇帝亲赐其名，并命僧人宗永为僧录司左觉义兼承恩寺住持。正德十年（1515），礼部尚书文渊阁大学士李东阳为承恩寺撰写了碑记，清乾隆、道光年间多次修缮。自建寺以来，该寺不受香火、不做道场，不开庙。

天王殿（自在香山 / 摄）

承恩寺坐北朝南，四进院落，四角建有碉楼，还有地下室和地道与碉楼相连。第一进院山门，门前有一对夹杆石和上马石。第二进院天王殿，面阔三间，东西山墙共绘制四铺壁画，分绘黄、绿、青、白四色龙，在祥云中飞舞腾跃。北墙东西两侧，各绘有一铺放生图壁画，西侧绘放鱼、虾、蟹回归河流；东侧绘放鸟回归天空。画上人物均为帝、后，各由六位侍女陪伴。天王殿东西两侧，有倒转角房各三间，并在倒转角房上起阁建有钟鼓楼，这在古寺庙建筑中颇为少见。第三进院为大雄宝殿，面阔五间，东西两侧各有配殿三间，配殿北侧接庑房七间。第四进院为后殿法堂，东西各有耳房四间，两侧有配殿。寺中还有明、清石碑数通。

天王殿壁画黄龙局部（行者 / 摄）

天王殿壁画放生图局部（行者 / 摄）

天王殿壁画帝王像局部（行者 / 摄）

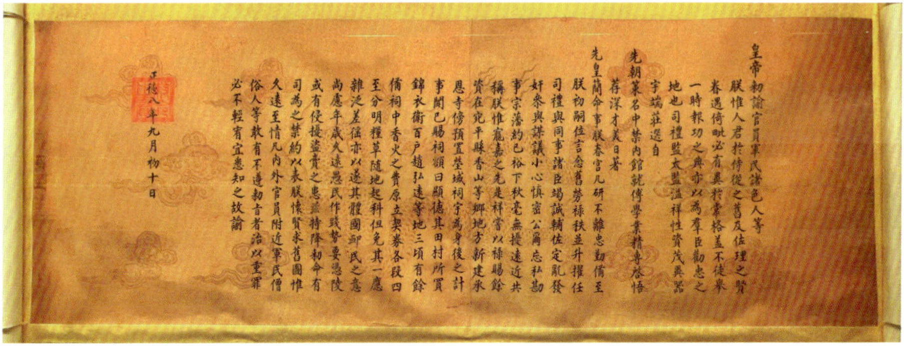

皇帝敕諭官員軍民諸色人等
朕惟人君於侍從之舊及佐理之贊
襄遇倚毗必有異於常格蓋不徒表
一時報功之典亦以為羣臣勸忠之
地也司禮監太監溫祥性資茂異器
宇端莊選自
先朝蒙名中禁內館就傳學業精專啓悟
蒔深才美日著
先皇簡命事朕春宮凡硏不離忠勤備至
朕初嗣位言念舊勞祿秩並升擢任
司禮與同事諸臣竭誠輔佐定亂發
奸參與謀議小心愼密公爾忘私勘
事宗藩約己裕下秋毫無擾遠近共
稱朕惟寵嘉之先是祥嘗以祿賜餘
貲在宛平縣香山等鄉地方新建承
恩寺傍預置塋域祠宇為身後之計
事聞已賜祠額曰顯德其田村所買
錦衣衛百戶趙弘遠等地三頃有餘
備祠中香火之費原立契券各段四
至分明糧草隨地起科但免其一應
雜泛差徭亦以遂其體國卹民之意
尚慮年歲久遠愚民作踐勢要憑陵
或有侵擾盜賣之患茲特降敕命有
司為之禁約以表朕懷賢求舊圖惟
久遠至情凡內外官員附近軍民僧
俗人等敢有不遵敕旨者治以重罪
必不輕宥宜悉知之故諭
正德八年九月初十日

明正德十九年（承恩寺谕敕文书》复制品（原件藏于首都博物馆）（刘雷 / 摄）

钟楼（自在香山/摄）

大雄宝殿（自在香山/摄）

碉楼（自在香山 / 摄）

法堂（自在香山 / 摄）

摩诃庵（国七）

摩诃庵全景（颐和吴老 / 摄）

地 址	海淀区八里庄街道八里庄街 7 号八里庄小学
开放时间	不开放
收费情况	无

摩诃庵为京西著名寺院，也是明清两代士大夫和文人墨客春游观赏桃花、丁香花和吟诗题咏的场所，始建于明嘉靖二十五年（1546），由太监赵政集资修建。

大雄宝殿（郭蔚嘉/摄）

摩诃庵坐北朝南，分中、东、西三路。中路有三进，前有山门，檐下石额刻有“摩诃庵”三字。第一进院正殿为三间天王殿，殿前有上马石一对，刻有祥云奔马图案，并有夹杆石一对。第二进院正殿为大雄宝殿三间，殿内有明代壁画，后檐建月台一座，月台下埋有寺内石碑。殿顶有黄色琉璃瓦三块，为赵政建寺时皇帝御赐。两侧有东西配殿各三间。第三进院有后殿五间。西路僧房区遗存仅有第四进院的正房三间。

西配殿（郭蔚嘉/摄）

金刚殿（郭蔚嘉 / 摄）

碉楼（郭蔚嘉 / 摄）

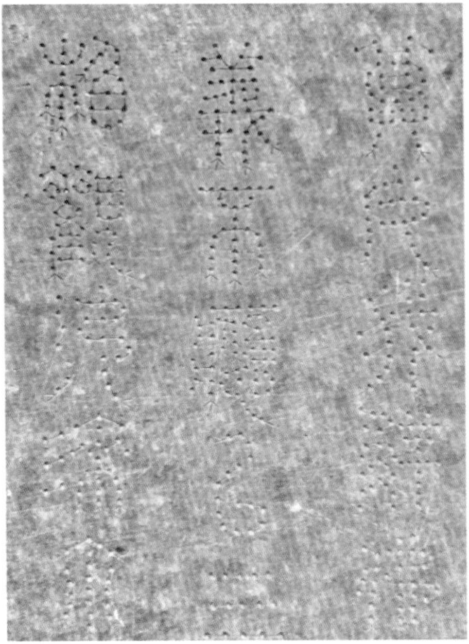

《金刚经》石刻经板璎珞篆（郭蔚嘉 / 摄）

《金刚经》石刻经板剪刀篆（郭蔚嘉 / 摄）

东路法堂区仅存后部第四进院的正殿（金刚殿）三间。殿内方砖墁地，墙上镶嵌60方明代重临集刻三十二体《金刚经》石刻，是研究我国书法艺术及佛教经典的珍贵文物。

《金刚经》石刻经板殳篆（郭蔚嘉 / 摄）

摩诃庵明代铜钟（现藏于大钟寺古钟博物馆）（田毅/摄）

整个院落围墙四隅转角处原各建碉楼状角楼一座，通体虎皮石砌筑，现存三座。西南角处角楼缺损，东侧还存有虎皮石院墙一段。寺院后部为赵政墓，已被毁。

牛街礼拜寺（国三）

牛街礼拜寺全景（失重的梁柱 / 摄）

地　址	西城区牛街街道牛街 88 号
开放时间	不开放
收费情况	无

牛街礼拜寺为北京地区著名的伊斯兰教寺院。明成化十年（1474）奉敕赐名“礼拜寺”，寺院建筑历经明、清、民国扩建与重修。寺院坐东朝西，门外为影壁，规模宏大，基座上雕刻著名的“四无图”石刻。第一进院落正中为望月楼，是一座六角形平面的重檐亭式楼阁，用以登高望新月，是伊斯兰教特有的建筑物。寺内还保存有清康熙三十三年（1694）“圣旨”牌匾、明代古瓷香炉和已保存300多年的《古兰经》手抄本，以及清代的铜、铁香炉等重要文物。

望月楼（田毅 / 摄）

望月楼之后是礼拜大殿，大殿东院两侧有讲堂和碑亭，正中有邦克楼。院内还保存有明代《礼拜寺碑》和清代《王友三王浩然述德碑》等碑刻和清代的大铜锅。邦克楼以东是“七间房”，为集会、讲经、藏经之所。南侧跨院中有浴室。寺内还存有两座筛海墓，是元朝初年从阿拉伯国家前来讲学的伊斯兰长老之墓，墓后立阿拉伯文碑两通。

礼拜大殿（田毅 / 摄）

邦克楼（田毅 / 摄）

照壁石刻“四无图”（刘雷 / 摄）

两座筛海墓（刘雷 / 摄）

礼拜大殿内景（骆欢 / 摄）

云纹灰陶合角吻（刘雷 / 摄）

礼拜大殿坐西朝东，由三个勾连搭式屋顶（两个歇山顶和一个庑殿顶）及一个六角攒尖亭式建筑组成，可供千人同时做礼拜。梁柱间作伊斯兰风格的尖拱形木门，屋顶上有天窗。天花和梁柱上的彩画纹样带有浓厚的阿拉伯风格，但其绘制技法仍用中国传统的金红色调和沥粉贴金。因避免用动物形象做装饰题材，建筑装饰多用植物、几何纹样和阿拉伯文字。建筑吻兽则为独具特色的“无眼兽”。殿内西北有敏拜尔，为聚礼、会礼宣讲教义使用的宣讲台。

窑殿内部（杨虎 / 摄）

大殿后端为六角攒尖亭式窑殿，朝向圣地麦加，标志礼拜方向，穹窿藻井刻有六块圆形阿拉伯文赞词，梁上有六幅彩色“博古”图，窗棂为镂雕阿拉伯文书法。窑殿西壁为米哈拉布，即标示礼拜方向的壁龛，为庑殿顶小木作，檐下有斗拱，雕刻精美。

文天祥祠（国七）

文丞相祠大门（田毅 / 摄）

享堂与古枣树（田毅 / 摄）

地址	东城区交道口街道府学胡同 63 号
开放时间	9:30—16:30（周一闭馆）
收费情况	收费

享堂内景（刘雷／摄）

文徵明书“正气歌”拓片局部

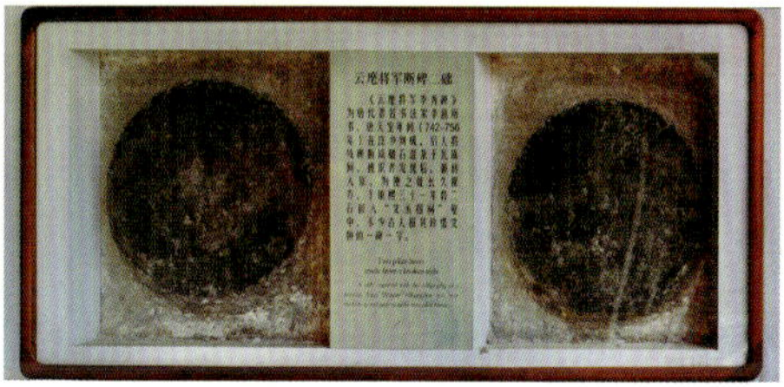

唐《云麾将军断碑》二础（刘雷／摄）

文天祥祠又名文丞相祠，是明清两朝为崇祀南宋抗元名将文天祥而建立的专祠。文天祥（1236—1283），字宋瑞，又字履善，号文山，江西吉州（今江西吉安）人，官至右丞相。元至元十五年（1278）因抗元兵败被俘，次年被囚于元大都兵马司土牢中。在被囚的四年中，文天祥写了大量诗文表述心志，其中《正气歌》成为后人传诵的名篇。至元十九年（1283）十二月初九日，文天祥在柴市刑场就义。明洪武九年（1376），在其就义和被囚地附近建祠。永乐六年（1408）由明朝廷重建该祠并列入祀典。

文天祥祠坐北朝南，由大门、过厅、享堂组成。大门为牌楼式，悬山顶，两侧有青砖八字屏墙。过厅面阔三间，前后出廊，硬山顶。主殿享堂为明代建筑，面阔三间，悬山顶。殿内供奉有文天祥半身塑像一尊，殿内东墙上嵌有唐代著名书法家李邕所书的《云麾将军李秀碑》断碑二础。享堂前的古枣树，传为文天祥手植。

真觉寺金刚宝座（国一）

远眺真觉寺金刚宝座（失重的梁柱 / 摄）

地　　址	海淀区北下关街道五塔寺村 24 号北京石刻艺术博物馆
开放时间	9:00—17:00（周一闭馆）
收费情况	收费

真觉寺俗称五塔寺，创建于明永乐年间（1403—1424），金刚宝座建成于成化九年（1473）。清乾隆十六年（1751）、二十六年（1761）两次重修五塔寺，作为乾隆为其母祝寿之场所。1937 年，北平市政府对金刚宝座进行修缮，1949 年后又多次维修。

金刚宝座塔近景（田毅/摄）

金刚宝座形制源于印度菩提伽耶大塔，下为宝座，上建五塔。石台宝座平面为长方形，内部砖砌，外表甃石。南北两面正中各开一券门，拱门券面上刻有六拏具图案，南门上方为明成化九年（1473）御制匾。塔室中心为一方形塔柱，柱四面各有佛龛一座。

石额（王腾/摄）

券门六拏具石刻（王腾 / 摄）

金刚宝座内南侧佛像（王腾 / 摄）

底部为须弥座，浮雕四大天王、降龙罗汉、伏虎罗汉、佛八宝、金刚杵等题材；须弥座上方分五层，各层均有仿木斗拱承托的石雕屋檐，檐下浮雕佛龛，最上端冠以女墙。

东侧天王石刻（王腾／摄）

西侧天王石刻（王腾／摄）

狮子石刻（邵世海／摄）

大象石刻（邵世海／摄）

马石刻（邵世海/摄）

妙音鸟石刻（邵世海/摄）

孔雀石刻（王腾/摄）

十字金刚杵石刻（邵世海/摄）

塔身佛像（王腾 / 摄）

台上五座密檐塔的塔身四面均雕刻精美佛龛、佛像及以梵文、梵宝、梵花为题材的装饰花纹，中央大塔塔座南面正中还刻有佛足一对，中塔南侧有罩亭一座，为登塔台阶之出入口。

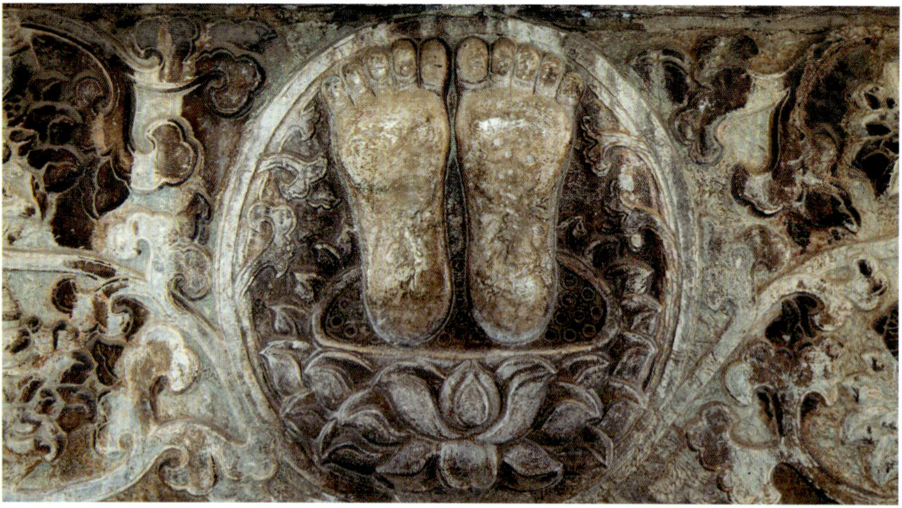

塔身佛足石刻（王腾 / 摄）

琉璃亭一角（刘雷 / 摄）

佛龛两侧的供养人题记（刘雷 / 摄）

小塔（王滕 / 摄）

清代重修碑（刘雷 / 摄）

民国重修碑（邵世海 / 摄）

五塔寺院内现在还保存有大殿基址、清乾隆御制重修正觉寺碑两通和民国重修碑一通。

金刚宝座及大殿基址（王腾 / 摄）

慈寿寺塔（国七）

慈寿寺塔全景（刘雷/摄）

地　址	海淀区八里庄街道玲珑公园内
开放时间	全天开放
收费情况	免费

慈寿寺塔原名永安万寿塔，俗称八里庄塔、玲珑塔。始建于明万历四年（1576），神宗之母李太后出资建慈寿寺及塔，万历六年（1578）建成，基址为明正德时太监谷大用墓地，清光绪年间寺废，仅存此塔。

塔为八角十三层密檐式实心砖塔，通高约 50 米，仿天宁寺辽塔建造。慈寿寺塔塔基为青砖垒砌，下为三层八角形素平台基，上为双层须弥座。须弥座各面共有 40 个小龛座，龛中刻浮雕人物 200 余个。塔身四正面为砖雕券门，南面券门上匾额书“永安万寿塔”，西面书“辉腾日月”，北面书“真慈洪范”，东面书“镇静皇图”。各券门两侧为木骨泥塑的金刚力士神像，部分残损。四斜面雕券窗，窗顶有坐佛，两侧为泥塑菩萨像。

慈寿寺塔（高俊卿 / 摄）

塔身泥塑力士（杨虎 / 摄）

九莲菩萨石刻（刘雷 / 摄）

塔身砖雕细节（刘远航 / 摄）

塔身以上为十三重密檐，每层檐下均有 24 个佛龛，原内供铜佛 312 尊。密檐上每根檐椽挂有铁制风铎，共 3000 余个。塔刹为铜质葫芦形摩尼珠式镏金宝瓶，下有覆莲承托，自刹顶垂铁链八条，与刹座下垂脊相连，用于加固。

塔两侧立有石碑，东侧碑为明万历十五年（1587）立，正面刻紫竹观音像和赞词，背面刻瑞莲赋；西侧碑为万历二十九年（1601）立，正面刻鱼篮观音像和赞词，背面刻关圣像和赞词。塔前还有两株古银杏树。

姚广孝墓塔（国七）

姚广孝墓塔远景（田毅/摄）

地　　址	房山区青龙湖镇长乐村东
开放时间	全天开放
收费情况	免费

姚广孝墓塔为元末明初高僧姚广孝的墓地，建于明永乐年间。姚广孝（1335—1418），法名道衍，字斯道，号逃虚子，江苏苏州人。14 岁出家为僧，洪武年间成为朱棣的心腹谋士，策划并参加了“靖难之役”，协助朱棣夺取帝位，并参与编撰《永乐大典》和《明太祖实录》。朱棣即位后，封其为僧录司左善世，庆寿寺钦命住持，后又加封太子少师，复其姓，赐名广孝。姚广孝 85 岁病逝，永乐皇帝追封其为荣国公，谥恭靖。

墓塔坐北朝南，为九级八角形密檐式砖塔，通高33米。基座为须弥座式，束腰浮雕“寿”字和花卉图案，平座上有勾栏，其下由仿木砖制斗拱承托。平座上是三层仰莲砖雕承托塔身，塔身四正面雕刻仿木隐作隔扇门，四斜面雕刻棂花假窗。南向正门门楣上嵌一石额，上书“太子少师赠荣国恭靖公姚广孝之塔”。塔刹为铁质，刹杆高3米，上有相轮和火焰宝珠，并有八条铁链固定于檐角的吻兽上。

姚广孝墓塔近景（卓荦/摄）

塔身（田毅/摄）

须弥座（田毅/摄）

御制荣国公神道碑（田毅 / 摄）

塔前 30 米有明宣德元年（1426）所立成祖朱棣敕建姚广孝神道碑一座，碑额篆书“御制荣国公神道碑”，碑文为永乐十六年（1418）八月十三日成祖亲撰。神道碑螭首龟趺，汉白玉质，1980 年添建青砖碑楼。

琉璃河大桥（国七）

琉璃河大桥全景（刘雷/摄）

地　址	房山区琉璃河镇琉璃河二街村内
开放时间	全天开放
收费情况	免费

琉璃河大桥始建于明嘉靖十八年（1539），历时七年建成。大桥为南北向，横跨于琉璃河上。为保证桥梁的永固，在建造桥基的时候，用巨大的条石一直砌筑到河底最深处，在条石基础的下面，用柏木钉，以梅花形式的桩法钉入河底的生土之中生根，以防止桥基下陷。

琉璃河大桥西侧（筱溪听泉 / 摄）

桥身吸水兽（自在香山 / 摄）

大桥全长 165.5 米，宽 10.3 米，高约 8 米，共 11 孔，中孔最大，两侧桥孔依次减小，中间三个孔拱券正中雕有精美的吸水兽。桥面两侧竖有石望柱 88 对，柱与柱之间有石栏板，共计 178 块。

吸水兽与打渔人（筱溪听泉 / 摄）

“石匠”石刻题记（刘雷 / 摄）

望柱和栏板均雕有海棠线纹饰，西侧南数第44根望柱西南棱上刻有“石匠三千名”的题记。桥面以条石平铺，构件之间嵌以银锭铁榫连接，异常坚固。桥北立有明清石碑数通，记录着历次修桥的经过，包括明嘉靖四十二年（1563）的“敕修琉璃河桥堤记”等。

石碑（刘雷 / 摄）

雍和宫（国一）

雍和宫建筑群（失重的梁柱 / 摄）

地址	东城区北新桥街道雍和宫大街 12 号
开放时间	9:00—16:00
收费情况	收费

雍和宫是北京地区规模最大的喇嘛教寺院，明代为太监的官房，清康熙三十三年（1694）在旧址上建雍亲王胤禛的府第。雍正帝即位后，将前半部改为黄教上院，后半部为行宫，后行宫被火焚毁。雍正三年（1725），雍和宫上院改为行宫，并更名雍和宫。雍正帝死后曾在雍和宫内神御殿（今永佑殿）停灵一天，故将绿琉璃瓦一律换成黄琉璃瓦，雍正帝遗像也悬挂在神御殿内。以后雍和宫成为清代皇帝供奉祖先的地方，有众多喇嘛常年在此为亡灵诵经。乾隆帝出生在雍和宫的东书院如意室。乾隆九年（1744），雍和宫正式改为喇嘛寺。

天王殿（刘雷 / 摄）

雍和宫分东、中、西三路，共有五进院落。中路前有东、西、北三座牌楼，第一进门为昭泰门，内有两座碑亭和钟楼、鼓楼各一座。正中为雍和门殿（天王殿），前有一对铜狮；第二进主体建筑为雍和宫殿，面阔七间，前有铜质须弥山、御碑亭及香炉。

雍和宫（刘雷 / 摄）

雍和宫内十八罗汉塑像（刘雷 / 摄）

香炉与碑亭（刘雷 / 摄）

永佑殿（刘雷 / 摄）

第三进为永佑殿（神御殿），面阔五间；第四进为法轮殿，面阔七间，前后各接五间抱厦，两侧有班禅楼和戒台楼。

永佑殿内三世佛（刘雷 / 摄）

法轮殿（邵世海 / 摄）

戒坛（刘雷 / 摄）

万福阁内白檀木弥勒大佛（程尧 / 摄）

万福阁（刘雷 / 摄）

万福阁雪景（任昱 / 摄）

第五进为万福阁，面阔七间，三重檐歇山顶，三座楼阁之间有飞阁复道连接。

金丝楠木佛龛（刘雷 / 摄）

东路有东书院、平安居、如意室、太和斋和海棠院、花园等建筑；西路原有观音殿和关帝庙，现已无存。其中大殿法轮殿宗喀巴大师像背后的五百罗汉山、万福阁的白檀木弥勒大佛和昭佛楼的楠木佛龛为雍和宫“三绝”。

大威德金刚（刘雷 / 摄）

法轮殿内宗喀巴像（刘雷 / 摄）

法轮殿内五百罗汉山（刘雷 / 摄）

国子监（国一）

国子监辟雍（杨虎 / 摄）

地　址	东城区安定门街道国子监街 15 号
开放时间	8:30—17:00（周一闭馆）
收费情况	收费

国子监是元、明、清三代国家设立的最高学府，始建于元至元二十四年（1287），明永乐、正统年间扩建，嘉靖七年（1528）增建敬一亭，清乾隆二年（1737）增建“南学”，乾隆四十八年（1783）增建“辟雍泮水”等建筑。国子监在乾隆时期不仅荟萃国内英才，还容纳了许多高丽、暹罗、交趾和俄罗斯等国的留学生，光绪二十六年（1900）停办。

琉璃牌坊（邵世海 / 摄）

国子监坐北朝南，分三进院落，中轴线从南向北依次为集贤门、太学门、琉璃坊、辟雍、彝伦堂、敬一亭等，两侧分布有附属建筑。

御碑（杨虎 / 摄）

辟雍水池龙头（刘雷 / 摄）

辟雍夜景（洛卡奇 / 摄）

辟雍为国子监的核心建筑，是清代帝王讲学的场所。辟雍泮水是我国古代用于祭祀的建筑，布局为外圆内方，象征教化圆满，大殿面阔进深均为三间，重檐方形攒尖顶，鎏金宝顶。丹陛下环以池水。辟雍两侧为六堂，东为率性堂、诚心堂、崇志堂，西为修道堂、正义堂、广业堂。每堂 11 间，是专供监生学习的场所。

辟雍内景（杨虎 / 摄）

彝伦堂（田毅 / 摄）

敬一门（田毅 / 摄）

康熙御书太学碑（刘雷/摄）

六堂内还曾放置乾隆年间蒋衡手书十三经刻石，1956年被移至孔庙与国子监夹道内。

十三经碑廊（刘雷/摄）

颐和园（国一）

颐和园（杨虎／摄）

东宫门牌楼（田毅／摄）

地　址	海淀区青龙桥街道新建宫门路 19 号
开放时间	6:00—19:00
收费情况	收费

东宫门（田毅/摄）

颐和园是我国现存最完整、规模最大的皇家园林，原名清漪园，始建于清乾隆十五年（1750），乾隆二十九年（1764）完工。光绪十二年（1886），慈禧太后挪用海军经费和其他银两在清漪园废墟上重新建园，并于光绪十四年（1888）改名为颐和园。1998年颐和园被列入《世界遗产名录》。

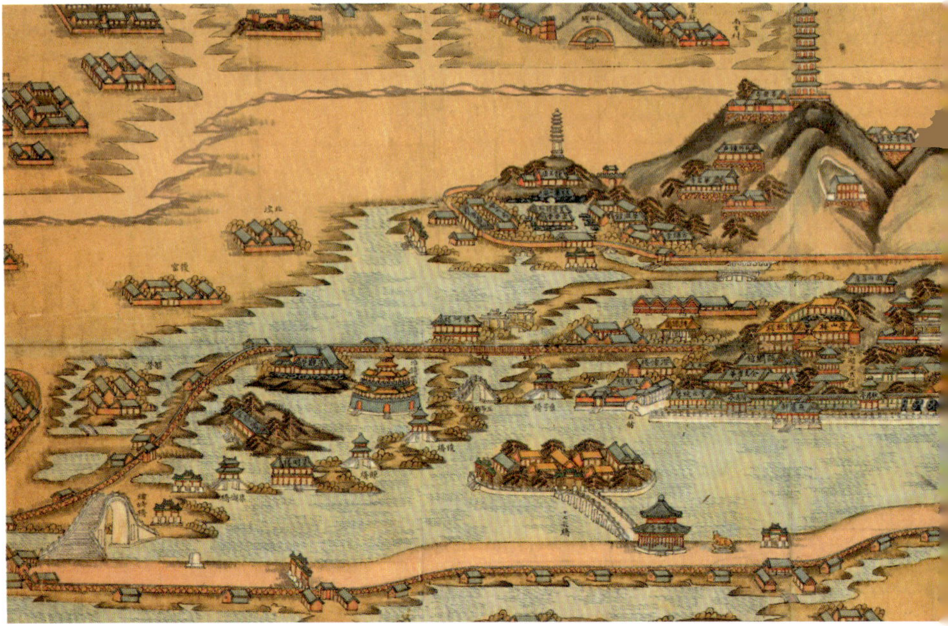

清人绘·《颐和园及附近八旗军营布局图》（美国国会图书馆藏）

仁寿殿
（田毅／摄）

颐和园可分为三个区域，分别是以仁寿殿为代表的政治活动区，以乐寿堂为代表的生活区和以前山、后山、昆明湖三个部分组成的风景游览区。仁寿殿是慈禧太后与光绪帝处理内政外交事务的重要场所。

仁寿殿前铜缸、铜龙和铜凤（王腾 / 摄）

玉澜堂（刘远航/摄）

乐寿堂、玉澜堂等庭院，是慈禧太后、光绪帝及后妃居住的地方，其中德和园大戏楼是中国现存最大的皇家古戏楼，著名演员如谭鑫培、杨小楼等曾在此为慈禧太后演戏。

乐寿堂（刘远航/摄）

德和园大戏楼（黑攼 / 摄）

戏楼一层内部（王腾 / 摄）

万寿山佛香阁（杨虎/摄）

前山以排云殿、佛香阁和智慧海为南北轴线，东西两侧分别有转轮藏、宝云阁、景福阁、听鹂馆等楼台亭阁。

仰望佛香阁（黑攸 / 摄）

佛香阁内景（田毅 / 摄）

众香界智慧海（左黄右苍/摄）

俯瞰排云殿和昆明湖（刘远航/摄）

山前为碧波荡漾的昆明湖，一池三山，十七孔桥横卧其中。

转轮藏和昆明湖碑（刘远航 / 摄）

宝云阁铜殿（田毅 / 摄）

转轮藏（左黄右苍/摄）

昆明湖碑（左黄右苍/摄）

宝云阁（王腾/摄）

长廊秋水亭（刘远航/摄）

长廊（刘远航 / 摄）

昆明湖北岸东西长达 728 米的长廊，1992 年以“世界上最长的长廊”被列入吉尼斯世界纪录。其西北部有著名的西洋式清晏舫。

清晏舫（田毅 / 摄）

柳桥（刘远航 / 摄）

西堤有仿杭州西湖苏堤而建的六座桥，从北向南依次筑有界湖桥、豳风桥、玉带桥、镜桥、练桥、柳桥。在柳桥和练桥之间为取范仲淹《岳阳楼记》中“春和景明，波澜不惊”之句命名的景明楼。沿堤遍植桃柳，春来柳绿桃红，有“北国江南”之称。

玉带桥（刘远航 / 摄）

练桥（杨虎/摄）

豳风桥（杨虎/摄）

景明楼（杨虎/摄）

谐趣园知鱼桥石牌楼（任昱/摄）

谐趣园（任昱/摄）

从知春亭向西远望静明园（刘远航 / 摄）

东部有仿无锡寄畅园而建的谐趣园，被称为“园中之园”。东堤则有知春亭、文昌阁、铜牛、廓如亭、绣漪桥等著名景点。

铜牛和十七孔桥（刘远航 / 摄）

绣漪桥（杨虎 / 摄）

南湖岛岚翠间（杨虎 / 摄）

廓如亭（刘远航 / 摄）

东堤与南湖岛通过十七孔桥相连，每年冬至左右，会呈现“金光穿洞”的胜景。

十七孔桥“金光穿洞”（刘远航 / 摄）

四大部洲（杨虎 / 摄）

后山是以四大部洲和须弥灵境为主体的藏式建筑群以及苏州街等景区，还有仅存的乾隆时期四座琉璃塔之一的花承阁琉璃塔。

须弥灵境（黑攸 / 摄）

苏州街（黑攸 / 摄）

四大部洲藏式佛塔（杨虎 / 摄）

花承阁琉璃塔（刘远航 / 摄）

宿云檐城关（杨虎 / 摄）

霁清轩（刘雷 / 摄）

荇桥石狮（黑敀 / 摄）

转轮藏佛像石刻（刘雷 / 摄）

画中游（刘雷 / 摄）

静明园（国六）

远眺静明园雪景（杨虎 / 摄）

静明园是北京著名皇家园林“三山五园”之一，始建于金代。金章宗时期始建玉泉行宫，元世祖忽必烈在玉泉山建昭化寺，明正统年间，英宗敕建上、下华严寺，嘉靖二十九年（1550）被瓦剌军焚毁。清康熙十九年（1680）于玉泉山上建行宫，名澄心园。康熙三十一年（1692）改名静明园，与清漪园有御道相连。乾隆十五年（1750）进行大规模扩建，乾隆十八年（1753）基本建成，并命名“静明园十六景”。咸丰十年（1860）静明园遭英法联军焚掠，光绪年间曾部分修复。

地　址	海淀区四季青镇玉泉山
开放时间	不开放
收费情况	无

静明园有六座园门，园内建有大小建筑群30余组，有四座不同形式的佛塔。全园分南山区、东山区及西山区。南山区是精华所在，有宫殿区、玉泉湖及系列景点，西北两面以山为屏，山峰上点缀华藏海塔及玉峰塔。东山区包括玉泉山的东麓及若干小湖泊，以构筑的小型水景见长，最北部以北峰的妙高塔为结束。西山区地段开阔平坦，布置有东岳庙、圣缘寺、清凉禅窟等，形成以宗教建筑为主导的景观特色。玉泉山是静明园的主体，因这里的泉水“水清而碧，澄洁似玉”而名“玉泉”。园内建有玉泉池，被乾隆皇帝誉为“天下第一泉”，明清两代宫廷用水皆来于此处，也是北京城重要水源地之一，同时也是著名的燕京八景之“玉泉趵突”所在地。

华藏海塔（左黄右苍 / 摄）

华藏海塔，建于清乾隆年间（1736—1795），为八角七级密檐式青白石塔，仿南京栖霞寺塔建造。须弥座束腰部分刻“佛八相图”，转角处刻有力士，上部由石雕仰莲承托塔身。塔身浮雕释迦牟尼，文殊、普贤、观音菩萨以及四大天王，塔顶为石制覆钵式塔刹。

妙高寺塔，建于清乾隆三十六年（1771），是乾隆皇帝为纪念平定缅甸战争胜利而按照缅甸木邦塔图形建造的纪念塔。该塔为一座金刚宝座式塔，底部为高大的方形台座，中央大塔为覆钵式，塔身带有两条金刚圈，下部为八角形基座。台座四角各有一座圆形亭阁式小塔，形制独特，与主峰的玉峰塔南北呼应，相映成趣。

妙高寺塔（海里的乌鸦 / 摄）

圣缘寺琉璃塔，建于清乾隆年间（1736—1795），其形制与颐和园花承阁多宝琉璃塔相似，为一对姊妹塔。塔身平面为不等边八角形，分上中下三组，分三层，共七重檐。整座塔身使用黄、绿、青、蓝、紫五色琉璃镶嵌而成。全塔共有大佛像 12 尊，小佛像数百尊。

玉峰塔，又名定光塔，静明园十六景之一的“玉峰塔影”即指此处。建于清乾隆二十四年（1759），为仿照镇江金山寺塔而建。八面七层楼阁式砖塔，塔身中部为石质塔心，外层青砖垒砌，中有旋转式条石阶梯 150 余磴可至塔顶层，每层塔内有洞龛供铜制佛像及乾隆御题额联石刻。

玉峰塔（自在香山 / 摄）

华藏海塔、圣缘寺琉璃塔和东岳庙玉宸宝殿（自左向右）（颐和吴老 / 摄）

健锐营演武厅（国六）

健锐营演武厅全景（刘雷 / 摄）

地　址	海淀区四季青镇香山南路红旗村 1 号
开放时间	9:00—17:00（周一闭馆）
收费情况	免费

健锐营演武厅始建于清乾隆十四年（1749），是清代健锐营为平定西南少数民族叛乱操演攻取碉楼的演武场所。健锐营演武厅坐北朝南，主要建筑从北向南依次为小石桥，健锐营及演武厅，城内东、西朝房，碉楼，实胜寺碑亭和放马黄城（已毁）等。健锐营呈椭圆形，又称看城，是大臣们观看健锐营演习、操练的地方。西城门楼位于演武厅西南处，坐西朝东，为检阅健锐营指挥之用，毛石砌筑，立面呈梯形，故又称“梯子楼”。

西城门（刘雷/摄）

南、北城门各有一座，南城门石额曰“威宣壁垒”，北城门石额曰“志喻金汤”，均为乾隆御笔。南、北城门上各设一座重檐歇山顶、绿琉璃瓦覆顶的阅武楼。北阅武楼内现存“御制实胜寺后记”碑一通，为青石卧碑，刻于乾隆二十六年（1761）四月，阳面刻满、汉文，阴面刻蒙、藏文，汉文为乾隆皇帝御书，碑文记述了乾隆二十四年（1759）平定新疆回部大小和卓的战事。

清·健锐营演武图局部（首都博物馆藏）

演武厅（自在香山/摄）

演武厅位于南门外，面阔五间，单檐绿琉璃瓦黄剪边歇山屋顶，厅前有月台，东、西、南三面出陛，厅南为演兵场，乾隆皇帝曾多次在此阅兵。

团城南门“威宣壁垒”石额（程尧/摄）

实胜寺碑亭位于西城门南部，坐西朝东，重檐黄琉璃瓦歇山屋顶。亭内有“敕建实胜寺碑”一通，为青石立碑，刻于乾隆十四年（1749）五月。碑身四面分别用满、汉、蒙、藏文书写，汉文为乾隆皇帝御书，碑文记载了乾隆十四年第一次大小金川战役的胜利及乾隆下令在西山组建健锐营的原因和经过。

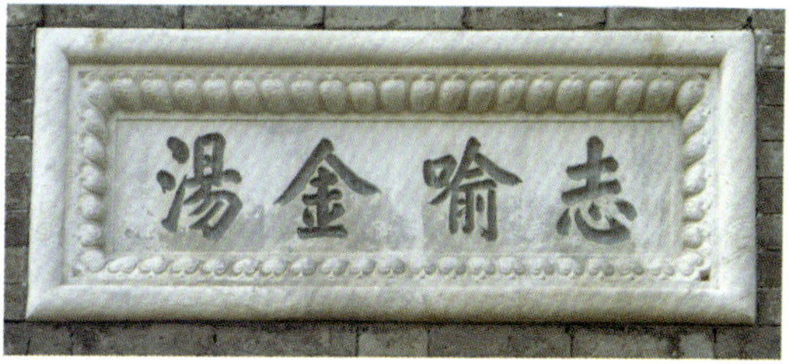

团城北门“志喻金汤”石额（自在香山/摄）

团城全景（自在香山 / 摄）

实胜寺碑亭（自在香山 / 摄）

实胜寺后记碑（刘雷 / 摄）

实胜寺碑（自在香山 / 摄）

普度寺（国七）

普度寺大殿西南角（刘雷 / 摄）

地　址	东城区东华门街道普渡寺前巷 35 号
开放时间	6:00—20:00（殿内不开放）
收费情况	免费

普度寺是清代著名喇嘛庙。该地原为明代皇城东苑的一部分，清顺治初年成为多尔衮的睿亲王府。多尔衮死后追夺王爵，王府上缴。康熙三十三年（1694）将其南部改建为缎匹库，北部改建为玛哈噶喇庙，供奉护法神大黑天。乾隆四十年（1775）重修，次年改名普度寺。

山门（刘雷 / 摄）

山门内梁架彩画（刘雷 / 摄）

普度寺现存山门、大殿及方丈院北房。山门面阔三间，绿琉璃瓦硬山顶，室内彩画保存良好，为金龙和玺式，应是睿亲王府时期遗物。大殿名为慈济殿，建于石须弥座上，但殿身并未占满全座，且座之比例及雕刻均有明代特征，表明此须弥座为明代原物。殿身面阔七间，进深三间，东部隔出二间内室；前出抱厦三间，进深一间，全殿外加周围廊。主殿单檐歇山顶，灰瓦绿琉璃瓦剪边，抱厦卷棚歇山顶，绿琉璃瓦黄剪边。全殿廊内砌砖墙，正面、山面开大支窗，下肩饰六方琉璃砖。檐下无斗拱，柱头装饰兽面木雕，雀替形制特殊。大殿内部有金龙和玺彩绘，另有一些博古题材的彩画，地板为金砖铺地。

普度寺大殿南立面（刘雷 / 摄）

大殿内博古彩画（刘雷 / 摄）

大殿柱头兽面木雕（刘雷 / 摄）

三世佛（吃土君 / 摄）

转轮藏坑石雕（左黄右苍 / 摄）

石雕细节（刘雷 / 摄）

抱厦东南角为转轮藏坑，平面呈圆形，北面有石阶可以下至坑底。坑口周边有 12 块八组石雕图案，雕刻水波神仙怪兽。整个建筑具有明显的关外满族宫室特征。殿内原本供奉的三世佛现藏于洛阳博物馆，部分佛龛藏于雍和宫。方丈院北房位于大殿西侧，面阔五间，硬山顶。

方丈院北房（刘雷 / 摄）

恭王府及花园（国二）

恭王府府门（田毅 / 摄）

地　址	西城区什刹海街道前海西街 17 号
开放时间	9:00—16:00
收费情况	收费

恭王府是北京保存最完整的清代王府，是恭亲王奕訢府邸，前身是乾隆帝宠臣和珅宅邸，和珅家产被抄没后，府邸归嘉庆帝胞弟庆僖亲王永璘所有。咸丰二年（1852）恭亲王奕訢入住此府，更名为恭王府。

仪门（田毅 / 摄）

恭王府，坐北朝南，分府邸与花园两部分。府邸又分为中、东、西三路，各由多进四合院组成，最北侧环抱长度为160余米的通脊二层后罩楼。中路有府门、正门、银安殿（民国初年毁于大火，现已复建），后殿为正寝殿嘉乐堂。东路前厅为多福轩，后厅为乐道堂。西路前厅为葆光室，后厅为锡晋斋。中路建筑为绿琉璃筒瓦，东西两路建筑为灰筒瓦。

银安殿（田毅 / 摄）

嘉乐堂（刘雷/摄）

多福轩内景（田毅/摄）

锡晋斋（田毅 / 摄）

锡晋斋内景（田毅 / 摄）

西洋门（田毅 / 摄）

后罩楼北为花园，名萃锦园，南门为西洋式砖石雕拱券门，南北两面石额书“静含太古”“秀挹恒春”，门内两侧有假山，取开门见山之意。花园也可分为中、东、西三路。中路是以安善堂、邀月台、蝠厅为主的颐养区，并以康熙帝御笔“福”字碑为著名。

独乐峰（刘雷 / 摄）

福字碑（刘雷 / 摄）

安善堂（田毅 / 摄）

邀月台和假山（田毅 / 摄）

蝠厅（刘雷 / 摄）

大戏楼内景北部（田毅 / 摄）

东路是以大戏楼为主的休憩娱乐区，其中“沁秋亭”是北京现存四大流杯亭之一。

大戏楼内景南部（田毅 / 摄）

沁秋亭内曲水流觞（刘雷/摄）

听雨轩（刘雷/摄）

方塘水榭（刘雷/摄）

从方塘水榭北望澄怀撷秀（刘雷/摄）

妙香亭和榆关（刘雷 / 摄）

山神庙（刘雷 / 摄）

醇亲王府（国六）

远眺醇亲王府（失重的梁柱 / 摄）

醇亲王府原是清初大学士明珠的宅第，清乾隆五十四年（1789）改为成亲王府，从此规范为王府的建制。后该府被赐予醇亲王，是末代皇帝溥仪的出生地。

王府坐北朝南，分东、西部分。东部为府邸，西部为花园，后为宋庆龄故居。府邸又分为东、中、西三路，中路现存街门五间、府门五间、正殿七间、寝门三间、寝殿五间、后罩楼九间，两侧有配殿、配楼等。东路现存建筑不多，主要是家祠、佛堂及一些附属建筑。西路有两组并列院落，主要有醇亲王的大书房宝翰堂、太妃的住所九思堂、王妃的住所思谦堂、晚辈读书学习的场所任真堂，以及一些附属建筑。

地　址	西城区什刹海街道后海北沿 44 号
开放时间	不开放
收费情况	无

府门（桂立新 / 摄）

街门（田毅 / 摄）

银安殿（桂立新 / 摄）

寝门（桂立新 / 摄）

后罩楼（桂立新 / 摄）

关岳庙（国六）

关岳庙大殿（任昱 / 摄）

地　　址	西城区什刹海街道鼓楼西大街149号西藏驻京办事处
开放时间	不开放
收费情况	无

关岳庙原为清道光帝第七子醇亲王的祠堂，始建于光绪十七年（1891），光绪二十五年（1899）建成，但醇亲王一直没有入祀。1914 年北洋政府在寝祠内塑立关羽、岳飞像奉祀，改称关岳庙。1939 年 3 月 23 日，日伪华北临时政府将此处改为武成王庙，称武庙，大殿改称武成殿，原关岳殿改为武德堂。

琉璃影壁（行者 / 摄）

关岳庙坐北朝南，分三进院落。中路自南向北依次为一字琉璃影壁、庙门五间、前殿三间、正殿七间（殿前有月台）、后寝殿五间。西跨院分南北两院，用于祭祀休息之处。东跨院内有神厨、神库、宰牲亭、井亭等建筑。原关岳殿即武德堂内北、东、西三面墙壁上嵌有配享和从祀武成王的历代 80 位名将传赞刻石，现存 13 块。

八字琉璃墙与琉璃门（行者 / 摄）

民国石碑（陈碧璇 / 摄）

焚帛炉（行者 / 摄）

宰牲亭（行者 / 摄）

孚王府（国五）

远眺孚王府（失重的梁柱 / 摄）

地　址	东城区朝阳门街道朝阳门内大街 137 号
开放时间	不开放
收费情况	无

孚王府初为怡亲王府，清同治三年（1864），此府被赐予孚郡王奕譓，是为孚郡王府。同治十一年（1872）奕譓晋封亲王，因其排行第九，故此府俗称“九爷府”。孚王府坐北朝南，分中、西、东三路。中路有三进，是王府的办公、会客和王爷起居的场所。

府门（任昱 / 摄）

孚王府石狮（任昱 / 摄）

孔雀彩画（刘雷 / 摄）

府门五间，单檐歇山顶，门前有石狮一对。第一进院的主体建筑为银安殿，单檐歇山顶，殿前建有宽大的青白石月台一座，东西配楼各七间。第二进院由后殿、寝殿和东西配殿等建筑组成。第三进院由后罩楼、转角房组成。西路是王府眷属的居住区。东路为府库、厨厩和执事之所，并有王府花园，但损毁严重，所剩无多。孚王府建筑布局和形制与《大清会典》所规定的王府形制完全符合，是研究清代王府的重要实物资料。

银安殿（任昱/摄）

西配楼（郑直/摄）

克勤郡王府（国七）

克勤郡王府全景（失重的梁柱 / 摄）

地　　址	西城区金融街街道新文化街 53 号北京第二实验小学
开放时间	不开放
收费情况	无

克勤郡王府为清初“八大铁帽子王”王府之一，第一代克勤郡王名岳托，是礼亲王代善的长子。清军入关前，他屡立战功被封为亲王，后因犯错降为贝勒。崇德四年（1639）岳托病逝于军中，被追封为克勤郡王。此府于顺治年间由岳托的子孙创建，坐北朝南，原分中、东、西三路，现仅中路保存较好。晚清最后一代（第十七代）克勤郡王晏森将王府出售给慈善家、曾任国务总理的熊希龄为住宅，后熊希龄将其捐赠给北京救济会。现为北京第二实验小学使用。

府门（田毅 / 摄）

府门（复建）为五间三启门，门外有一字影壁。院内正殿已无存，东西翼楼各五间。寝门三间，后寝殿五间前后出廊，东、西配殿各五间。后罩房七间前出廊。后寝殿两山墙角柱石上尚存熊希龄和夫人朱其慧将财产交由北京救济会的刻字内容。西部跨院也保存有部分建筑。

前殿配楼（子山午向南金 / 摄）

寝门（子山午向南金 / 摄）

后寝殿（子山午向南金 / 摄）

潭柘寺（国五）

潭柘寺全景（刘雷/摄）

地　址	门头沟区潭柘寺镇潭柘山
开放时间	8:30—16:30
收费情况	收费

潭柘寺是北京有记载的年代最久远的寺庙，也是北京地区规模最大的一座皇家寺院。始建于西晋怀帝永嘉元年（307），初名嘉福寺。武周万岁通天年间（696—697），华严和尚以破败的嘉福寺为中心重建寺庙，并改名“龙泉寺”。金熙宗于皇统元年（1141）到此进香礼佛，并拨款进行整修和扩建，将寺改名为“大万寿寺”。明、清两代皇家多次出资维修，康熙三十六年（1697）康熙帝亲赐寺名为“敕建岫云禅寺”。因寺以龙潭和柘树闻名，故俗称潭柘寺。

山门（郑直/摄）

潭柘寺坐北朝南，建筑依山势而建，北高南低，分为中路、东路、西路和塔院等四大部分。中路依次有石拱桥、山门、天王殿、钟鼓楼、大雄宝殿、三圣殿（已无存）、毗卢阁。东路为方丈院、帝后宫、万岁宫等，是僧人、访客居住之所。西路有药师殿、观音殿、戒坛、楞严坛（复建）等。其中戒坛为汉白玉砌筑，分三层，雕刻精美。观音殿内有元世祖之女妙严公主的拜砖。

大雄宝殿（自在香山/摄）

毗卢阁（自在香山/摄）

戒坛（刘雷/摄）

观音殿内元世祖之女妙严公主拜砖和明代《妙严公主拜砖赞》木匣（刘雷/摄）

下塔林妙严大师墓塔（玉尊回雪/摄）

曲水流觞（刘雷/摄）

金刚延寿塔位于圆通殿和地藏殿之间，由明代越靖王朱瞻墉出资于正统二年（1437）所建，是潭柘寺内现存唯一的古塔。塔后墙壁上嵌有潭柘寺现存最古老的一块石碑，立于金明昌五年（1194），碑上刻有当时潭柘寺住持重玉禅师所作的一首七言古诗："一林黄叶万山秋，銮杖参陪结胜游。怪石阑珊蹲玉虎，老松盘曲卧苍虬。俯临绝壑安禅室，迅落危崖泄瀑流。可笑红尘奔走者，几人于此暂心休。"该诗记述了金朝皇太子完颜允恭进香的盛况。碑文现已模糊不清。

寺内还有龙潭、曲水流觞、柘树和乾隆皇帝御封的千年银杏帝王树。寺外有安乐延寿堂和上下塔院，塔院有金、元、明、清墓塔70余座，是北京地区数量最多、保存最完好的塔林。

金刚延寿塔（刘雷/摄）

上塔林（高俊卿/摄）

下塔林（高俊卿/摄）

觉生寺（国四）

觉生寺山门（刘雷/摄）

天王殿（田毅/摄）

地　址	海淀区中关村街道北三环西路甲31号大钟寺古钟博物馆
开放时间	9:00—17:00（周一闭馆）
收费情况	收费

大雄宝殿（自在香山／摄）

观音殿（自在香山／摄）

觉生寺始建于清雍正十一年（1733），次年落成。乾隆八年（1743），明成祖朱棣迁都北京后下令铸造的大钟从万寿寺移入觉生寺新建成的钟楼安放，此后觉生寺因永乐大钟闻名遐迩，故又俗称“大钟寺”。觉生寺作为皇家寺院，建成后为皇族清修和朝拜的地方。乾隆五十二年（1787）被定为皇帝祈雨场所。自此，皇家祈雨活动一直持续到清末。

藏经楼（自在香山/摄）

大钟楼（田毅/摄）

该寺坐北朝南，由南向北依次为照壁（现已无存）、山门、钟鼓楼、天王殿、大雄宝殿、观音殿、藏经楼、大钟楼与东西翼楼。此外，还有六座配殿分布在两侧。大钟楼是寺内的核心建筑，钟楼造型上圆下方，象征“天圆地方”。殿内地面砌有八角形散音池，钟响时有很好的共鸣作用。大钟楼内高悬的永乐大钟通高 6.75 米，直径 3.3 米，重 46.5 吨，钟内外共铸汉文经咒 16 种，梵文咒语 100 多种。经文主要是朱棣在永乐十五年（1417）御制的《诸佛世尊如来菩萨尊者神僧名经》，钟上仅铸此经前 20 卷，字数达 13.7 万字。经文字体婉丽典雅，是明初馆阁体书法艺术的代表作。

永乐大钟细节（田毅 / 摄）

钟架横梁上的 U 形铜箍（刘雷 / 摄）

永乐大钟（自在香山 / 摄）

十方普觉寺（国五）

俯瞰十方普觉寺（刘雷／摄）

地　址	海淀区香山街道国家植物园（北园）
开放时间	8:30—16:30
收费情况	收费

十方普觉寺又称卧佛寺，因供奉一尊大型铜卧佛而得名。该寺始建于唐贞观年间，初名兜率寺，元代改称昭孝寺，又称洪庆寺。明清时期皇家多次扩建，特别是乾隆四十八年（1783）增建了行宫院和琉璃牌坊等建筑。寺院坐北朝南，分东、中、西三路。中路中轴线上依次有琉璃牌坊、钟鼓楼、山门、天王殿、三世佛殿、卧佛殿、藏经楼等。其中卧佛殿内供奉的铜卧佛身长约 5 米、高约 1 米，重量推测约 54 吨。头西脚东面向南，为经典的元代佛教精品。卧佛身后环立十二圆觉菩萨。东路原为寺院僧人起居处，主要有大斋堂、大禅堂、霁月轩、清凉馆、祖师院等。西路原为皇帝避暑、行乐兼理政的行宫。

牌楼（刘雷 / 摄）

琉璃牌坊（刘雷 / 摄）

石桥和山门（自在香山/摄）

天王殿（田毅/摄）

大雄宝殿（田毅 / 摄）

卧佛殿（刘雷 / 摄）

卧佛（刘雷／摄）

西路行宫（自在香山／摄）

法源寺（国五）

山门（刘雷 / 摄）

法源寺是北京城内现存历史最久的寺院之一。唐贞观十九年（645），唐太宗为悼念出征阵亡将士，诏令建寺，于武则天万岁通天元年（696）竣工，赐名悯忠寺。安禄山、史思明曾在寺院东南、西南各建一塔。清雍正年间重修后定为律宗寺庙，赐名法源寺。

天王殿（自在香山 / 摄）

地　址	西城区牛街街道法源寺前街 7 号
开放时间	8:00—16:00
收费情况	免费

大雄宝殿（刘雷/摄）

法源寺中路共六进殿宇。第一进为天王殿，面阔三间，硬山顶，殿前甬道上有一炉二狮，两侧为钟鼓楼。第二进为大雄宝殿，面阔五间，歇山顶，前接抱厦三间，殿前有六通明清石碑和明代铁炉，殿后为石香炉。殿内有两个青石覆莲柱础，推测为唐代或辽代的原物；梁间悬乾隆御书“法海真源”匾额。第三进为悯忠阁，建在一米多高的台基上，面阔三间，歇山顶，外墙嵌有清代复制的唐“云麾将军碑”柱础、《法源八咏》及《心经》等碑刻。殿内保存法源寺历代重要石刻，包括唐至德二年（757）史思明《无垢净光宝塔颂》、永徽元年（650）石造像、景福元年（892）《悯忠寺重藏舍利记》、辽应历七年（957）承进等为荐福禅师造陀罗尼经幢、大安十年（1094）《燕京大悯忠寺观音菩萨地宫舍利记》、金大定五年（1165）《礼部令史题名记》等。第四进为毗卢殿，面阔三间，硬山顶，原是供奉玄奘法师头顶骨的地方。第五进为观音殿，面阔五间，硬山顶，后檐下出一间抱厦，旧称“庄严亭”。最后一进为面阔五间高二层的藏经阁。寺院东侧尚存斋堂及僧舍。

大雄宝殿内佛像（刘雷/摄）

悯忠阁（自在香山/摄）

毗卢殿（刘雷/摄）

唐《无垢净光宝塔颂》碑拓片

毗卢殿内五方佛像（自在香山/摄）

法源寺内保存有来自北海团城、花市卧佛寺、庆寿寺、福寿兴元观遗址、北郑村辽塔、圣安寺、圣祚隆长寺、护国寺等地的石碑、造像等珍贵文物。

九莲菩萨石刻（郑直 / 摄）

达摩渡江石刻（自在香山 / 摄）

毗卢殿前的元代渎山大玉海底座及清代石钵（刘雷 / 摄）

观音殿内景（刘雷/摄）

藏经阁（郑直/摄）

万寿寺（国六）

万寿寺全景（失重的梁柱 / 摄）

地　址	海淀区紫竹院街道万寿寺路 121 号北京艺术博物馆
开放时间	9:00—16:00（周一闭馆）
收费情况	收费

万寿寺是一座融寺院建筑和明清两代皇家行宫于一体的寺庙，原为明代太监谷大用的家庙。万历五年（1577）明神宗之母李太后出资，命司礼监太监冯保于京城之西督造寺院，以贮汉经，六月建成，赐名万寿寺。清乾隆皇帝曾多次为其母祝寿于此，并将寺院规模扩大数倍，光绪年间又曾重修。

万寿寺山门（自在香山/摄）

寺院坐北朝南，分为三路。中路现存山门、钟鼓楼、天王殿、大雄宝殿、万寿阁、大禅堂、观音殿、御碑亭、无量寿佛殿、万佛楼，两侧有配殿。山门有顺治二年（1645）御赐石匾“敕建护国万寿寺”。

大雄宝殿内佛像（刘雷/摄）

大雄宝殿十八罗汉像（刘雷 / 摄）

大雄宝殿倒座观音像（刘雷 / 摄）

值得一提的是，无量寿佛殿两侧建有两座别具一格的巴洛克式院门和中西合璧式院墙。

西洋门（自在香山 / 摄）

乾隆御碑亭、无量寿佛殿和光绪御碑亭（自在香山 / 摄）

西路建筑在乾隆二十六年（1761）后改为行宫。光绪年间，慈禧太后往来于紫禁城和颐和园途中，时常在此驻跸休息，有“小宁寿宫”之称。东路为方丈院，即僧人生活区，光绪二十年（1894）改为御膳房。

东路方丈院（刘雷 / 摄）

乾隆御制碑（刘雷／摄）

无量寿佛殿内的明代渗金多宝塔（原位于长椿寺藏经楼内）

中路假山和观音殿（刘雷／摄）

西路行宫六角亭（自在香山／摄）

报国寺（国六）

远眺报国寺（失重的梁柱 / 摄）

地　址	西城区广安门内街道报国寺前街1号
开放时间	全天开放
收费情况	免费

报国寺始建于辽代，明成化二年（1466）因周太后弟吉祥出家于此而重建，改名慈仁寺。明末清初曾为北京著名的书市，为居宣南之学人觞咏之地。清康熙十八年（1679），报国寺大部建筑毁于地震，乾隆十九年（1754）重修，改名大报国慈仁寺。《辛丑条约》签订后，由于祭祀清朝开国功臣的昭忠祠所在地被划入东交民巷使馆区，张之洞建议修缮报国寺并改为昭忠祠，并与袁世凯等官员集资十六万两白银修缮，最终于光绪三十四年（1908）完工。

1997 年重建的山门（自在香山 / 摄）

报国寺坐北朝南，现存中西两路建筑群。主要建筑均建在中路轴线上，现存依次为 1997 年复建的山门、昭忠祠山门、天王殿、大殿和后殿。院内尚存明成化二年（1466）和清乾隆二十一年（1756）重修碑、清雍正七年（1729）满文敕建昭忠祠碑和清光绪三十四年（1908）重修昭忠祠记碑及款目记略碑。

昭忠祠山门（自在香山 / 摄）

大雄宝殿（自在香山 / 摄）

顾亭林祠游廊（刘雷 / 摄）

报国寺西路为顾亭林祠。清代著名学者顾炎武（字亭林）曾寓居于寺内，清道光二十三年（1843）由何绍基、张穆等人集资在寺西修建顾祠。顾亭林祠于光绪二十六年（1900）曾被八国联军炮火轰毁，1921年重修。祠坐北朝南，现存四进，各进院落之东由一条自南而北的游廊连接。顾亭林祠尚存咸丰六年（1856）《顾亭林先生祠记》及1921年北洋政府总统徐世昌撰并书《重建顾亭林先生祠记》两方刻石。

广济寺（国六）

广济寺山门（刘雷/摄）

地　　址	西城区新街口街道阜成门内大街25号
开放时间	7:00—16:00（周一闭馆）
收费情况	免费

广济寺是北京著名的“内八刹”之一。金代为西刘村寺，元代改称“报恩洪济寺”。明天顺年间（1457—1464）重建，成化二年（1466）赐名“弘慈广济寺”。民国年间两次遭火灾，又两次重建。

天王殿（田毅 / 摄）

大雄殿（杨虎 / 摄）

广济寺坐北朝南，中路依次为山门、天王殿、大雄殿、圆通殿和后罩楼。山门为三座，中间门额书康熙御笔“敕赐弘慈广济寺”，东门额书“毗卢性海”，西门额书“华藏玄门”。天王殿，面阔三间，单檐歇山顶，殿前有一对石狮，两侧有钟鼓楼。大雄殿，面阔五间，单檐歇山黄琉璃瓦顶，殿内供奉有明代黄檀木雕三世佛像和铜铸十八罗汉像，后壁悬挂原位于报国寺中的清代乾隆年间画家的指画《胜果妙因图》。殿前有清乾隆五十八年（1793）铸造的铜宝鼎，鼎身铸有佛八宝等花纹。圆通殿，面阔五间，单檐歇山绿琉璃瓦顶，供奉观世音菩萨。后罩楼为两层，一层为黄琉璃瓦檐的多宝殿；二层为绿琉璃瓦顶的舍利阁，曾于 1955—1964 年供奉灵光寺佛牙舍利，现为藏经阁，藏有 1721—1753 年甘肃临潭县卓尼寺雕版印刷藏文《大藏经》。

大雄殿内景（刘雷/摄）

西院还有持律殿、净业堂和云水堂，另在寺院西北隅有建于清康熙三十七年（1698）的戒坛殿和汉白玉砌成的戒坛，今称“三学堂”。寺内还存有明成化《御制广济寺碑》《敕赐弘慈广济寺碑》、明正德《敕建广济寺记》、清康熙《重修佛像碑记》《御制弘慈广济寺碑》和清乾隆《乾隆御制诗碑》。

圆通殿（自在香山/摄）

柏林寺（国六）

柏林寺大殿内的康熙御笔匾和藻井（郭蔚嘉 / 摄）

地　　址	东城区北新桥街道戏楼胡同 1 号
开放时间	不开放
收费情况	无

柏林寺，创建于元至正七年（1347），明正统十二年（1447）重建，清康熙五十二年（1713）胤禛为其父康熙帝庆贺六十岁寿辰，大加修葺，康熙帝特题“万古柏林”匾额悬于殿内，乾隆二十三年（1758）再次重修，乾隆帝亲撰重修碑文。

大雄宝殿（任昱/摄）

东斋堂（任昱/摄）

大雄宝殿前有乾隆御制重修碑两座。东配殿南原有康熙四十六年（1707）铸造的交龙钮大铜钟，现存于大钟寺古钟博物馆藏经楼。维摩阁上原有明代制作的木制金佛像七尊，阁的东西两侧建有翼楼。西路为行宫，康熙五十二年（1713）敕建。东路主要为僧众生活区。

柏林寺铜钟（现藏于大钟寺古钟博物馆）（田毅 / 摄）清代石碑（桂立新 / 摄）

清代经版（刘远航 / 摄）

柏林寺内原藏有我国唯一幸存的清代《龙藏》经版，原存故宫武英殿内，乾隆年间为印刷方便移至柏林寺。1983 年移至智化寺，后又移至云居寺。

长椿寺（国八）

长椿寺全景（任昱／摄）

地　　址	西城区广安门内街道长椿街7、9、11号北京宣南文化博物馆
开放时间	暂不开放
收费情况	无

长椿寺始建于明万历二十年（1592），是明神宗母亲孝定李太后为安置水斋禅师下令敕建，神宗赐名“长椿寺”，意寓祝皇太后健康长寿之意，明时有“京师首刹”之誉。现存建筑为清康熙二十年（1681）重建。1927 年 4 月，李大钊就义后其遗体曾停放在长椿寺。

山门（桂立新 / 摄）

长椿寺坐西朝东，现存三进，山门一间，门上石额刻有“敕建长椿寺”。一进院天王殿三间。二进院大雄宝殿三间，前出廊。大雄宝殿前的两配殿为黄琉璃瓦顶，形制独特。三进院藏经楼五间，楼内原有明代渗金多宝佛铜塔（现藏于万寿寺）。中路北侧有北跨院。寺内还立有“明末书法四大家”之一的米万钟所撰《敕建大祚长椿寺赐紫衣水斋禅师传碑》等明清石碑和石刻。

《敕建大祚长椿寺赐紫衣水斋禅师传碑》（骆欢 / 摄）

《敕建大祚长椿寺赐紫衣水斋禅师传碑》细节（刘雷 / 摄）

大雄宝殿及配殿（任昱 / 摄）

藏经楼（桂立新 / 摄）

智珠寺（国八）

智珠寺全景（失重的梁柱 / 摄）

地　址	东城区景山街道嵩祝院北巷 23 号
开放时间	11:00—19:00
收费情况	免费

智珠寺是清代蒙古喇嘛章嘉呼图克图在北京的驻地及宗教活动场所，始建于清乾隆年间（1736—1795），为嵩祝寺属寺。智珠寺坐北朝南，现存山门、天王殿、正殿（亦称大悲殿或都纲殿）、净身殿和后殿。

山门（刘雷 / 摄）

山门为三间硬山顶，门楣石额“敕建智珠寺”。天王殿为三间歇山顶，东有庑房三间。

天王殿和正殿（杨虎 / 摄）

正殿（刘雷/摄）

正殿内景（刘雷/摄）

正殿平面呈方形，面阔、进深均为三间，周绕檐廊，重檐攒尖顶。东西配殿各三间，东庑房八间，西庑房六间。净身殿五间歇山顶，东西配殿各三间，门联为乾隆皇帝御书“金粟神光照妙应，香林净域证虚明”，额曰“现清净身”。后殿五间带前檐廊，硬山顶。

白云观（国五）

白云观全景（失重的梁柱 / 摄）

地　址	西城区月坛街道白云观街 7 号
开放时间	8:30—16:30
收费情况	收费

白云观是道教全真派第一丛林，也是北京最大的道观建筑。前身是唐代天长观，始建于唐开元二十九年（741），金代两度被毁，仅存老君石像。元代初年，丘处机主持复建道观，明初改名白云观，清初再次大规模重修。白云观平面近方形，坐北朝南，分为东、中、西三部分，中路为主要建筑。沿中轴线排列有牌楼、山门、灵官殿、玉皇殿、老律堂、丘祖殿、三清阁与四御殿等。

白云观山门（刘雷 / 摄）

老律堂内供奉道教全真道祖师王重阳的七大弟子像，长春真人位于其中，世称“北宗七真”。丘祖殿内设丘祖像，丘处机的遗蜕埋藏于雍正皇帝所赐的“瘿钵”下。

老律堂内景（刘雷 / 摄）

丘祖殿内景（刘雷/摄）

三清阁与四御殿位于中轴线的最后收尾部分，二层殿内供奉玉清元始天尊和玉皇大帝等。三清阁两侧有转角翼楼相连，东为藏经楼，西称朝天楼或望月楼。

三清阁与四御殿（刘雷/摄）

东路现存三星殿、慈航殿、真武殿和雷祖殿及罗公塔，罗公塔建于清雍正年间，藏罗真人遗蜕。

西路有祠堂、元君殿、文昌殿、元辰殿、吕祖殿等。祠堂供奉白云观历代方丈的神位，吕祖殿是白云观中唯一的绿琉璃瓦顶建筑。

罗公塔（刘雷/摄）

吕祖殿（刘雷/摄）

文昌殿内景（刘雷/摄）

戒台（刘雷/摄）

白云观后院为一个清幽雅静的花园，名云集园，又称“小蓬莱”。花园的中心为戒台和云集山房。戒台为道教全真派传授“三坛大戒”的坛场，云集山房为全真道律师向受戒弟子讲经说法之所。

云集山房（刘雷/摄）

清净化城塔（国五）

远眺清净化城塔（任昱/摄）

地　　址	朝阳区安贞街道黄寺大街11号西黄寺博物馆
开放时间	9:00—16:30（周六、周日）
收费情况	免费

清净化城塔位于北京最早建造的藏传佛教皇家寺院之一的西黄寺内，是班禅额尔德尼六世的衣冠塔，也称“班禅塔”。

清净化城塔正面（田毅/摄）

南石牌坊和清净化城塔（田毅/摄）

西黄寺创建于清顺治九年（1652），是顺治帝为西藏黄教领袖达赖五世所建驻锡之所，雍正元年（1723）有大规模重修。乾隆四十五年（1780）班禅六世抵京驻西黄寺，同年因染天花在西黄寺圆寂。乾隆四十七年（1782），为纪念班禅六世，乾隆“诏命于寺之西偏建清净化城塔及塔院”。清净化城塔形制为印度佛陀迦耶式，即大塔四角建小塔。中间主塔为覆钵式，类似藏式喇嘛塔，高16米。

塔身石刻细节（刘雷 / 摄）

塔基为二层八角须弥座，基座雕饰有莲花、卷草、彩云，坐佛和金刚力士像等。塔身正面辟佛龛，龛内浮雕三世佛，佛龛两侧分别雕八尊菩萨立像。塔身之上为相轮和鎏金塔刹。

主塔四隅各有一高约 7 米的密檐式经幢，上刻经咒，并有“乾隆四十九年”纪年。石塔前后各建有一座四柱三楼汉白玉石牌坊。清净化城塔集印度、西藏与汉民族文化于一体，堪称清代佛塔建筑的杰作。

北石牌坊及慧香阁（田毅 / 摄）

建筑年代石刻（刘雷 / 摄）

崇礼住宅（国三）

远眺崇礼住宅（失重的梁柱 / 摄）

地　址	东城区东四街道东四六条东 63 号、西 65 号
开放时间	不开放
收费情况	无

崇礼住宅是清光绪年间大学士崇礼及其侄之宅，是一座典型的晚清大型四合院建筑群，民国时号称“东城之冠”。崇礼住宅坐北朝南，由三个并联的四合院组成，东路、西路均是有四进院落的住宅，中路为花园，各路自成一体又相互连通。现中路花园门已经封闭，形成东 63 号和西 65 号两个院落，均为民宅。

中路一进院北房（郑直 / 摄）

装饰细节（当年公瑾 / 摄）

定静堂（当年公瑾 / 摄）

圆亭（当年公瑾 / 摄）

东院广亮大门接倒座房，第一进院北房明间为过道门，后院有正房并配之以厢房及一殿一卷式垂花门，各房之间有游廊相接。中路花园区第一进院北房建于假山上。二进院北房为定静堂，前出六檩卷棚抱厦三间，木构架上绘箍头彩画。两侧有耳房各两间。该院西侧有一半面歇山式西房，背依西院两卷勾连搭房的东墙。三进院有北房、假山叠石，其上建圆顶亭子。四进院是祠堂，明间有门枕石一对。西院为金柱大门接倒座房，大门外有一字影壁，门内有照壁，雕刻有精美花卉图案。一进院北房为五间过厅。二进院内正房三间，带前后廊。正厢之间有转角廊，房门裙板上均雕“五蝠捧寿”图案。此院带有东西跨院各一，西跨院南房内有清代著名书法家邓石如题写苏东坡诗句的硬木隔扇，今日仍保存完好。进第三进院垂花门为内宅，抄手游廊连接正房和厢房、耳房。

可园（国五）

远观可园（失重的梁柱 / 摄）

地　址	东城区交道口街道帽儿胡同
开放时间	不开放
收费情况	无

可园是清末大学士文煜的宅园。文煜，字星岩，满洲正蓝旗，道光、咸丰、同治年间先后任刑部侍郎、山东巡抚、直隶总督、总管内务府大臣等要职。光绪年间授协办大学士、拜武英殿大学士，光绪十年（1884）卒，赠太子太保，谥号“文达”。

此宅园落成于咸丰十一年（1861），也就是文煜任直隶总督时所建。文煜死后其后人将此宅售与北洋政府要员冯国璋，日伪时期归伪军司令张岚峰所有，新中国成立后曾是朝鲜驻华大使馆所在地。

可园分东、西两部分，其中帽儿胡同7、9号为东部的花园部分，11、13号为西部的住宅部分，共同形成五路并排的大型宅园。花园分前后两院，并通过东部游廊贯通。前院以水池为中心，有石桥、六角凉亭、方亭、八角半亭、敞轩等建筑，玲珑透石、日晷、剑石等小品点缀其间，刻有“可园”园名志和园记的碑文，镶嵌于剑石座下。

后院以假山为中心，东部假山上有歇山顶敞轩一座，为园中最高点，可俯瞰全园。此外，园中还有多处匾额和题刻，体现了主人的文化修养。

安徽会馆（国六）

安徽会馆戏楼南部（陈亮／摄）

地　址	西城区椿树街道后孙公园胡同 25 号
开放时间	暂不开放
收费情况	无

安徽会馆是北京清末建设的规模最大的会馆，也是京城最著名的会馆之一，建于清同治十年（1871），由李鸿章、李瀚章等淮军将领集资修建，后有两次扩建一次重修，馆址是明末清初著名学者孙承泽寓所“孙公园”的一部分。安徽会馆曾是康有为等维新党人的活动场所，光绪二十六年（1900）会馆被八国联军侵占，作为德军的司令部。

安徽会馆南门（郑直 / 摄）

安徽会馆坐北朝南，分为中、东、西三路庭院，每路皆为四进。各路庭院间隔以夹道，最北部为一座约两亩面积、有假山亭阁和池塘小桥的花园，现花园大部已毁。中路为节日聚会、议事、酬神演戏的场所，主体建筑为正房文聚堂和戏楼，会馆大门位于中路最南端。东路为乡贤祠，有思敬堂、奎光阁，东夹道设箭亭。西路为接待居住用房，隔壁为泉郡会馆。

戏楼北部（刘雷 / 摄）

戏楼内部（当年公瑾 / 摄）

戏楼是安徽会馆规模最大的建筑，面阔五间，双卷勾连搭悬山顶。戏台在南面，后接扮戏房五间，其余三面为楼座，外观为重檐式，能容纳三四百人看戏。戏楼北面为神楼五间，再后为花园遗存“碧玲珑馆”。

碧玲珑馆（陈亮 / 摄）

北京湖广会馆（国八）

北京湖广会馆东门（刘远航/摄）

地址	西城区陶然亭街道虎坊路3号
开放时间	暂不开放
收费情况	无

北京湖广会馆是清代湖南、湖北两省旅京人士修建的试馆，主要接待来京赶考的举人和在京等待任命的官员，兼顾同乡寄寓或岁时聚会。嘉庆十二年（1807）捐为会馆，道光和光绪年间多次重修。

俯瞰北京湖广会馆（失重的梁柱 / 摄）

乡贤祠和文昌阁（赵伯晟 / 摄）

戏楼内部（赵伯晟 / 摄）

会馆坐北朝南，分东、中、西三路，主要建筑分布在中路，自南向北分别是戏楼、乡贤祠、文昌阁、风雨怀人馆等（后三处均在一座建筑内）。其中戏楼为 11 架大梁，跨度长达 11.36 米，是会馆“四大戏楼”之一。1912 年孙中山曾五次到湖广会馆发表演说，并在此地宣告国民党成立。谭鑫培、余叔岩、梅兰芳、程砚秋等京剧名家常在此演出。

爨底下村古建筑群（国六）

爨底下村古建筑群全景（莎萝蔓蛇 / 摄）

地　　址	门头沟区斋堂镇爨底下村
开放时间	全天
收费情况	收费

爨底下村是清前期重要的村落文化建筑遗址，因位于明景泰二年（1451）设立的“爨里安口”关口下方而得名。爨底下村民居以清代四合院为主，兼有少量三合院，有200余间房屋在抗战时期被日军烧毁，至今残存废墟。现存院落70余座，房屋600余间。民居因地形排列，高低错落，以村北馒头山包为中心，形成南北轴线，呈扇面状向下延展，一条蜿蜒的街道把村落分为上下两部分。

村貌局部（张开元 / 摄）

双店院（刘远航 / 摄）

主要院落包括广亮院、石甬居、双店院及爨底下村 25 号院等。

石甬居（刘远航 / 摄）

南堂（国四）

远眺南堂（失重的梁柱 / 摄）

地　址	西城区西长安街街道前门西大街 141 号
开放时间	不开放
收费情况	无

南堂，又名宣武门堂，是北京城四大天主教堂之一。始建于明万历三十三年（1605），由意大利传教士利玛窦创建。清顺治七年（1650）由德国传教士汤若望将其扩建为城内第一大教堂。后历经数次磨难，分别在康熙、雍正、乾隆、光绪年间进行了四次重建，建筑形式也从中国传统宅院逐渐转化为西洋古典风格教堂。

南堂大门（赵伯晟/摄）

南堂坐北朝南，平面呈长方形，砖木结构，木质三角桁架屋顶。墙面为青砖砌筑，山墙两侧为卷涡收头式，顶部山花为巴洛克风格。大堂前东西两侧墙壁上各嵌有一通石碑，东侧为清顺治十四年（1657）二月立《御制天主教堂碑记》，西侧碑文记述了利玛窦和汤若望两人事迹及建堂历史。

南堂侧面全景（田毅/摄）

南堂南立面（郑直/摄）

清《御制天主教堂碑记》碑（刘雷/摄）

南堂内部（郑直/摄）

堂内四周装饰有五彩玻璃大窗，正中为耶稣主祭台，北部为钟楼。南堂还有天文台、藏书楼、仪器室和教士住宅等附属建筑。教堂西侧司铎院是首善书院和历局遗址，明天启二年（1622）都察院左都御史邹元标和副都御史冯从吾曾在此讲学，后礼部尚书徐光启在此修历，清代改为时宪书局。

卢沟桥（包括宛平县城）（刘莹莹 / 绘）

第四章 近现代重要史迹及代表性建筑

截至2022年的数据统计，北京市范围内市级以上的近现代重要史迹及代表性建筑类文物保护单位数量为123处。其中，国保43处，市保80处。

在中国步入近代后的七十余年内，伴随着一系列近代化运动的开展，清政府兴建了大量近代建筑。京师大学堂建筑遗存（市四）是戊戌变法的历史见证和马克思主义传入中国的早期实证；清华大学早期建筑（国五）、京师大学堂分科大学旧址（国六）、京师女子师范学堂旧址（国六）都是清末发展教育事业的重要遗存；清陆军部和海军部旧址（国六）是立宪运动留下的优秀西式政府建筑，又是“三一八”惨案的发生地；京张铁路南口段至八达岭段（国七）则是中国人自主发展铁路事业的不朽篇章。

北洋政府时期北京仍然是中国的首都，北京国会旧址（国六）反映了这一时期模仿西方政治制度的尝试。这一时期北京的革命活动风起云涌，留下了新文化运动的重要史迹陈独秀旧居（市六）和李大钊旧居（国七）、“五四”运动的策源地北京大学红楼（国一）、中国共产党领导工人运动的见证长辛店“二七”大罢工旧址（国七）等重要革命遗址。

南京国民政府时期，北京文化中心的地位依然保留，北平图书馆旧址（国六）、北京大学地质学馆旧址（国七）等均为这一时期文化教育事业的重要遗存。

抗日战争时期，卢沟桥（国一）是“七七”事变的发生地，焦庄户地道战遗址（国七）也是重要的抗战遗存。解放战争时期，双清别墅（国八）成为新民主主义革命取得伟大胜利的历史见证。

在北京走向近代化的过程中，外国传教士进入中国传教，留下了西什库教堂（国六）、东堂（国七）、亚斯立堂（国六）、基督教中华圣公会教堂（国七）、基督教中华圣经会北京分会旧址（国七）等宗教建筑以及未名湖燕园建筑（国五）、辅仁大学本部旧址（国七）、通州近代学校建筑群（国七）、盛新中学与佑贞女中旧址（国七）等一大批优秀的近代学校建筑。

近代以来，无数历史名人在北京留下了自己的足迹，北京鲁迅旧居（国六）、郭沫若故居（国三）、北京宋庆龄故居（国二）、梅兰芳旧居（国七）均为北京的重要名人故居建筑。

新中国成立后，北京成为新中国的首都。天安门（国一）见证了中华人民共和国开国大典；人民英雄纪念碑（国一）、八宝山革命公墓（国七）为新中国成立后修建的优秀革命纪念建筑物；原子能“一堆一器”旧址（国八）和北京站车站大楼（国八）则是新中国重要的工业遗产。

天安门（国一）

天安门南侧夜景（田毅/摄）

地　　址	东城区东华门街道天安门广场北侧
开放时间	城楼暂不开放
收费情况	无

天安门是北京明清皇城的正门，始建于明永乐十五年（1417），原名承天门。明天顺元年（1457）毁于火。明成化元年（1465）重建。清顺治八年（1651）改建后称天安门。明清时是皇帝颁发诏令及一系列重大典礼的必经之地。民国时期天安门见证了“五四”运动等一系列爱国民主运动。1949 年 10 月 1 日，中华人民共和国开国大典在此举行。现在天安门仍是重大节日举行典礼之处。

天安门华表细节（田毅 / 摄）

城楼下有城门五阙，前有外金水桥，五座汉白玉石桥横跨河上。桥前有两对石狮和两座华表，华表刻有云纹和盘龙，技艺精湛，顶部为蹲兽，名“望天吼”。

天安门前石狮（刘雷 / 摄）

天安门北侧（刘雷 / 摄）

天安门重建碑（武冠利 / 摄）

天安门向日葵勾滴（李永涛 / 摄）

天安门坐北朝南，通高 34.7 米（原高 33.7 米，1970 年重建修缮改为现高），以汉白玉精雕的须弥座上建有 10 余米高的红色墩台，台上建楼，楼为重檐歇山式顶，上覆独特的向日葵图案黄琉璃瓦（1970 年重建时更换），面阔九间，进深五间，四面环廊。城楼两侧有登城马道。

人民英雄纪念碑（国一）

人民英雄纪念碑北面全景（田毅/摄）

地　　址	东城区东华门街道天安门广场
开放时间	天安门广场升旗前一小时到降旗结束
收费情况	免费

人民英雄纪念碑为纪念为中国革命事业牺牲的先烈而建立。1949 年 9 月 30 日，中国人民政治协商会议第一届全体会议通过在天安门广场修建人民英雄纪念碑的决议。当天下午，毛泽东率全体政协委员为纪念碑举行了奠基典礼。著名建筑学家梁思成参与了纪念碑的设计工作。纪念碑于 1952 年 8 月 1 日动工，1958 年 4 月建成，同年 5 月 1 日隆重揭幕。

人民英雄纪念碑南面碑文（田毅 / 摄）

人民英雄纪念碑坐南朝北，通高 37.94 米，共使用 17000 多块花岗岩和汉白玉，是我国历史上最大的纪念碑。纪念碑平面呈方形，由两层月台、两层须弥座、碑身和碑顶组成。碑心是一块长 14.7 米、宽 2.9 米、厚 1 米的大型花岗石，正面镌刻毛泽东题：人民英雄永垂不朽；背面为毛泽东起草、周恩来题写的碑文。

“胜利渡长江”浮雕（杨虎/摄）

束腰部分刻有“虎门销烟”“金田起义”“武昌起义”“五四运动”“五卅运动”“南昌起义”“抗日游击战”和“胜利渡长江”等八幅反映近现代中国革命史实的浮雕。另有两幅以“支援前线”和“欢迎人民解放军”为题的装饰性浮雕。

夜景（失重的梁柱/摄）

北京大学红楼（国一）

远眺北京大学红楼（失重的梁柱/摄）

地　址	东城区东华门街道五四大街29号
开放时间	9:00—17:00（周一闭馆）
收费情况	免费

北京大学红楼，原为北京大学一院，是“五四”运动纪念地。红楼始建于1916年，由比商仪品公司和中法实业公司共同负责建造，1918年落成，因该楼墙体主要部分均用红砖砌筑，故俗称“红楼”。原用作北京大学学生宿舍，后改为校部，并作为图书馆和文科教室，地下室为印刷厂。

北大红楼正门（刘雷/摄）

红楼平面呈工字形，地上四层，地下一层。建筑为砖木结构，造型为简化的西洋古典风格。底层青砖墙，水平腰线以下，以宽大的水平凹线强调其厚重感。二至四层为红砖墙，青砖窗套，转角部分以“五出五进”青砖做隅石处理。檐部以西式托檐石挑出。南立面中央部分墙体微向前凸，顶部上折成西式三角形山花，窗户为一大二窄的三联窗。底部入口为塔司干柱式的门廊。内部一层为图书馆，二层是教室及行政办公室和大教室，三、四层全部为教室。

北京大学红楼是“五四”运动的策源地。1919 年 5 月 4 日的反帝大游行，就是从红楼北侧的民主广场集合出发的。1919 年，李大钊、邓中夏等在红楼成立马克思主义研究会，后来成立共产主义小组。中国共产党成立以后，中共北方局和中国社会主义青年团办公地点曾一度设在红楼，1918 年 8 月毛泽东初次来北京时，曾在北大图书馆任助理员。

1937 年北京沦陷后，红楼被日本宪兵部队占用，地下室曾被用作囚禁、迫害爱国志士的监狱。1945 年日本投降后，红楼又成为北大校舍。1952 年院校调整后，北京大学迁至海淀区原燕京大学旧址。

“五四”运动筹备室（刘雷 / 摄）

李大钊办公室（刘雷 / 摄）

双清别墅（国八）

双清别墅大门（刘雷 / 摄）

地　　址	海淀区香山街道香山公园内
开放时间	9:00—16:00
收费情况	收费

双清别墅（卓荦 / 摄）

双清别墅是筹建新中国的历史见证地，原为清乾隆十年（1745）所建的“松坞云庄”，因石隙中有双泉流下，乾隆曾题刻“双清”二字。熊希龄于 1917 年在此修建别墅，得名“双清别墅”。1949 年 3 月 25 日，中共中央、人民解放军总部从河北平山西柏坡迁至北平，暂驻香山，毛泽东在双清别墅居住和办公，朱德、刘少奇、周恩来、任弼时等四大书记在来青轩办公并居住。1949 年 3 月 25 日—8 月 23 日，毛泽东在这里指挥渡江战役，筹备新政协，发表了《论人民民主专政》《南京政府向何处去？》等重要文章。

上院（刘雷/摄）

双清别墅，包括上、下两院。上院为一座五开间单层建筑；下院主体建筑面阔三间，东、西耳房各三间，内有办公室、会议室、卧室、餐厅等，院内还有一组平面呈“L”形的单层建筑以及六角亭、院门、防空洞、假山石、水池、石屏、经幢、栖云楼遗址等。

乾隆御笔“双清”（刘雷/摄）

六角亭（郑直/摄）

石屏（刘雷 / 摄）

来青轩山门（郑直 / 摄）

来青轩位于香山寺北侧，清代为静宜园二十八景之一，清咸丰十年（1860）被焚毁，民国时期建成近现代建筑样式。1926 年 3 月香山慈幼院部分学生迁居此处。

来青轩（郑直 / 摄）

孙中山行馆（国六）

孙中山行馆大门（刘雷 / 摄）

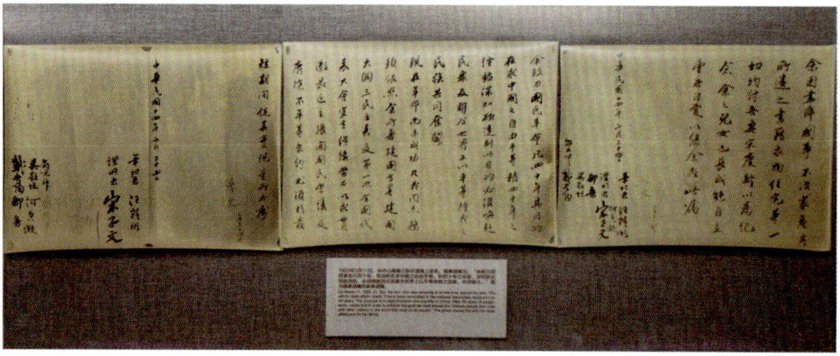

孙中山遗嘱（刘雷 / 摄）

地　址	东城区交道口街道张自忠路 23 号
开放时间	不开放
收费情况	无

孙中山行馆原为民国外交总长顾维钧宅。孙中山先生 1924 年年底扶病来京讨论国是，临时住此宅西路二进院北房。

1925 年 2 月 24 日，孙中山先生在此口授遗嘱及致苏联遗书，3 月 11 日，召见汪精卫、戴季陶、何香凝等人，在遗嘱上签字。1925 年 3 月 12 日上午 9 时 25 分，孙中山先生在此逝世，治丧委员会决定在孙中山先生居室门口悬挂“孙中山先生逝世纪念室”匾。

孙中山行馆坐北朝南，大门三间，灰筒瓦过垄脊屋面。内有三进院落，西路住宅，东路花园，房屋均为砖木结构，四周绕以回廊，硬山合瓦清水脊屋面。

孙中山先生生前所住房间分内外套间，去世后外间西墙上镶有一长方形汉白玉刻石，上刻“中华民国十四年（1925）三月十二日上午九时二十五分孙中山先生在此寿终”。刻石上方悬挂孙中山像，右边镜框内为《总理遗嘱》，左边镜框内为《致苏联书》，条案上放着《建国方略》《中山全书》等。

孙中山行馆局部（刘雷/摄）

卢沟桥（包括宛平县城）（国一）

卢沟晓月碑和威严门（刘远航 / 摄）

地　址	丰台区宛平街道城南街
开放时间	7:00—18:00
收费情况	卢沟桥收费，宛平城免费

卢沟桥是北京市现存最早的联拱石桥，横跨于永定河之上。始建于金大定二十九年（1189），明昌三年（1192）建成。由于马可·波罗在《马可·波罗游记》中对卢沟桥有详细的记述，因此卢沟桥在欧洲又被称为马可·波罗桥。卢沟桥两端入桥口上立有石华表4座和清代石碑4通，石碑中最著名者为乾隆御题“燕京八景”之一的卢沟晓月碑。

石狮子（刘远航 / 摄）

卢沟桥全景（田毅 / 摄）

卢沟桥东西走向，共有桥墩 10 个、券洞 11 个、栏板 279 块、望柱 281 根。桥体的基础系由数根铁柱打入永定河底的卵石层中，铁柱上面穿入巨石连为一体，上砌船形桥墩。桥墩北端迎水面砌作分水尖，其顶部安置一根三角形铁柱，俗称“斩龙剑”，用以迎击洪水和冰块，保护桥墩，在分水尖上砌有六层压面石，保证了石桥的整体平衡。桥中心有 3 个券洞的拱心保留了龙头石刻。古桥形制基本保持原状，桥基、桥身部分构件及部分石雕仍为金代原物。

卢沟桥石狮以千姿百态、数量繁多而著称，1962 年文物部门统计有 485 只，21 世纪重修后为 501 只。这些石狮除有少量金代原物外，元、明、清及新中国成立后均有补雕。

卢沟桥（那蓝 / 摄）

顺治门（刘远航 / 摄）

宛平城在卢沟桥东，始建于明末，明清时期作为军营屯兵之所，是华北地区保存较完整的军事卫城之一。宛平城有东西两座城门，东曰“顺治”，西曰“威严”，二门均设城楼和瓮城。城墙四角建有角台，上设角楼下设辅房。

弹坑（桂立新 / 摄）

卢沟桥不仅历史悠久，而且是中国人民英勇抗击日本帝国主义侵略的纪念地。1937 年日军炮击卢沟桥和宛平城，发起全面侵华战争，史称“七七”事变，中国全面抗日战争从此开始。宛平城城墙上至今可见“七七”事变留下的弹坑。

弹坑（卓苹 / 摄）

长辛店『二七』大罢工旧址（国七）

“二七”机车厂近代建筑遗存（刘雷 / 摄）

礼堂（刘雷 / 摄）

地　址	丰台区长辛店街道
开放时间	工人俱乐部旧址不开放，其余全天开放或预约开放
收费情况	免费

比利时小楼（刘雷 / 摄）

长辛店“二七”大罢工旧址是京汉铁路工人大罢工发生地，该次罢工是中国共产党领导的第一次工人运动高潮中规模最大、最有影响的一次。1922年8月，中共长辛店支部成立，成为京汉铁路最早的基层组织，同月爆发长辛店铁路工人罢工，成为北方铁路工人罢工的起点。1923年2月1日，长辛店铁路工人代表在郑州参加京汉铁路总工会成立大会，遭到地方当局的武力破坏。4日，京汉铁路工人举行全线大罢工，北起长辛店，南至汉口，使长达1000多公里的京汉铁路瘫痪。2月7日，汉口工会代表和工人万余人举行游行示威。北京长辛店铁路工人响应，遭到当局血腥镇压，共有52位先烈在“二七”大罢工中英勇牺牲。

“二七”机车厂近代建筑遗存　卢汉铁路长辛店机车厂成立于1901年。1918—1919年长辛店留法勤工俭学预备班学生在此实习，毛泽东曾多次来到长辛店，深入工厂车间，了解产业工人状况。1923年2月4日，长辛店工人在此参加京汉铁路工人大罢工。现存法式建筑风格别墅6栋、比利时建筑风格别墅1栋、厂房1处。

劳动补习学校旧址（刘雷 / 摄）

劳动补习学校旧址教室（刘雷 / 摄）

劳动补习学校旧址 1920年北京共产主义小组成立后，邓中夏来这里建立劳动补习学校，在铁路工人中进行革命宣传活动。1921年1月开学，教员主要由北京的共产党早期组织派驻。学校从提高工人文化程度着手，进而开展马克思主义宣传，启发工人阶级觉悟，培养工人骨干，成为中国共产党早期马克思主义同中国工人运动相结合的重要阵地。同年5月京汉路长辛店铁路工人会成立后，此处成为办公地点。旧址为小型三合院，上房（东房）三间，南、北厢房各三间。

长辛店留法勤工俭学预备班旧址（郑直/摄）

长辛店留法勤工俭学预备班旧址校长办公室（刘雷/摄）

长辛店留法勤工俭学预备班旧址 原为京汉铁路局火车房总管郭长泰住宅，1918 年华法教育会蔡元培、李石曾等人在此创立留法勤工俭学预备班——北京大学附设高等法文专修馆长辛店分馆工业科，成为当时国内唯一一处在工厂勤工俭学的预备班，学员中有蔡和森、李富春、何长工等人。毛泽东曾多次到此了解留法预备班学员的学习、工作和生活情况。1919 年末预备班结束，学员前往法国。建筑为一座二层法式小楼，坡屋顶，清水砖墙，间以红砖砌横线。

警察局驻地旧址（火神庙山门）（刘雷 / 摄）

警察局驻地旧址（火神庙正殿）（刘雷 / 摄）

警察局驻地旧址 原为火神庙，建于明代，“二七”大罢工时为警察局驻地，反动军警在此指挥镇压罢工运动。1923 年 2 月 6 日夜，工会领导人史文彬等人被反动军警拘押在此。2 月 7 日上午，反动军警在此枪杀工人纠察队队长葛树贵等人。现存山门三间，砖砌仿木结构，歇山顶，门匾刻有“敕建延祚善庆宫”；正殿三间，硬山顶。

工人夜班通俗学校旧址（刘雷 / 摄）

工人夜班通俗学校旧址 原为娘娘宫，1920 年初工人运动骨干史文彬、陶善琮等人创办的夜班通俗学校迁至该处，邓中夏带领的北京大学平民教育讲演团也常来此宣传。1921 年 5 月 1 日，长辛店铁路工人在此举行庆祝“五一”国际劳动节大会，大会宣布成立“京汉路长辛店铁路工人会”。1922 年 8 月罢工和 1923 年“二七”大罢工都曾在此召开大会。现仅存北配殿五间。

工人夜班通俗学校旧址教室（刘雷 / 摄）

长辛店工人俱乐部旧址（郑直 / 摄）

京汉铁路总工会长辛店分工会锦旗（刘雷 / 摄）

长辛店工人俱乐部旧址 原为刘家铁铺，1921 年 10 月，长辛店铁路工人会改组为长辛店工人俱乐部，迁至此处。1922 年 4 月 9 日，在此召开了京汉铁路总工会第一次筹备会，并组织了纠察队、调查团、讲演团等。1922 年 8 月罢工和“二七”大罢工中，这里是中国共产党领导罢工斗争的指挥部。“二七”大罢工失败后被军警封闭。旧址为小型四合院，一进院落，大门面阔一间，门两侧倒座房各两间，院内上房（东房）五间，南、北厢房各三间。

“二七”烈士墓（郑直 / 摄）

“二七”烈士墓简介台（刘雷 / 摄）

“二七”烈士墓 建于1966年7月，安葬着吴祯和葛树贵两位烈士的遗骨。吴祯，“二七”大罢工时为调查团团长，为工人俱乐部收集大量情报，1923年2月6日晚被捕，解送保定监狱后坚贞不屈，终被折磨致死。葛树贵，“二七”大罢工时为纠察队队长，2月7日上午率领2000多名工人去火神庙，向警察局索要被捕的俱乐部委员，在与军警搏斗中站在最前列，头部受重伤身亡。墓呈长方形，砖石水泥结构，墓前立有墓碑。

辛亥滦州起义纪念园（国六）

园门（自在香山 / 摄）

石幢和石屏（自在香山 / 摄）

地　址	海淀区温泉镇北京老年医院内
开放时间	全天开放
收费情况	免费

纪念塔塔台（刘雷/摄）

辛亥滦州起义纪念园是为纪念1912年滦州起义中的死难烈士而建，由冯玉祥等人于1936发起并赞助，1937年5月26日举行落成典礼，并在此举行了国葬。

纪念园坐北朝南，顺山势依次排列有冯玉祥所撰额联的园门，辛亥滦州革命诸先烈纪念碑，刻有“辛亥滦州革命先烈衣冠冢”和王金铭、施从云、白雅雨等14位烈士姓名的石幢及石屏，冯玉祥用仿汉隶体手书《大道之行也》摩崖石刻，以及作为纪念园主体的纪念塔。

纪念塔为白石砌成的八角七层实心密檐式塔，高12.2米，须弥座八面上雕刻着“勇继黄岗，英光万古，气壮山河，光同日月，浩气凌霄，功垂不朽，彰勋阐烈，舍生取义”题字。塔身雕刻冯玉祥署名的“辛亥滦州革命先烈纪念塔”题字和冯玉祥、邹鲁、居正、于右任所作铭文。塔檐以灰筒瓦铺砌，檐间各面均饰有青天白日徽。塔顶是由二层八角形须弥座承托着的铜制鎏金覆钵式塔刹。塔台前面雕刻冯玉祥手书“精神不死”四个大字，后面刻铭“浩气长存”。

摩崖石刻（自在香山 / 摄）

塔铭（自在香山 / 摄）

纪念塔（自在香山 / 摄）

北京鲁迅旧居（国六）

鲁迅旧居大门（刘雷 / 摄）

北房（刘雷 / 摄）

地　址	西城区新街口街道阜成门内宫门口二条 19 号北京鲁迅博物馆内
开放时间	9:00—16:00（周一闭馆）
收费情况	免费

“老虎尾巴”（刘雷 / 摄）

北京鲁迅旧居是鲁迅先生于 1924 年 5 月至 1926 年 8 月的居所，为鲁迅先生亲自设计改建。鲁迅在此写下《野草》《华盖集》等文集中的大部分作品，以及《记念刘和珍君》等文章。旧居为一座小型四合院。北房三间，其中东间是鲁迅母亲的住房，西间是鲁迅原配夫人朱安的卧室，明间是全家人起居和用餐之处，明间后接出一间平顶的房子，鲁迅称它为“老虎尾巴”“绿林书屋”，这间小屋是鲁迅的卧室和工作室，他在此著有《野草》《彷徨》等。南房是一大一小的套间，是书房和会客室。东厢房是女工住室，西厢房是厨房。

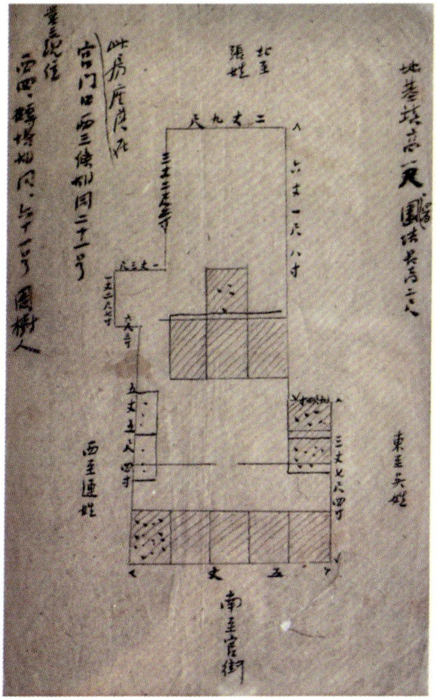

鲁迅先生手绘平面图（刘雷 / 摄）

室内陈设（骆欢 / 摄）

李大钊旧居（国七）

李大钊旧居全景（失重的梁柱 / 摄）

地　　址	北京市西城区金融街街道文华胡同 24 号
开放时间	9:00—12:00、14:00—16:00（周一、周二闭馆）
收费情况	免费

李大钊旧居为中国共产党创始人之一李大钊 1920 年春至 1924 年 1 月在京居住的寓所，为民国时期三合院，硬山顶合瓦屋面。分为南、北两个院落，李大钊一家在北院居住。

北房（刘远航／摄）

北院有正房三间，东西耳房各两间，东西厢房各三间。正房东间是卧室，中间餐厅，西间为子女读书处；西厢房三间做书房和会客厅，东厢房三间为长子李葆华卧室及客房，东西耳房为其余子女的卧室。李大钊在此居住期间，与邓中夏、陈独秀等秘密组建了马克思学说研究会，成立北京共产党小组，宣传马克思主义，发表了大量文章。

北房和东西厢房（田毅／摄）

北房堂屋内景（田毅/摄）

西厢房（李大钊书房）内景（田毅/摄）

北京宋庆龄故居（国二一）

北京宋庆龄故居大门（刘雷 / 摄）

主楼和前厅“濠梁乐趣”（桂立新 / 摄）

地　址	西城区什刹海街道后海北沿 46 号
开放时间	9:00—17:00（周一闭馆）
收费情况	收费

后厅“畅襟斋”和剑石（刘雷 / 摄）

主楼二层的宋庆龄卧室兼办公室陈设（刘雷 / 摄）

北京宋庆龄故居是中华人民共和国的缔造者之一、中华人民共和国名誉主席宋庆龄晚年寓所，在原醇亲王府花园基础上改建。宋庆龄 1963 年迁居于此，工作、生活到 1981 年逝世。主体建筑位于四水环抱的岛屿之上，包括前厅“濠梁乐趣”、后厅“畅襟斋”、东厢房“观花室”、西厢房“听鹂轩”和 1961 年修建的主楼。

东厢房“观花室”（刘雷/摄）

箑亭（刘雷/摄）

南楼（刘雷 / 摄）

南岸有篴亭、南楼、听雨屋等古建筑，主体建筑与南楼之间有长廊相连，长廊中部建有恩波亭。

恩波亭（桂立新 / 摄）

郭沫若故居（国三）

北房（郑直/摄）

垂花门（马力/摄）

郭沫若故居是中国杰出作家、戏剧家、历史学家和古文字学家郭沫若的晚年寓所，原为清代乾隆时期权相和珅的花园，清同治时为恭亲王奕訢府的马号。民国年间，恭亲王的后代将此处卖给达仁堂乐家药铺的乐松山，改建为宅院。中华人民共和国成立后，这里先后成为蒙古驻华使馆所在地和宋庆龄寓所，1963年郭沫若由西四大院胡同迁此居住直到1978年逝世。

地　址	西城区什刹海街道前海西街18号
开放时间	9:00—16:30（周一闭馆）
收费情况	收费

书房（刘远航/摄）

郭沫若铜像（刘远航/摄）

郭沫若故居为一座大型四合院，坐北朝南，三间一启式王府大门坐西朝东，东侧建有砖砌一字影壁。故居为两进院落，前院为办公区，后院为生活居住区。第一进院南面为一殿一卷式垂花门，院内有正房五间，是郭沫若的会客室、工作室、书房和卧室。正房东、西附耳房各一间，东、西厢房各三间，各建筑之间均有游廊相连接。第二进院有房十一间，是郭沫若夫人于立群的书画室和卧室。四合院西侧还有一排房，是郭沫若存放手稿和藏书的书库。故居东跨院内另有北房两间。

梅兰芳旧居（国七）

梅兰芳旧居大门（田毅 / 摄）

北房会客室螺钿落地镜细节（田毅 / 摄）

梅兰芳旧居是著名京剧表演艺术大师梅兰芳一家 1951—1961 年在北京的住所，原为庆王府马厩旧址，民国时期，禁烟总局曾设立于此。

梅兰芳旧居坐北朝南，二进院落。东南隅开蛮子门，大门上悬挂着邓小平同志亲笔书写的“梅兰芳纪念馆”匾额。大门内的青砖灰瓦大影壁前，安放着梅兰芳先生的汉白玉半身塑像。倒座房为梅兰芳先生所建。二门内北房正中明间是小客厅，西侧是书房“缀玉轩”，内藏剧本多为善本、孤本，东侧为起居室。

地　址	西城区什刹海街道护国寺大街 9 号
开放时间	9:00—16:30（周一闭馆）
收费情况	收费

木影壁（刘远航 / 摄）

北房会客室原状陈列（田毅 / 摄）

院中立有一座精美的木影壁，为北京四合院中为数不多的木影壁遗存之一。西侧另有一跨院，有西房数间。东厢房原为梅兰芳先生之女梅葆玥的居所及梅兰芳先生的家庭餐厅，西厢房原为梅兰芳先生长子梅葆琛一家居住。

清陆军部和海军部旧址（国六）

远眺清陆军部和海军部旧址（失重的梁柱 / 摄）

地　　址	东城区交道口街道张自忠路 3 号
开放时间	不开放
收费情况	无

清陆军部和海军部旧址原为清代陆军部和海军部办公机构，始建于清光绪三十二年（1906），宣统元年（1909）建成，由留英建筑师沈琪主持设计，中国营造厂施工建造。该处旧址前身为和亲王府、贝勒斐苏府。1906 年，清政府宣布“预备立宪”，原兵部与练兵处合并为陆军部，于此新建办公楼群。1910 年 12 月成立海军部，将陆军部东侧建于 1907 年的贵胄学堂改为办公楼，二部共用一座大门。

清陆军部和海军部旧址大门（田毅 / 摄）

旧址大门为面阔五间的悬山顶衙署大门，门后正对陆军部主楼。陆军部主楼为西洋古典形式，坐北朝南，正中突起一城堡形的四层钟楼，用砖砌西洋柱式和拱券形成四周外廊，入口处搭铁罩棚。

陆军部旧址主楼（田毅 / 摄）

陆军部旧址雪景（失重的梁柱 / 摄）

主楼为灰砖清水墙面，券柱上布满砖雕，题材为中式传统花纹。建筑采用三角桁架，铁皮屋顶，檐口为雉堞形女墙。主楼后有东西配楼和后楼，装饰简洁，外廊用白灰板壁与拱券组合。

陆军部旧址东配楼（赵伯晟 / 摄）

海军部旧址中楼（任昱/摄）

海军部为二层清水墙用灰砖砌筑，主楼为西洋古典形式，南立面用巴洛克山花构图装饰，砖砌拱券外廊。主楼、侧楼和后楼连为四合布局，内院一面为通长木外廊，主楼和后楼之间建有中楼。

海军部旧址（任昱/摄）

海军部旧址配楼（任昱 / 摄）

1912年该建筑群成为总统府和国务院办公地。1926年3月18日在大门前发生了震惊中外的“三一八”惨案，现立有纪念碑。抗日战争胜利后，此处改为国民党十一战区长官司令部。1949年后成为中国人民大学校舍。

海军部旧址主楼（赵伯晟 / 摄）

“三一八”惨案发生地纪念碑（田毅 / 摄）

清农事试验场旧址（国六）

清农事试验场旧址大门（刘雷 / 摄）

大门砖雕（刘雷 / 摄）

清农事试验场是清政府为宣传推广农业而在清皇家御园乐善园旧址上扩建而来，始建于清光绪三十二年（1906），清光绪三十四年（1908）竣工开放，此后屡有扩建。清农事试验场旧址现存建筑有畅观楼、鬯春堂、豳风堂、试验场大门及门内正楼和侧楼等。

试验场大门为砖造，仿文艺复兴券柱式，坐北朝南，正面三门，门垛上方镌刻着二龙戏珠图案。门内正楼及侧楼为二层砖木结构，折中主义形式，木外廊铁皮顶。

地　址	西城区展览路街道西直门外大街 137 号
开放时间	7:30—17:00
收费情况	收费

正楼（刘雷/摄）

侧楼（郑直/摄）

畅观楼（杨虎 / 摄）

西侧喷水铜狁（刘雷 / 摄）

畅观楼为清末时的皇室郊外行宫，砖木结构二层西洋式楼房，总体仿欧洲大府邸式建筑，装饰手法夹杂中国传统图案。畅观楼三面环水，楼前有一座白石小桥，桥南东西两侧各有一只喷水铜兽，东侧为铜狮，西侧为铜狁。

鬯春堂为传统三卷勾连搭形式，灰筒瓦，歇山带前后廊。

豳风堂面阔五间，堂外曾有游廊，现已改建。

东侧喷水铜狮（刘雷 / 摄）

邕春堂（刘雷 / 摄）

豳风堂（刘雷 / 摄）

北京国会旧址（国六）

俯瞰北京国会旧址（失重的梁柱 / 摄）

地　　址	西城区金融街街道佟麟阁路 62 号
开放时间	不开放
收费情况	无

北京国会旧址是民国初年国会开会和办公的场所。原为清末的京师法律学堂和财政学堂，清政府“预备立宪”时改法律学堂为资政院。辛亥革命后，1912年在南京成立中华民国参议院作为南京临时政府的最高立法机构，4月5日随临时政府迁至北京。北京临时政府选定资政院为参议院地址，财政学堂为众议院地址。众议院国会议场由德国建筑师罗克格设计，1913年建成，同年4月8日正式国会成立。1924年10月北京政变后国会解散，1925年改为北京法政大学，1927年后合并为京师大学法学科，1945年8月为国民党东北行辕和熊式辉驻地，1946年7月改为北京大学第四院，现为新华社使用。

旧址现存国会议场、圆楼、仁义楼和礼智楼。国会议场平面呈正方形，高三层，东、西、南三面都有狭长的门厅，穿过门厅即为会议大厅。

会场内部（当年公瑾 / 摄）

大厅平面呈矩形，主席台设在北侧中央，场内座位按扇形布置，楼下共 674 个座位。会场二层东西南三面设坐席，共 314 个座位，作为旁听之用。

会场门窗（李海霞 / 摄）

会议大厅三层为一排采光高窗。建筑外表全部用灰砖清水墙，装饰简单，南立面顶部三角山花上原有“众议院”三字。

圆楼位于国会议场北侧，因楼内会议厅平面呈椭圆形而得名。圆楼地上二层，灰砖砌筑，三角桁架，楼内南部为三间休息室，北部为被一个半圆门厅围合着的会议室。

圆楼（刘雷 / 摄）

仁义楼（右）和礼智楼（左）（刘雷 / 摄）

仁义楼和礼智楼为议员起草宪法办公场所，位于国会议场以东，为两排二层带前廊的楼房（南为仁义楼，北为礼智楼），灰砖清水墙，三角桁架坡屋顶。

国民政府财政部印刷局旧址（国六）

国民政府财政部印刷局旧址外观（刘雷 / 摄）

大清银行兑换券（国家博物馆藏）（刘雷 / 摄）

地　　址	西城区白纸坊街道白纸坊路 23 号
开放时间	不开放
收费情况	无

二号门及钟楼（李雪梅/摄）

国民政府财政部印刷局前身为清末度支部印刷局，始建于光绪三十四年（1908），1915 年建成投入使用，辛亥革命后改称“财政部印刷局”，是中国采用雕刻版凹版设备印钞的第一家印钞厂。该局于建设期间的 1911 年 3 月 1 日印出钢版凹印钞票——大清银行兑换券，标志着中国成为当时为数不多的采用和掌握雕刻钢凹版印钞技艺的国家之一。

国民政府财政部印刷局旧址建筑为近代折中主义风格，现存建筑主要有二号门及钟楼、主工房大楼、水塔及三座二层小楼。二号门及钟楼坐南朝北，门道二层为钟楼基座，三层为四面钟楼，屋面为十字半圆拱顶，上置一旗杆。门道上部北面嵌有楷体阴刻“财政部印刷局”匾额。该址现为中国人民银行北京印钞厂。

主工房大楼（李雪梅/摄）

水塔（李雪梅/摄）

主工房大楼由美国华盛顿美尔奔营造公司设计，中国北京日商华胜建筑公司建造，共四层，平面呈“工”字形，钢筋水泥框架结构，灰砖清水墙面，造型简洁。大门出入口做重点装饰，以砖砌壁柱承托花岗岩檐部，檐上嵌楷体阴刻“财政部印刷局”字样。

三座小楼位于二号门东侧，为美国乡村别墅式建筑。

刻有总办、帮办、会办、局长、监造师姓名的奠基石（李雪梅 / 摄）

莫基石铭文（李雪梅 / 摄）

奠基石铭文内容：

美国华盛顿美尔奔营造公司绘图

中国北京日商华胜建筑公司建筑

Milburn Heister & Co.

Architects Washington D.C. USA

Hua Sheng Building Co.

Contractors Peking China

小楼（李雪梅 / 摄）

国立蒙藏学校旧址（国六）

国立蒙藏学校旧址（刘雷/摄）

国立蒙藏学校旧址为1913年中华民国蒙藏院开办的蒙藏学校所在地，原为明初的常州会馆，清初为吴三桂之子吴应熊和皇太极十四女恪纯公主的府邸，俗称驸马府。此后这里曾先后成为清右翼宗学、大学士裘曰修宅、镇国公绵德府、国立蒙藏学校等知名所在。

1923年秋李大钊、邓中夏等来校开展革命工作，1924年乌兰夫、奎壁、吉雅泰等一批进步学生成为第一批蒙古族共产党员，并在此组建了蒙古族的第一个党支部。

旧址坐北朝南，分东、西两院，主要建筑集中排列在中轴线上。西院三进，有府门、正殿、过厅、后殿，两侧有附属建筑。东院四进，1924年梁启超等人曾在此筹建松坡图书馆，现状多有改建。旧址内有古枣树一株，有“京都古枣第一株”之称。

地　　址	西城区西长安街街道小石虎胡同33号
开放时间	暂不开放
收费情况	无

东院建筑（刘雷 / 摄）

上马石细节（刘雷 / 摄）

古枣树（刘雷 / 摄）

北平图书馆旧址（国六）

北平图书馆旧址正门（赵伯晟 / 摄）

望瀛洲昆仑石（程尧 / 摄）

北平图书馆是北京近代第一座大规模图书馆的建筑遗存，前身为 1909 年清学部主持设立的京师图书馆。1925 年择定现址拟建新馆，美国建筑师莫律兰在公开征选设计方案中中标。1931 年 7 月，新馆正式定名为“国立北平图书馆”并对外开放。

北平图书馆是一组仿中国古典建筑，坐北朝南，正门为三间琉璃门座式，下身汉白玉石雕须弥座，上身灰墙，绿琉璃歇山顶。主楼为文津楼，坐北朝南，重檐庑殿顶，绿琉璃瓦屋面，汉白玉须弥座式栏杆，斗拱梁枋施以绿彩画。主楼平面呈“王”字形，地上两层，地下一层，由前楼、中楼、后楼、东西配殿及月台组成，楼间连以平顶连廊。主楼前的华表、昆仑石、石狮等均为圆明园遗物。

地　址	西城区什刹海街道文津街 7 号
开放时间	周二至周六 9:00—17:00，周一、周日闭馆（需提前预约）
收费情况	免费

文津楼（田毅 / 摄）

文津楼内景（刘雷 / 摄）

京张铁路南口段至八达岭段（国七）

俯瞰青龙桥车站（刘远航 / 摄）

地　　址	延庆区青龙桥火车站、昌平区南口火车站周边
开放时间	部分开放
收费情况	免费

京张铁路是我国自行设计、施工、建设的第一条干线铁路，是我国早期的工业遗存，在我国铁路建设史上具有重要地位。京张铁路南口段至八达岭段位于北京市昌平区南口至延庆区八达岭，1905 年 9 月开工修建，1909 年建成通车。包括南口火车站站房、南口机车车辆厂近现代建筑遗存、“之”字形折返线、青龙桥车站站房及职工宿舍和监工处、詹天佑墓及铜像等。

詹天佑铜像（田毅 / 摄）

詹天佑（1861.4—1919.4），广东南海人，清同治十一年（1872）考取公费赴美留学，光绪七年（1881）毕业于美国耶鲁大学雪菲尔德理工学院土木工程系。光绪十四年（1888）任天津铁路公司工程师，光绪三十一年至宣统元年（1905—1909）主持修建京张铁路。詹天佑病逝后，中国政府在青龙桥火车站竖立詹天佑站立铜像，像座上镌刻“詹公天佑之象”。像东侧有碑亭，内立时任大总统徐世昌颁给之碑。詹天佑墓原在海淀区万泉庄，1982 年迁至青龙桥火车站北侧的山脚下。新墓由墓冢、墓碑、月台和台阶组成。墓冢由半浮雕的九块花岗岩石块与一个汉白玉半圆冢构筑，冢下为墓穴，其内安放詹天佑及夫人谭菊珍的骨灰盒。墓后大理石卧碑记述了詹天佑生平。

詹天佑墓（郑直 / 摄）

青龙桥车站（田毅 / 摄）

青龙桥车站，始建于清光绪三十四年（1908），站名为时任京张铁路会办的关冕钧题写。现存车站站舍、护栏和候车室等设施，车站西侧为职工宿舍和监工处。

京张铁路选定的路线需要从南口北上，其中难度较大的一段即在关沟青龙桥附近。当时国际通用的方法是延长坡道长度，而这样就会增加成本、延长工期，詹天佑大胆运用“之”字形线路有效解决了这一问题。北上的列车到达昌平南口站时，两个动力机车一个在前边牵引，一个在后边助推。待经过青龙桥“之”字形铁路时，先向东北方向前进，行进到岔道口再折返回来，原来在前方拉动的机车此时就转为后方推力，而原来在后方的机车则变成前方牵引的动力。如此一来，火车就可以轻而易举地攀爬上山了。

“之”字形折返线（刘雷 / 摄）

居庸关山洞（刘雷 / 摄）

居庸关山洞，隧道顺山势走向，沿关沟中东侧山体修建。隧道券脸及门头为西洋式风格，在门头上又有传统匾额，额题“居庸关山洞”，上款“光绪二十四年戊申四月工竣”，下款为“苍梧关冕均书”及印章。现隧道仍在使用，从隧道口可见居庸关城敌台。

居庸关山洞匾（刘雷 / 摄）

南口火车站站房，砖木结构，正面七间，进深两间，东西横置，中间三间均有大门，门洞为券顶。在东北柱角东立面、西北柱角西立面均刻有“南口车站”。

南口火车站站房（王嵬 / 摄）

动力房奠基石（王嵬 / 摄）

修造车间（王嵬 / 摄）

詹天佑办公室（王嵬 / 摄）

南口机车车辆厂近现代建筑遗存，位于北京南口轨道交通机械有限责任公司厂区内。老车间为砖木结构，东西向八开间，进深一间。厂内尚存民国时期动力房，其东南角有一块奠基石，上书“中华民国廿四年十一月六日机务处处长杨毅奠基”。詹天佑办公室旧址，位于南口镇铁道北，建筑保留了清末民初时的建筑风格。现存北房七间，东房五间。

四九一电台旧址（国七）

发射机房西侧（查杉 / 摄）

发射机房南侧（刘雷 / 摄）

地　　址	朝阳区豆各庄乡双桥路9号
开放时间	部分开放
收费情况	部分免费

发射台办公楼（刘雷 / 摄）

四号楼（长安楼）（查杉 / 摄）

二号楼（望海楼，右）和一号楼（广发阁，左）（刘雷 / 摄）

四九一电台又名双桥电台，始建于1918年，1923年完工。原为北洋军阀段祺瑞政府向日本借款建造的无线电长波通讯台。“七七”事变后，日本将其改为民用中短波发射台，使其沦为日本侵略中国的宣传阵地。1948年年底中国人民解放军冀东军区“长城部”接收该台，1949年一季度开始播放“陕北新华广播电台”节目，“四九一电台”因此得名。1949年10月1日，毛泽东主席庄严宣告新中国成立的声音，就是从这里传遍世界的。

四九一电台行政区现存北欧乡村别墅式楼房五座和马厩一座。一号楼（广发阁）为电台官员住房，二号楼（望海楼）为官兵俱乐部，三号楼（越洋楼）为海军通讯基地官舍，四号楼（长安楼）为官兵和技术人员宿舍，五号楼（弄波楼）为工程技术人员宿舍，马厩（东小楼）位于五号楼南侧。行政区院内现存有龙门吊车、指数线等文物。机房区现存发射机房和发射台办公楼。发射机房平面呈矩形，仿军舰形状，西侧有圆形散热水池。主体建筑共三层，西立面上方有瞭望塔楼，高约六层。机房内二层为大厅，是放置机器设备及进行播放工作的机房空间。发射台办公楼位于发射机房南侧，平面呈“T”字形。

原子能『一堆一器』旧址（国八）

回旋加速器主磁铁（郭蔚嘉 / 摄）

原子能“一堆一器”旧址，即第一座重水反应堆和第一台回旋加速器旧址，于 1956 年根据中苏《关于为国民经济发展需要利用原子能的协定》开工兴建。苏方负责工程的初步设计，中方负责提供勘探资料和总平面草图，参加审查初步设计、编制设计任务书，并做施工图设计。钱三强、彭桓武参与了“一堆一器”的设计审查。“一堆一器”建成于 1958 年 6 月，并于同年 9 月 27 日举行移交使用揭幕典礼。重水反应堆于 1978—1980 年、1980—1982 年先后完成了两期改建工程，经过近 50 年的安全运行，于 2007 年闭停；回旋加速器于 1987 年退役。

旧址由 101 厂房（建有重水反应堆）和 201 厂房（建有回旋加速器）构成。两栋厂房均为苏式风格，砖混结构，外观主体为红色。101 厂房主体建筑地上三层、地下一层。201 厂房主体建筑地上二层、地下一层。回旋加速器主磁铁目前于 201 厂房前广场陈列展示。

地　　址	房山区新镇街道北坊村中国原子能科学研究院内
开放时间	不开放
收费情况	无

101 厂房（郭蔚嘉 / 摄）

101 厂房内的重水反应堆模型（郭蔚嘉 / 摄）

北京站车站大楼（国八）

北京站车站大楼全景（刘雷 / 摄）

北京站车站大楼内景（刘雷 / 摄）

地　址	东城区建国门街道毛家湾胡同甲13号
开放时间	全天
收费情况	需购买火车票进入

北京站车站大楼，1959 年 1 月 20 日开工兴建，9 月 10 日竣工。车站坐南朝北，建筑面积 4.78 万平方米。开站前夕，毛泽东主席题写了“北京站”站名。北京站车站大楼由著名建筑师杨廷宝、陈登鳌主持设计，其总体布局为中国传统建筑风格的对称结构，以集中分散相结合的组合形式，采用了南房、北房和东、西两厢之分庭院式布局，体现了内部大空间的公共建筑特点。车站二楼中央大厅采用了当时属国内领先水平的预应力双曲扁壳屋盖技术，大厅与前面的三大拱形玻璃窗及对称的两座钟楼有机结合，不仅整体立面主次分明，而且突出反映了我国民族建筑风格与现代技术相结合的建筑艺术特色。

北京站车站大楼是中华人民共和国国庆十周年首都十大建筑之一，也是新中国成立后兴建的第一座大规模、高技术、设施齐全的大型铁路车站，是新中国人民铁路事业新纪元的标志。

协和医学院旧址（国六）

协和医学院旧址全景（任昱/摄）

地　址	东城区东华门街道帅府园胡同1号
开放时间	部分不开放
收费情况	无

协和医学院早期为协和医学堂，始建于清光绪三十二年（1906）。1915 年洛克菲勒基金会购得协和医学堂全部校产和东单三条原豫王府房产，兴建协和医学院。现存由 16 栋独立楼房组成的协和医学院旧址建筑群完成于 1925 年，协和医学院因此成为北京最早设立也是规模最大的医学院校。该建筑群规模宏大，投资巨大，建筑质量高，所用木材均从菲律宾进口，门诊和办公楼大厅天花板装饰华丽。

正门（田毅/摄）

礼堂（郑直/摄）

建筑彩画细节（刘雷/摄）

医院区北部的O楼（左）和P楼（右）（刘雷/摄）

协和医学院新校舍工程共分两期进行。第一期工程由沙特克与何士建筑师事务所设计，共14栋楼，均为中国传统建筑风格，按英文字母编号，从A到N。第二期由建筑师安纳设计，编号从O楼到P楼。

协和医学院旧址建筑群组分为教学区和附属医院区两部分，呈十字轴线分布。教学区楼房从A至D共4栋，A楼为礼堂，面阔三间、平面呈“工”字形。仿中国传统宫殿式建筑，重檐庑殿顶，绿琉璃瓦。B、C、D楼外观大致相似。临街南门三间，门前石狮子一对，为原豫王府遗物。附属医院区有从E到P共12栋楼，其中E至N为中国传统风格，由西向和南向两组三合院组成。医院区北部的O楼和P楼为西洋风格，地下一层，地上各为四层、二层，平顶，砖混结构。

礼堂内部（严卫/摄）

清华大学早期建筑（国五）

清华大学早期建筑雪景（郭蔚嘉 / 摄）

地　　址	海淀区清华园街道双清路 30 号
开放时间	需要许可
收费情况	无

清宣统元年（1909），清政府设立游美学务处，附设游美肄业馆，选定清华园为其地址。宣统三年（1911）校门、清华学堂、同方部、北院等建筑竣工，成立“清华学堂”并正式开学，1912年更名为清华学校。这一时期的建筑由顺泰洋行设计建造，在中国古典园林环境中设计了清末流行的“洋风”建筑。

1914年美国建筑师亨利·墨菲为清华学校制定了第一个校园规划，全面奠定了校园的基本格局与建筑风貌，其设计的大礼堂、科学馆、图书馆和体育馆被称为“四大建筑”。

1928年清华学校改为国立清华大学。1930年清华大学建筑委员会委托天津基泰工程司承担规划，杨廷宝主持了清华大学第二次校园规划和设计。这一期的建筑主要有化学馆，生物馆，西校门，机械馆，电机馆，气象台，图书馆二期、体育馆后馆和明、善、静、平、新五斋等，包括了杨廷宝、沈理源等中国第一代建筑师的优秀作品，其中杨廷宝设计的图书馆二期、生物馆、明斋、气象台被誉为“新四大建筑”。

清华园匾（骆欢 / 摄）

工字厅（刘雷 / 摄）

水木清华（刘雷 / 摄）

古月堂（当年公瑾 / 摄）

清华学堂（骆欢 / 摄）

学堂内部（当年公瑾 / 摄）

清华学堂铭文砖（骆欢 / 摄）

清华学堂 西部建成于 1911 年，曾为高等科学生教室。1916 年向东进行扩建，东部曾用作高等科毕业班的学生宿舍。清华学堂是清华学校时期校舍建筑的典范，其平面呈转角形布局，以西南入口为造型主体，这一典型布局成为日后清华大学校园建筑的重要“原型”。建筑采用灰砖墙体，青绿色虎皮石墙裙，白色抹灰梁柱、窗饰，屋顶为法国“孟莎”式。门额上“清华学堂”四字为那桐所题，外墙砖上至今能看到“泰兴窑造”的铭文。

同方部（田毅 / 摄）

同方部 建成于 1911 年，是清华最早的礼堂，还曾在很长一段时间内作为祭孔的场所。整个建筑灰砖墙身，红瓦坡顶，欧式风格。西部为单层建筑，南面带有门廊；东部为两层建筑，南面另有一门。1923 年此处改名同方部（取自《礼记 · 儒行》），作为课外训育活动的场所。1925 年以后同方部被用作小礼堂开展一些小规模的讲演、聚会和社团活动，梅贻琦校长也曾在这里接见新生。

大礼堂（骆欢 / 摄）

大礼堂奠基石（刘雷 / 摄）

大礼堂　建于1917—1920年，是清华大学早期建筑群的核心。建筑取法美国总统杰斐逊设计的弗吉尼亚大学图书馆，平面呈正十字形，上覆穹顶，南立面饰以爱奥尼门廊和宽阔的大台阶，两侧各有一石质旗杆座。内部为门厅和舞台。建筑基座上有周诒春校长所立中英文奠基石。

科学馆（田毅 / 摄）

科学馆　建于 1917—1919 年，为学校理科教学和实验的场所，拥有相当先进而又齐全的设备仪器。1929 年后长期作为物理系馆使用。

科学馆楼梯（当年公瑾 / 摄）

图书馆二期（邵世海 / 摄）

图书馆内景（查杉 / 摄）

曹禺创作《雷雨》时期的座位（查杉/摄）

图书馆 图书馆一期建于1916—1919年，共两层，下层为办公室，上层为两间阅览室。二期建于1930—1931年，新建部分包括阅览室和书库，通过中央三层的入口部分与一期建筑连接，其布局、内外装修与一期基本一致，浑然一体。

体育馆 体育馆前馆建于1916—1919年，初建时称“罗斯福纪念馆”。外表采用西方古典形式，有陶立克式花岗岩柱廊，柱廊上有“ROOSEVELT MEMORIAL”铭文。后馆建于1931—1932年，由沈理源设计，与前馆巧妙连接，浑然一体。馆内设施齐全、设备先进，即使是在当时美国高等学校亦不多见。

体育馆（查杉/摄）

生物馆 建于1930年，与化学馆南北对望。基座上有罗家伦校长所立奠基石。

生物馆（刘雷/摄）

生物馆石雕装饰（刘雷/摄）

生物馆内部（当年公瑾/摄）

生物馆奠基石（刘雷 / 摄）

气象台　建于 1931 年，是清华理学院重要设施之一。建筑平面呈八角形，高五层。

气象台（当年公瑾 / 摄）

明斋（田毅 / 摄）

平斋（骆欢 / 摄）

新斋（刘雷 / 摄）

善斋（刘雷 / 摄）

明、善、新、平、静“五斋”学生宿舍　明、善、新、平四斋原为男生宿舍，初名四、五、六、七院，1935年改称现名，均取自《大学》。

明斋建于1930年，为清华学堂改制为国立清华大学之后的第一栋学生宿舍。建筑平面呈“凹”字形，共三层。主要入口设在东南、西南转角处，中部留有通道便于南北穿行。

善斋建于1932年，由安诺设计。平面呈矩形，共三层，南立面东、西两侧各有五根装饰派风格的立柱。新斋、平斋分别建1934、1935年，由基泰工程司负责设计修建。

静斋建于1932年，为清华大学第一座女生专用宿舍楼。该建筑体现了现代主义建筑思想，形式追随功能，立面简洁。

机械馆　建于1935年，由沈理源设计。门额上篆书吴稚晖所题“机械工程馆”，基座上有梅贻琦校长所立奠基石。

机械馆（骆欢/摄）

电机馆 建于1934年，由沈理源设计。与科学馆东西相对，建筑风格也与科学馆基本一致。

化学馆 建于1933年，由沈理源设计，仿美国康奈尔大学化学馆，立面以竖向线条构成，属于北京为数不多的艺术装饰派建筑。基座上有梅贻琦校长所立奠基石。

化学馆奠基石（骆欢/摄）

化学馆（田毅/摄）

电机馆（骆欢 / 摄）

西校门（刘雷 / 摄）

西校门　1933 年清华大学扩建西院住宅时修建，校门由大理石筑成，简洁而富有韵味。

未名湖燕园建筑（国五）

未名湖畔的博雅塔、石舫和慈济寺山门（苏唐诗 / 摄）

地　　址	海淀区燕园街道颐和园路 5 号
开放时间	需要许可
收费情况	无

未名湖燕园建筑为燕京大学旧址。燕京大学由协和大学、汇文大学和华北协和女子大学三所教会大学合并而成。燕京大学校园由美国建筑师亨利·墨菲规划设计，落成于1926年，中国建筑师吕彦直也参加过设计工作。建筑群以清代淑春园（明代勺园）故址为中心建设，以未名湖为核心，建筑风格大量吸收中国传统元素，形成中国传统园林式的布局。

墨菲的另一个神来之笔是名为“博雅塔”的水塔，外形似中国古塔，成为燕园建筑群的经典意象。未名湖燕园建筑主要建筑包括校门、科学实验楼、办公楼、外文楼、图书馆、体育馆、临湖轩、南北阁、男女生宿舍、水塔及附属园林小品等。园内尚留有一些明清旧园遗物和来自圆明园的石刻小品。

西校门（田毅 / 摄）

西校门　1926年由校友集资修建而成，又称校友门。坐东朝西，为三开间朱漆宫门建筑。

办公楼（中）、科学实验楼（右）、外文楼（左）（田毅 / 摄）

办公楼　建于 1926 年，为燕京大学主楼，原名施德楼，1931 年曾定名贝公楼，均是为了纪念汇文大学堂第二任校长 James White Bashford。体量高大，屋顶造型独特，为单檐庑殿顶中部加一高起的歇山顶，覆灰色筒瓦。二楼为著名的“办公楼礼堂”，承载了燕京大学和北京大学的许多重要事件，留下了许多名人的足迹。

科学实验楼　建于 1925 年，建筑资金部分来源于洛克菲勒基金会。包括南北对称的两座建筑，采用庑殿顶，素色墙体，深红柱子，格栅窗以及条石基座。

外文楼　建于 1925 年，原称穆楼，由穆拜亚先生所捐。建筑形制与科学实验楼对称一致。

办公楼（田毅 / 摄）

图书馆 建于1925年，地面三层，地下一层，单檐歇山顶，全部用钢筋混凝土修筑。内部按照西方图书馆形式，中间有天井，二层为回廊。

体育馆 第一体育馆位于未名湖东岸，藏于一堆山石林木之后，屋顶为单檐庑殿顶中部再加一高起的庑殿顶，红柱粉墙、蓝绿彩画，与博雅塔一横一纵，形成优美的构图。第二体育馆原为女子体育馆，位于女生宿舍以南，为一单檐庑殿顶建筑。

临湖轩 此地原为淑春园“临风待月楼”，乔治·柯里夫妇捐资修缮后成为校长司徒雷登的寓所和接待来宾之所。1931年冰心将其命名为临湖轩，胡适题写匾牌。司徒雷登常以校长身份在此为师生中的情侣主持婚礼。新中国成立初期临湖轩仍为校长宅邸，燕大校长陆志伟和北大校长马寅初均曾在此居住。

第二体育馆（田毅/摄）

图书馆（田毅 / 摄）

临湖轩（王腾 / 摄）

南、北阁（田毅/摄）

备斋（田毅/摄）

南、北阁 建于1924年，两座建筑造型、体量、色彩完全一致。南阁原名甘德阁，为女部办公楼；北阁原名麦风阁，为音乐教室和学生活动室。

男、女生宿舍 男生宿舍为未名湖北岸的德斋、才斋、均斋、备斋、体斋和健斋，与50年代建造的全斋合称“七斋”。德、才、均、备斋一字排开，为单檐歇山顶建筑；体斋位于德、才、均、备斋东侧，为一规模较小的二层攒尖顶建筑；健斋位于体斋北侧，与体斋之间有回廊连接，屋顶为单檐硬山顶。女生宿舍为静园一、二、四、五院，均为传统小型庭院。建筑单体均为木构，各院落呈三合院布局。

博雅塔 建于1924年7月，主要建造经费由当时燕京大学哲学系教授博晨光的叔父所捐，因此得名博雅塔。博雅塔的形制仿通州燃灯塔，为八角形十三级密檐塔。如今博雅塔已成为北京大学的标志之一。

博雅塔（田毅/摄）

辅仁大学本部旧址（国七）

辅仁大学本部旧址主楼（田毅 / 摄）

地　　址	西城区什刹海街道定阜街 1 号
开放时间	不开放
收费情况	无

主楼正脊琉璃装饰（刘雷/摄）

辅仁大学本部旧址原为涛贝勒府的花园和马厩，1925年载涛将其租给罗马教廷，由美国天主教本笃会在此创办辅仁大学。校园建筑由比利时籍传教士格里森于1928年设计，1930年落成。辅仁大学曾是北平三大中西合璧式建筑之一，且比协和医学院、燕京大学更加强调对中国传统样式的运用，艺术整体性更强。

该建筑模仿北京的城墙、城门和角楼的意象，体现了建筑师对于中国传统城市美学的较为深刻的理解与把握。建筑坐北朝南，平面呈“日”字形，围合成封闭庭院，南北两排为教学用房，东西两排为办公用房，中部一层为图书馆，二层为礼堂。南面正中入口模仿城门，做汉白玉大拱门，上为高低错落的三重歇山屋顶；四角为四座歇山顶角楼。东、西、北三面和中部楼体模仿城墙墙体，上设垛口；可惜立面手法略显混杂，南面外墙使用了马头墙装饰，削弱了原本一气呵成的雄健气魄。

主楼内景（刘雷 / 摄）

圆亭和主楼（刘雷 / 摄）

格格楼和长廊（刘雷 / 摄）

平顶敞轩夜景（任昱 / 摄）

校园内还保存有原涛贝勒府花园的格格楼、敞轩、八角亭、回廊等精美清代园林建筑。

京师大学堂分科大学旧址（国六）

京师大学堂分科大学旧址西主楼（滇中樵夫 / 摄）

地　　址	东城区和平里街道安德里北街 21 号
开放时间	不开放
收费情况	无

清光绪二十四年（1898），清政府改革教育，成立中央最高学府京师大学堂。1904 年参照日本高等教育模式将京师大学堂分为三级：相当于专科的高等学堂、相当于本科的分科大学和相当于研究生院的通儒院。其中分科大学由日本建筑师真水英夫设计，1908 年破土动工，1910 年举行了开学典礼。

京师大学堂分科大学旧址现存四栋二层建筑，其中位于中央的两栋为主楼，东、西两栋为配楼。主楼为砖木结构，灰砖清水墙，三角桁架，坡屋顶，日本进口红机瓦。该建筑南立面中央和两边用三个建筑山墙形成的三角山花做装饰，使建筑立面丰富活泼。中央的三角山花作为装饰重点突出于建筑立面，山花两边竖立两个粗大突出的方形壁柱。壁柱上一层用拱券窗造型，二层用类似教堂的玫瑰窗造型。山花的中央被一个占据整个山面的拱券窗覆盖，在拱券窗空间部分用砖砌出西洋古典式栏杆造型。整个建筑造型粗犷厚重，是北京早期折中主义形式的优秀作品。

西主楼（赵伯晟 / 摄）

东主楼（滇中樵夫 / 摄）

西配楼（滇中樵夫 / 摄）

东配楼（赵伯晟 / 摄）

盛新中学与佑贞女中旧址（国七）

佑贞楼（查杉/摄）

地　址	西城区什刹海街道教场胡同2号、4号
开放时间	不开放
收费情况	无

盛新中学与佑贞女中原为法国天主教仁爱遣使会所属两所中学，其中佑贞女中教学楼建于 1917 年，原名仁爱会修女管理学校。1923 年在其东侧增建教学楼，名为天主教圣母会修士管理学校，即盛新男中。新中国成立后，两校合并使用。旧址现存佑贞女中教学楼、盛新男中教学楼、礼堂、医务室和办公平房。

两座教学楼坐北朝南，样式相同，均为地下一层，地上两层，入口处局部地上三层，立面三段划分，红瓦坡屋顶，灰砖清水墙嵌以石料装饰，比例严谨，工艺精致，是 20 世纪二三十年代北京城内典型的教会学校建筑。

礼堂（赵伯晟 / 摄）

医务室（查杉 / 摄）

礼堂位于两座教学楼中间，砖木结构，欧洲折中主义建筑风格。医务室为盛新男中教学楼与礼堂间的方形建筑，其南面为办公平房。此外，礼堂西侧尚存一通乾隆皇帝手书《谕习骑射熟国语碑》。

乾隆《谕习骑射熟国语碑》（赵伯晟 / 摄）

平房（郑直 / 摄）

京师女子师范学堂旧址（国六）

俯瞰京师女子师范学堂旧址（失重的梁柱 / 摄）

地　址	西城区金融街街道新文化街 45 号鲁迅中学
开放时间	不开放
收费情况	无

京师女子师范学堂是我国最早的一所近代女子教育高等学堂。清光绪三十四年（1908），御史黄瑞麟奏请设立京师女子师范学堂，清学部决定在石驸马大街（今新文化街）斗公府旧址建筑校舍，宣统元年（1909）建成。旧址坐北朝南，由六栋二层楼房组成，为清末西洋古典折中主义风格，在西洋柱式和拱券做法中夹杂了许多中国传统砖雕花饰。

京师女子师范学堂旧址大门及一号楼（田毅/摄）

旧址大门为中间两扇，两侧各一单扇，用涡卷铁艺装饰，中间大门门柱间做一拱形铁艺门楣。一号楼为两层，砖木结构，大门二层上方有一弧形三角山花，砖雕丰富，顶为两坡屋顶，原覆铁皮瓦，后改机瓦。二号楼纵向十二间，三、四号楼是一座围楼，建筑形式同一、二号楼。五号楼位于四号楼西侧，二层砖木结构，纵向排列七间。

二号楼（郑直/摄）

文化园正楼（郑直 / 摄）

文化园是一个独立的四合院，正房为一平面方形的二层楼，正立面五间，两侧有上下木楼梯，屋顶保留近代红机瓦，四合院内用走廊贯通。1923 年 7 月至 1926 年 8 月，鲁迅先生在校讲授中国小说史，“三一八”惨案中牺牲的刘和珍、杨德群即为该校学生，院中保留有刘和珍、杨德群纪念碑。

文化园正楼内景（刘雷 / 摄）

纪念碑（刘雷 / 摄）

北京大学地质学馆旧址（国七）

北京大学地质学馆旧址外观及内景（当年公瑾 / 摄）

地　址	东城区景山街道沙滩北街 15 号
开放时间	不开放
收费情况	无

北京大学地质学馆建成于1935年，由我国著名建筑学家梁思成设计，是我国近代最早引进西方现代主义建筑的优秀作品之一，在中国近现代建筑史上具有重要地位。

此地原为清乾隆朝大学士傅恒的家庙，院内原有傅恒征伐金川的功绩碑（1986年移至北京石刻艺术博物馆）。1931年，北京大学从傅恒的裔孙松椿处购得该房产，筹建地质学馆。

北京大学地质学馆平面呈曲尺形，地上三层，地下一层，砖混结构，灰砖清水墙，建筑外形优美朴素，完全服从内部功能构成，建筑平面、立面均为不对称形式，体现美国现代主义风格。楼下西南角墙体内嵌有一奠基石，镌刻“中华民国二十三年五月十五日北京大学校长蒋梦麟奠基”字样。1976年地震后在外墙增加了抗震框架。地质馆前原有北京大学地质学系葛利普教授之墓，1982年迁至现北京大学校园之内。

东交民巷使馆建筑群（国五）

比利时使馆旧址和圣米厄尔教堂（失重的梁柱 / 摄）

地　址	东城区东华门街道东交民巷
开放时间	部分开放
收费情况	部分免费

东交民巷使馆建筑群是指以东交民巷为中心，东起崇文门内大街，西至国家博物馆东侧，南至前门东大街，北至东长安街这一范围内保存的近代建造的各国使馆建筑和附属建筑，如教堂、银行、兵营等。

依照清咸丰十年（1860）签订的中英、中法《北京条约》，英、法两国于次年在此设立了公使馆。其后比照条约，俄、美、德、日等九国相继在这一地区兴建使馆。

光绪二十六年（1900）八国联军攻占北京后，使馆内开始驻兵。光绪二十七年（1901）《辛丑条约》正式规定中国人不许在使馆界内居住，各国军队负责保卫本国使馆。同时划出使馆区的界限并修筑高大围墙和四角碉楼，从此使馆区成为“城中之城”。1949年被中央人民政府接收。

清翰林院嘉庆帝御制题诗碑（淳亲王府）（任昱/摄）

英国使馆旧址大门（刘雷/摄）

淳亲王府旧址

第一代淳亲王允祐为圣祖康熙帝第七子，雍正元年（1723）晋淳亲王。其裔孙奕梁咸丰元年（1851）袭镇国公，遂称梁公第。王府坐北朝南，主要建筑分前殿后寝两个院落。咸丰十年（1860）英法联军攻占北京，次年租用为英国使馆。同治初年奕梁迁出。府邸北侧原为明、清翰林院旧址，存清嘉庆皇帝翰林院题诗碑一座。

英国使馆旧址

1860 年英法联军攻占北京，签订《北京条约》，1861 年租用淳亲王府作为英国使馆，为在京建立的第一个外国使馆。1901 年后英使馆扩建。英国使馆现存大门和武官楼。武官楼为西方古典折中式建筑，坐北朝南，地上二层，立面中央部分与两端凸出体将立面分为五部分，并都冠以高大山墙，形成主次轴线。

法国使馆旧址

法国使馆旧址原为清纯公府宅地。1860 年《北京条约》后，法军抢占肃王府，欲“租借”为其使馆，被清政府拒绝。清政府提出将纯公府租给法国，并许以种种优惠条件，才为法方接受。1861 年 2 月，法公使布尔布隆派参赞进京主持修建事宜。3 月，法国公使由天津抵京，进驻纯公府法国使馆。现存中央喷水池及四栋法国乡村别墅式配楼。

法国使馆旧址大门（郑直 / 摄）

日本公使馆旧址

清光绪十二年（1886）建，设计者是日本近代建筑师片山东熊。主体建筑为一栋单层砖木结构的平房，属西方折中主义建筑风格，坐北朝南，建筑平面为“口”字形，清水砖墙坡屋顶，建筑立面做连续外廊，大门部分用砖做柱式和山花造型，在柱式和山花间布置精美的砖雕。清光绪二十六年（1900）重新划定使馆区后，日本公使馆移入新馆。

日本使馆旧址

日本使馆旧址原为清肃亲王府，1901 年被占后改为日本使馆，清光绪三十二年（1906）于院内北部新建一座西式二层小楼，由日本设计师真水英夫主持修建。该建筑坐北朝南，灰砖清水墙，一层大门做粗大壁柱和砖拱券，二层有阳台窗，窗上为四角攒尖顶，二层西侧做双壁柱阳台。大门坐东朝西，西方古典折中主义造型，居中为拱券大门，两侧为造型相同的二层门楼。1915 年 5 月 25 日，外交总长陆征祥与日公使日置益曾在此签订《中日新约》，即不平等的灭亡中国的《二十一条》。

意大利使馆旧址

清同治八年（1869）设在东交民巷东口路北，后移到现址。现存大门三间和地上二层主楼，内部装修富丽考究。使馆内还保存有接待处、官邸、大使住宅、教堂等建筑，其中一座官邸 1949 年后成为著名国际主义人士路易 · 艾黎的住所。

日本公使馆旧址（赵伯晟 / 摄）

日本使馆旧址大门（刘雷 / 摄）

意大利使馆旧址大门（刘雷 / 摄）

奥匈使馆旧址大门（赵伯晟 / 摄）

比利时使馆旧址（若虚堂主人 / 摄）

奥匈使馆旧址

设立于清同治十年（1871）。现存大门与主楼，均为1910年以后所建。主楼坐北朝南，上下两层都带围廊，整体造型为法国古典式风格。大门风格与主楼一致，主体三间，下有基座，上立塔司干式双圆柱，檐部饰以三垅板，中央柱间开大门，两侧实墙开窗。

比利时使馆旧址

清同治五年（1866）设立。现存五栋建筑，主楼为都铎式风格，地上三层，地下一层，立面用砖做出三个城堡和雉堞组成的山花。四栋配楼对称布置，为乡村别墅式。

法国兵营旧址

1901 年据《辛丑条约》条款，法国除扩大使馆用地，还在台基厂三条胡同路北的民宅废址上修建兵营。兵营总体按对称式布局，主建筑为两幢士兵宿舍，地上三层，砖木结构，灰砖砌成，中式合瓦四坡顶屋面。现存连长楼及医务室。

法国兵营旧址（赵伯晟 / 摄）

国际俱乐部旧址

专供东交民巷外国人休息、娱乐、社交活动的场所，原名“北京俱乐部”。清光绪二十六年（1900）烧毁后，在台基厂头条与二条胡同之间的西部重建，由德国建筑师罗克格设计，1912 年 12 月建成。主体建筑坐东朝西，砖木结构，立面为近代折中式，以水平腰线划分为二层，局部三层，带老虎窗。底层大门为较宽大的拱券，室内门窗及楼梯、地板均保存完好。

花旗银行旧址

花旗银行 1901 年创立于美国纽约，1902 年来华开业，北京分行于清宣统元年（1909）开业。银行大楼是一座西方近代折中主义风格的建筑，设计者为墨菲。该建筑为西洋古典式，外观坚固厚重，大门为两层爱奥尼式柱廊，立面全部用花岗石砌筑。

东方汇理银行旧址

东方汇理银行于 1875 年创立，总行设在法国巴黎，北京分行于清光绪三十三年（1907）开业。银行大楼 1917 年竣工，由通和洋行的建筑师 G.McGrva 设计，地上三层，地下一层，下层以花岗岩拱券窗做基础，上部用爱奥尼式壁柱做支撑，并用隅石、花岗岩廊柱式窗套和女儿墙做立面装饰。

花旗银行旧址（刘雷/摄）

东方汇理银行旧址
（郑直 / 摄）

国际俱乐部旧址（赵伯晟 / 摄）

正金银行旧址

横滨正金银行，1880 年 2 月 28 日创设于日本横滨，北京支店于 1902 年 1 月 21 日开业。银行大楼由日本设计师妻木赖黄设计，砖木结构，外装修坚固、豪华，以花岗岩做台基、壁柱、壁龛、窗套及隅石，兼具 19 世纪欧洲古典折中主义和荷兰古典主义风格。

圣米厄尔教堂

系法国教会于 1904 年为使馆区外籍人士修建的天主教堂，后附近中国信徒亦来此祈祷。教堂坐北朝南，建筑规模较小，仿欧洲文艺复兴风格，堂内由 30 根圆柱支撑。砖石雕刻细致。

正金银行旧址（田毅 / 摄）

圣米厄尔教堂（郑直／摄）

西交民巷近代银行建筑群（国七）

大陆银行北京分行旧址（刘雷 / 摄）

西交民巷在民国时期是华北地区的金融中心，许多大型银行在此设有机构。西交民巷近代银行建筑群有以下五家银行旧址：

大陆银行北京分行旧址

大陆银行北京分行建于 1924 年，由朱彬设计，地上五层，地下一层，四层以上凸起方形钟楼，上覆穹隆顶四面钟。该建筑是天安门广场西侧醒目标志之一，也是北京城中心景象的重要组成部分，被誉为中国建筑师设计的西方古典式建筑中质量最高的一座。

华资商业银行总办事处旧址

华资商业银行总办事处建于 1920 年，地上三层，立面用花岗岩做希腊柱廊，檐口突出，坚固感强，现为中国钱币博物馆使用。

地　　址	西城区西长安街街道西交民巷
开放时间	中国钱币博物馆 9:00—17:00（周一、节假日闭馆） 中央银行北京分行旧址 9:30—17:00（节假日休息）
收费情况	免费

华资商业银行总办事处旧址（赵伯晟 / 摄）

华资商业银行总办事处旧址一层大厅（赵伯晟 / 摄）

中央银行北平分行旧址（郑直 / 摄）

中央银行北平分行旧址

曾为民国政府国家银行，建于 1931 年，近代折中主义风格。该建筑平面呈 L 形，西南朝向，地上二层，地下一层，砖木结构，在拐角入口处做西洋柱式外廊，檐部用瓶座栏杆做女儿墙，一层外立面用块石效果装饰。

中央银行北平分行旧址内景（赵伯晟 / 摄）

中国农工银行北平分行旧址（田毅 / 摄）

户部银行旧址（郑直 / 摄）

中国农工银行北平分行旧址

中国农工银行北平分行是一所官商合办的地方银行，旧址建筑建于 1922 年，地上二层，立面用花岗岩装饰，大门入口做廊柱。

户部银行旧址

户部银行是中国第一家国家银行，后改称大清银行、中国银行。旧址建筑建于 1905 年，坐北朝南，入口为西式风格，屋顶为中式结构。

大栅栏商业建筑（国六）

祥义号旧址门面（郑直 / 摄）

地　址	西城区大栅栏街道大栅栏街 1 号、5 号，珠宝市街 5 号，前门廊房头条 17 号
开放时间	部分不开放
收费情况	无

大栅栏商业建筑位于市中心的前门地区，明清时期入夜实行宵禁，在街头巷尾胡同两边多设木栅栏，宵禁时禁止行人通行，大栅栏由此得名。清朝时这里形成街市，清光绪二十六年（1900）后成为北京最繁华的商业区。现存的祥义号旧址门面、瑞蚨祥旧址门面、谦祥益旧址门面和劝业场旧址是主要代表。

祥义号旧址门面 建于清朝末年，为二层砖木结构建筑，大门入口处有一高二层的西洋巴洛克风格的铁艺大棚。

瑞蚨祥旧址门面（刘雷 / 摄）

谦祥益旧址门面（郑直 / 摄）

劝业场旧址（郑直/摄）

瑞蚨祥旧址门面 1910年建成，为二层砖木结构建筑，现仍为瑞蚨祥绸布店使用。

谦祥益旧址门面 建于清朝末年，为二层砖木结构建筑，现仍为谦祥益绸布店使用。

劝业场旧址 最早建于1906年，被毁后于1918年重建，沿纵深方向为三个大厅，每个大厅是贯通三层的天井，是北京最早集购物、娱乐和餐饮于一体的大型近代商场。

劝业场旧址内部天井（刘雷/摄）

亚斯立堂（国六）

俯瞰亚斯立堂（失重的梁柱 / 摄）

地　址	东城区建国门街道后沟胡同丁 2 号
开放时间	预约开放
收费情况	免费

亚斯立堂是北京现存规模最大的一座基督教新教教堂。清同治九年（1870），美国美以美会兴建北京基督教亚斯立堂。光绪二十六年（1900）夏，教堂在义和团运动中被大火焚毁，1906年重建。亚斯立堂现存教堂大门和教堂两座建筑。教堂内部分主堂和副堂两部分，教堂顶部有一大一小两座八角形采光亭。教堂主立面和东、西立面均置雉堞女儿墙，铁皮屋顶，装饰不多但工艺考究。

亚斯立堂大门（刘雷 / 摄）

亚斯立堂南立面（刘雷 / 摄）

主堂内部（郑直 / 摄）

副堂内部（骆欢 / 摄）

东堂（国七）

东堂外观（失重的梁柱 / 摄）

地 址	东城区东华门街道王府井大街74号
开放时间	预约开放
收费情况	免费

东堂，全称为天主教圣若瑟堂，北京四大天主教教堂之一。始建于清顺治十二年（1655），为北京城内继南堂之后的第二座教堂。康熙元年（1662）改建为西洋式。康熙五十九年（1720）京师大地震时塌毁，次年重建，由利博明修士（F.Maggi）设计。嘉庆十二年（1807）毁于大火，光绪十年（1884）重建罗马式教堂。光绪二十六年（1900）东堂被义和团焚毁，光绪三十年（1904）重建的东堂除各钟塔及穹隆稍做压缩以外，基本保持旧貌，沿用至今。

正面（田毅／摄）

教堂坐东朝西，大门为拱券门，顶部石碑书“天主堂”，再上为十字架，两侧为灰砖砌矮墙，上部以联拱装饰。西立面底部为三座半圆券式大门洞，形成大门廊，廊后为三个大门。中央大门两侧设楹联一对，上书“庇民大德包中外，尚父宏勋冠古今”，横额题“惠我东方”。中部中央为十字形大圆窗，两侧各有一个半圆券式双联长窗。上部三座塔体顶部为双重鼓座，覆以肋形穹隆顶，其上各有带小穹顶的采光亭，亭顶部为十字架。整个立面是文艺复兴与巴洛克风格的结合，既雄伟又注重曲折变化。

夜景（刘远航／摄）

更衣所和圣经堂（田毅 / 摄）

教堂平面为巴西利卡式，18 根圆柱将教堂内部分为中厅与侧廊。柱头与檐部之上立拱券，其上再覆以木屋架的坡顶。西部大门上有唱经楼，东部祭坛后有向外凸出的小圣经堂及两侧的更衣所，形成十字形。由于明清北京的内城东部缺少高大地标，因此在 1949 年新中国成立之前，东堂一直是北京东城的重要地标建筑。

内景（严卫 / 摄）

西什库教堂（国六）

西什库教堂全景（失重的梁柱 / 摄）

地　址	西城区什刹海街道西什库大街 33 号
开放时间	预约开放
收费情况	免费

西什库教堂俗称北堂，其前身是蚕池口教堂，后迁移到明朝皇室内府所辖库房西什库内重建，清光绪十三年（1887）落成，是北京地区最大的天主教堂，为北京地区天主教活动中心。

西什库教堂南立面和碑亭（田毅／摄）

西什库教堂侧面（刘雷／摄）

教堂正门两旁有两座对称的中国传统重檐歇山顶碑亭，花岗岩基座，汉白玉栏杆，面阔三间，黄琉璃瓦屋面。西碑亭内原立有光绪十四年（1888）天主教堂迁建谕旨碑，东碑亭内原立有光绪十四年（1888）满汉文天主堂碑，现西碑亭残碑仍存。

西什库教堂坐北朝南，平面呈拉丁十字形，整体立面为法国哥特式造型，狭窄细长。南立面一层大门用汉白玉做尖券门框，并形成层层递进的透视效果，上方用汉白玉做尖耸的三角山花，两侧为砖砌方壁柱，壁柱基础部分做一突出的汉白玉神龛，龛中置汉白玉圣徒立像。正中大门上方书“敕建天主堂光绪十三年”。二层中间为汉白玉玫瑰窗，两侧各三扇纵向尖券窗。三层中间为山花屋顶造型，底部刻耶稣善牧圣像。

西什库教堂内景（田毅／摄）

教堂大堂内部用木柱分割成中厅和侧厅，内部天花为木结构做出尖券效果。大堂北侧有正祭台和配台，后为苦难堂，南侧建有唱经楼。堂内悬挂有康熙皇帝题“万有真原”匾额。

基督教中华圣公会教堂（国七）

俯瞰基督教中华圣公会教堂旧址（任昱/摄）

地　址	西城区金融街街道佟麟阁路 85 号
开放时间	10:00—18:00
收费情况	免费

基督教中华圣公会教堂是华北地区建设较早的基督教中心教堂，始建于清光绪三十三年（1907），由英籍主教史嘉乐主持建造，是中国近代民族建筑形式的早期代表之作。教堂坐北朝南，平面呈拉丁十字形，外形为中国传统风格，砖木结构，灰砖清水墙面。教堂中央部分做成交叉的两个硬山建筑，两侧廊做成单坡硬山形式，比中央部分低。

正门（田毅 / 摄）

两重檐六角亭（田毅 / 摄）

三重檐八角亭（田毅 / 摄）

教堂入口位于南立面硬山山墙上，中国传统大门式样。入口两侧下部镶嵌匾额四块，包括故主教鄂工方智纪念碑、中华圣公会主教史碑等。教堂内部采用木柱支撑，木柱上为三角桁架。教堂内部多采用中国传统装饰。中央部分上部做侧窗装饰，中央祭台上方以英国哥特式造型建造了一座中国八角形藻井。在屋顶的南北两个交叉点上分别设一座两重檐六角亭和一座三重檐八角亭。

内景（田毅 / 摄）

中央屋顶藻井（田毅 / 摄）

屋顶内景（田毅 / 摄）

北侧屋顶内景（田毅 / 摄）

基督教中华圣经会北京分会旧址（国七）

基督教中华圣经会北京分会旧址主楼东立面（田毅 / 摄）

基督教中华圣经会北京分会旧址，是一座中西合璧的建筑物，也是基督教会的代表性建筑。圣经会是一个专门印刷发行基督教圣经的机构。清光绪十六年（1890）在北京开办中华圣经会北京分会，第一任总干事为美国人甘牧师。1923 年以美国圣经会名义在北京购得一块私人地产，并得到美国马里兰州圣经会的捐款修建圣经会会所。圣经会会所于 1927 年 8 月 1 日举行奠基典礼，1928 年秋建成，成为华北分销圣经之中心。

主楼坐西朝东，平面为矩形，屋顶为重檐庑殿顶。建筑地面高三层，有地下室。外墙为灰砖清水墙，东、西立面中央都为三开间、二层通高之柱廊，海棠角方石柱，横梁处有雀替，檐下梁头做成石兽形向外伸出。柱廊两端的墙面一、二层都开有大窗，全楼纱窗都是钢框铜丝纱网，金属窗框外装有安全铁栅。主楼西侧还有一栋二层小楼及附属平房和花园，为该会总经理（总干事）的住所。

地　　址	东城区建国门街道东单北大街 21 号
开放时间	不开放
收费情况	无

基督教中华圣经会北京分会旧址全景（刘雷 / 摄）

该建筑在民国年间曾作为基督教青年会活动的场所，因此又被称作基督教青年会旧址。

基督教中华圣公会北京分会旧址主楼内景（当年公瑾 / 摄）

通州近代学校建筑群（国七）

潞河中学谢氏楼（郑直 / 摄）

地　　址	通州区北苑街道新华南路 135 号、玉带河西街 28 号、玉带河西街 24 号
开放时间	不开放
收费情况	无

通州近代学校建筑群包括原潞河中学、富育女校、北京护士学校三所学校的近代建筑。

潞河中学始自 1867 年 12 月美国公理会传教士江戴德夫妇在通州新城开办的男童寄宿学校，即为潞河男塾。潞河书院先后更名为协和书院、华北协和大学，设大学、中斋（即中学）两部。1918 年，其大学部迁到北京城内，与汇文大学等合并成立燕京大学；中斋部则留在通州原址，是为私立潞河中学。

潞河中学卫氏楼（郑直 / 摄）

潞河中学饭厅（魏斌 / 摄）

潞河中学现存重要建筑有卫氏楼、谢氏楼、文氏楼、潞友楼、教士楼、饭厅、博学亭等，属近代折中主义建筑风格，其中一部分建筑带有中国传统手法。

富育女校为 1866 年美国基督教牧师富善创建的安士学道院，1900 年庚子之役烧毁，自 1902 年起陆续重建，现存映竹楼、翠柏楼、图书馆和百友楼，均为砖木二层结构。

北京护士学校现存四座洋楼，为民国建筑，原为教会财产，新中国成立后一直作为医疗教育机构使用。

富育女校（魏斌 / 摄）

北京护士学校（郑直 / 摄）

八宝山革命公墓（国七）

八宝山革命公墓大门（郑直 / 摄）

地　　址	石景山区老山街道石景山路 9 号
开放时间	需要预约许可
收费情况	免费

八宝山革命公墓是全国规格建制最高、声名最著、红色教育资源最为丰富的园林式公墓，主要用于安葬已故党和国家领导人、民主党派领导人、爱国民主人士、各界专家学者、革命烈士和国际友人等。1949 年年底在原明代褒忠护国祠和护国寺基础上始建，1950 年定名为“北京市革命公墓”，1970 年经周恩来总理批准更名为“北京市八宝山革命公墓”。

骨灰堂前院西院（洛卡奇 / 摄）

八宝山革命公墓主要分为墓葬区和骨灰堂两部分。公墓大门坐北朝南，仿汉阙造型，门口有两尊石狮、四株古柏。大门内有甬道，正对革命公墓骨灰堂大门。骨灰堂坐落在陵园中央，安放着已故党和国家领导人董必武、朱德，民国抗战将领张治中、傅作义，以及李四光、竺可桢、茅以升、王进喜、时传祥等的骨灰。骨灰堂前院的西院利用原护国寺改建，在保和殿和大雄宝殿之间建有一座影壁，其正、背两面保存有明万历二十二年（1594）雕刻的地藏菩萨像和九莲圣母菩萨像，是明代石刻艺术的精品。骨灰堂北侧西院利用原褒忠祠改建，用于安放烈士骨灰。院内现存两通清康熙年间重修碑记及石鼓、石羊、香炉、石座等。

墓葬区安葬有任弼时等党和国家领导人、林徽因等社会名流，以及革命烈士和国际友人。2019年6月，集烈士公祭广场和烈士安葬区于一体的烈士纪念园在八宝山革命公墓落成，原安葬在骨灰堂内的烈士骨灰全部迁葬于烈士纪念园。

九莲圣母菩萨石刻（洛卡奇 / 摄）

骨灰堂（郑直/摄）

烈士纪念园（郑直/摄）

焦庄户地道战遗址（国七）

瞭望楼（刘远航 / 摄）

地　址	顺义区龙湾屯镇焦庄户村
开放时间	9:00—16:00（周一闭馆）
收费情况	免费

区公所（刘远航 / 摄）

地道（郑直 / 摄）

焦庄户地道始建于 1943 年秋，是焦庄户人民在抗日战争的实践中逐步建造和完善起来的。地道全长约 11.5 公里，在村中纵横交错，并延伸到附近的村庄，地道内设瞭望孔、射击孔、翻板、会议室，并配有暗堡、瞭望楼等地上工事。附属建筑包括老四区区公所、支前小院、第二卫生处卫生所、农具屋等。

宋庆龄儿童科学技术馆（国八）

宋庆龄儿童科学技术馆远眺（刘雷/摄）

宋庆龄儿童科学技术馆由宋庆龄基金会用募集基金兴建，始建于1982年，1986年6月1日建成开放。建筑坐西朝东，是一座具有较强现代主义建筑风格的钢筋混凝土框架结构单体单层建筑，平面布局源自深受少年儿童喜爱的四叶风车造型。主楼北立面镶嵌有一块黑色大理石牌，刻有邓小平等中外捐款人姓名和中外捐款机构名称。此外，主楼西侧还有一座规模较小的附属建筑。

宋庆龄儿童科学技术馆是由邓小平同志主导、以宋庆龄同志名字命名的纪念性建筑，是中国较早面向广大少年儿童的科学技术专题馆。该馆建成后为国内外少年儿童提供了当时国际上最先进的科学文化体验服务，至今仍被引为典范。宋庆龄儿童科学技术馆是我国改革开放进程的有力见证，具有重要的历史价值。

地　址	海淀区羊坊店街道玉渊潭南路11号
开放时间	不开放
收费情况	无

馆名题字（刘雷／摄）

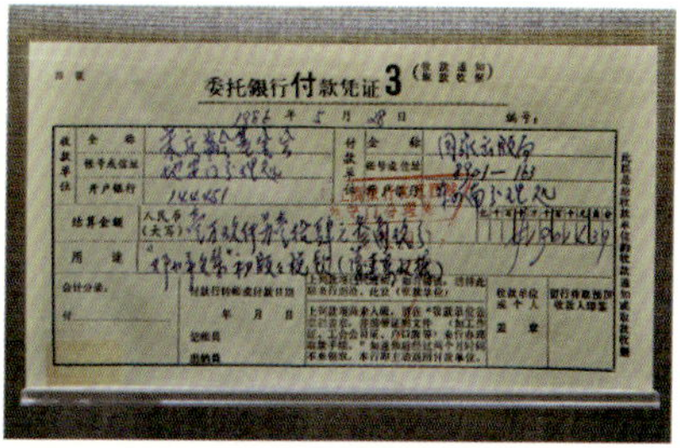

邓小平同志捐款凭证（刘雷／摄）

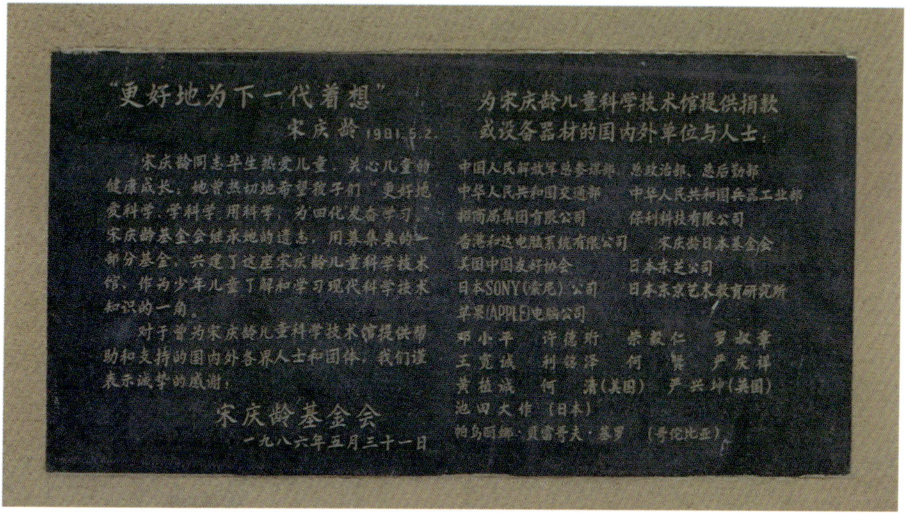

捐款石牌（郑直／摄）

天坛（祈年殿）（连达 / 绘）

第五章

寻访线路图规划

为了方便大家区域性寻访北京古迹，我们以135处国保为主体，结合周边的市保、区保精心设计了49条线路。其中东城区10条、西城区11条、朝阳区2条、海淀区9条、石景山区2条、丰台区1条、通州区2条、昌平区4条、房山区4条、门头沟区2条、平谷区1条、延庆区1条。其中部分跨区线路，以该线路涉及文保数量较多的区为主。每条线路大约以一天行程为参考，也可以根据自己的偏好或时间安排进行取舍，若时间充裕，还可以根据华夏古迹图App或小程序酌情添加周边其他文保。

下面，我们把线路图中的主要内容进行简要介绍：

第一，国保、市保、区保，我们分别用红色、蓝色和黄色进行标识。第二，在介绍文字中，我们对每处文保的开放情况做了提示，便于出发前有所选择和准备。第三，在一些内容较丰富的线路中，各精选了1—3处市保或区保的代表性图片进行展示（包括一些未开放的文保）。

此外，我们温馨提示：在寻访古迹的过程中，除了正式开放的景区或自然开放的区域外，其他涉及民居或单位等文保区域，建议在未征得许可的情况下不要贸然进入。同时在寻访古迹的过程中要注意自身安全，不要损坏、擅自移动或带走相关文物，要做文明的访古人。

好了，让我们一起出发吧！

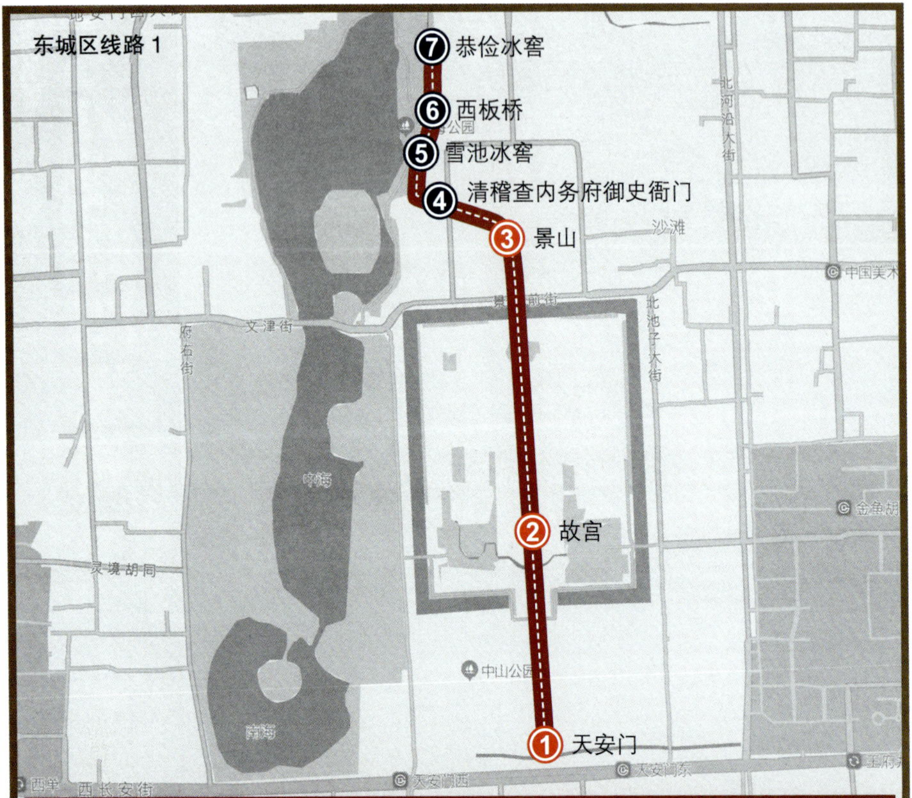

推荐寻访方式

步行

推荐寻访路线

以天安门（见 P626）为起点，向北过端门至午门进故宫（见 P220）参观，然后出神武门走地下通道过马路可参观景山（见 P298）。出景山西门向西可途经清稽查内务府御史衙门（市八，不开放），再向北依次寻访雪池冰窖（市七，不开放）、西板桥（市九，不开放）和恭俭冰窖（市七，餐饮营业开放）。

推荐寻访重点

故宫参观线路可根据时间和个人偏好参考官方公众号规划。珍宝馆和钟表馆（均需单独购票）以及武英殿的陶瓷馆（需预约）、文华殿的书画馆（需预约）、慈宁宫的雕塑馆等均有展览，午门城楼和斋宫等处也会不定期有临展开放。景山制高点万春亭是俯瞰故宫全貌的最佳地点，其北部的寿皇殿、观德殿和关帝庙亦值得一看。

东城区线路 2

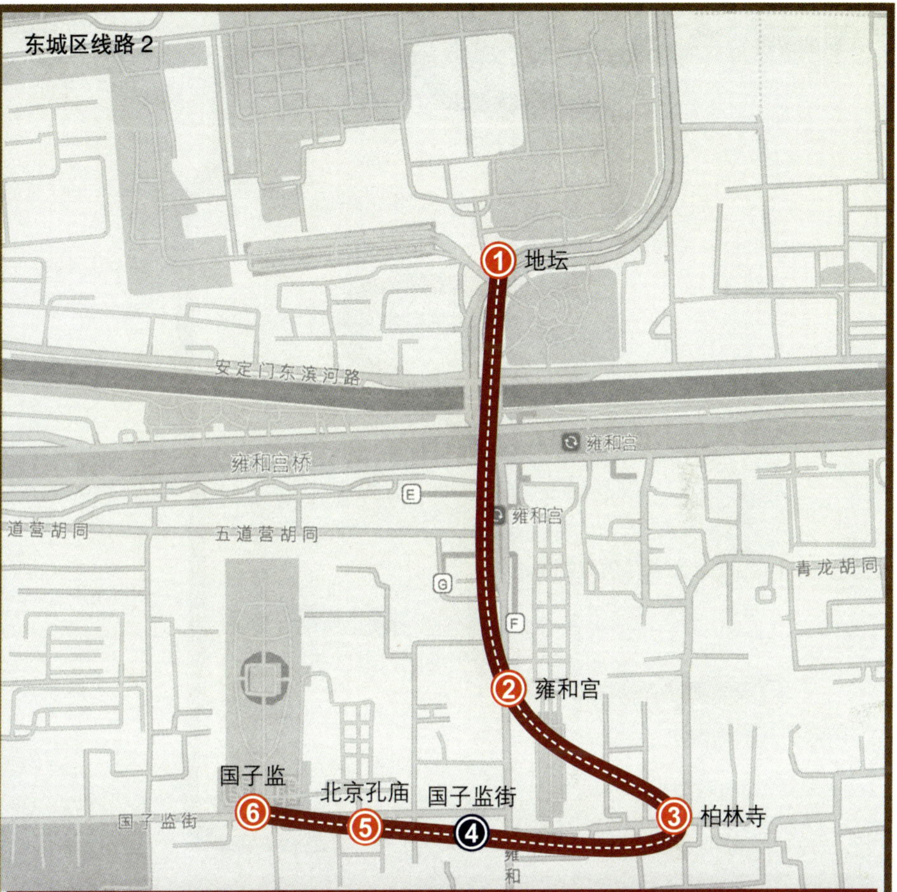

推荐寻访方式

步行

推荐寻访路线

可从地坛（见 P258）西门为起点参观，然后出南门向南过二环路参观雍和宫（见 P460），然后向东至柏林寺（见 P580），再向西沿国子监街（市三，免费开放）到北京孔庙（见 P198）和国子监（见 P470）（两处国保一体，需预约购票）。

推荐寻访重点

秋季地坛和雍和宫的银杏大道蔚为壮观，雍和宫腊八节有舍粥活动。

推荐寻访方式

单车 + 步行

推荐寻访路线

以北京大学红楼为起点（见 P634），参观之后沿北河沿大街向北至路东的原中法大学（市三，需预约参观），之后返回路西，进嵩祝院北巷后西行，可途经嵩祝寺（市三，不开放）北门，继续沿嵩祝院北巷向西，再向南拐入嵩祝院西巷至网红打卡地智珠寺（见 P588）小憩，再进沙滩北巷乙 2 号院到梁思成先生设计的北京大学女生宿舍（市七，不开放），该院南端和孑民堂（市五，不开放）一墙之隔。另一栋梁思成先生设计的建筑——北京大学地质学馆旧址（见 P754）在女生宿舍西南百余米处，东面为北京大学原图书馆（区保，不开放），再沿沙滩后街向西二三百米是京师大学堂建筑遗存（市四，部分需预约参观）。

原中法大学
（失重的梁柱／摄）

嵩祝寺（石雕）
（任昱／摄）

京师大学堂建筑遗存
（赵伯晟／摄）

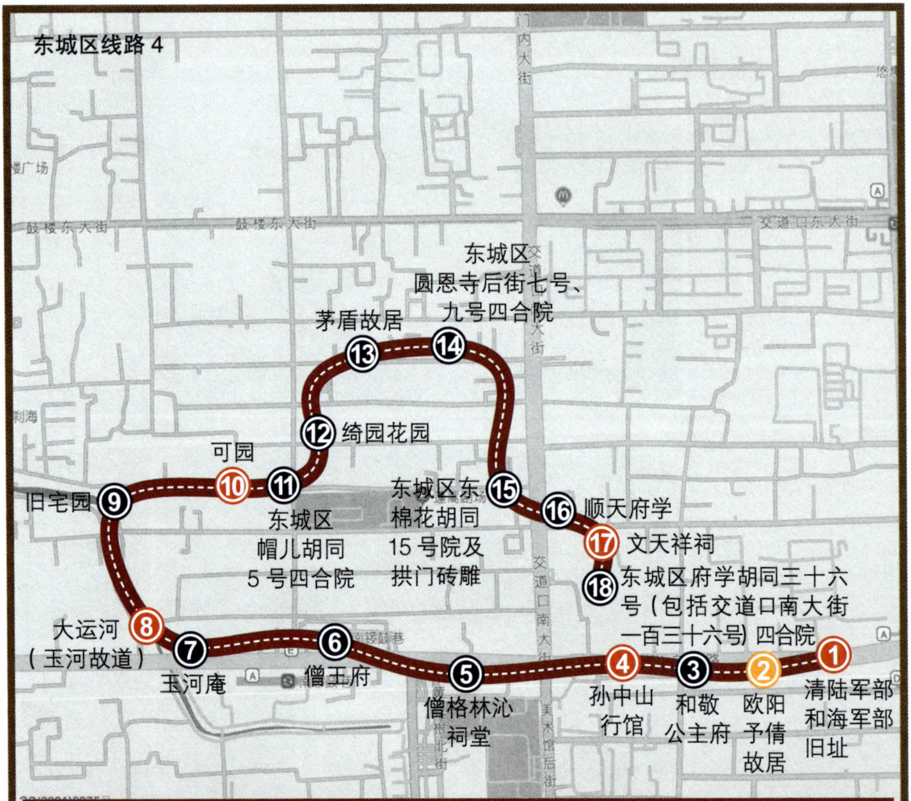

推荐寻访方式

单车 + 步行

推荐寻访路线

从清陆军部和海军部旧址（见 P676）出发，沿张自忠路向西途经欧阳予倩故居（区保，不开放）、和敬公主府（市三，不开放）、孙中山行馆（见 P642）、僧格林沁祠堂（市九，不开放）、僧王府（市七，不开放）、玉河庵（市九，开放）及大运河（玉河故道）（见 P108），然后向北走访末代皇后婉容故居——旧宅园（市三，不开放），再向东行依次路过可园（见 P606）、东城区帽儿胡同 5 号四合院（市六，不开放），向北可达绮园花园（市七，不开放）。然后向北进入后圆恩寺胡同寻访茅盾故居（市三，免费开放）和东城区圆恩寺后街七号、九号四合院（市三，不开放），再向南行途经东城区东棉花胡同 15 号院及拱门砖雕（市六，需要许可），最后向东进入府学胡同会看到顺天府学（市三，不开放）、文天祥祠（见 P436）和东城区府学胡同三十六号（包括交道口南大街一百三十六号）四合院（市三，不开放）。

旧宅园（婉容故居）

（任昱/摄）

东城区东棉花胡同15号院及拱门砖雕

（任昱/摄）

顺天府学

（任昱/摄）

推荐寻访方式

单车 + 步行

推荐寻访路线

从天安门东公交地铁站出发，向东沿北京明清皇城墙遗存（东城段）（市七，公共区域）进南池子大街向北，途经皇史宬（见 P328），至路西进太庙（见 P286），后向东行至普度寺（见 P510），再继续向东北可途经军调部 1946 年中共代表团驻地（市六，不开放）和北京明清皇城墙遗存（东安门遗址）（市七，公共区域）。继续向西北可参观陈独秀故居（市六，免费预约），再向东到达老舍故居（市三，免费开放），网红拍照地东堂（见 P780）在老舍故居东南。继续向东南可至基督教中华圣经会北京分会旧址（见 P792）和蔡元培旧居（市八，免费开放）。最后可向南寻访分南、北两区的协和医院住宅群（市七，不开放）、宁郡王府（市六，不开放）和协和医学院旧址（见 P710）。

推荐寻访重点

皇史宬、陈独秀故居、老舍故居和蔡元培旧居。

蔡元培旧居
（失重的梁柱／摄）

协和医院住宅群（北区）
（黑旼／摄）

宁郡王府
（任昱／摄）

推荐寻访方式

单车 + 步行

推荐寻访路线

从东四十条地铁站 D 口向西即是大运河（南新仓）（见 P115），然后继续西行到访东四六条 63、65 号院的崇礼住宅（见 P602）。再向南至东四清真寺（市三，不开放）后，沿朝阳门内大街北侧往东，先后途经大慈延福宫建筑遗存（市四，不开放）和孚王府（见 P536）。折返西南方向依次到访东城区礼士胡同一百二十九号四合院（市三，不开放）和东城区史家胡同 51、53、55 号宅院（市八，不开放）。再向东依次途经东城区内务部街十一号四合院（市三，不开放）、禄米仓（市三，不开放）和智化寺（见 P370）。然后向东穿过东二环进入日坛公园，可瞻仰马骏烈士墓（市九，免费开放）和参观日坛（见 P278）。最后向北可寻访北京东岳庙（见 P206）。

推荐寻访重点

智化寺和北京东岳庙，其中智化寺除古建筑、转轮藏和造像壁画外，还有京音乐表演，春季梨花、丁香和海棠盛开时节会开赏花夜场。

东城区线路 7

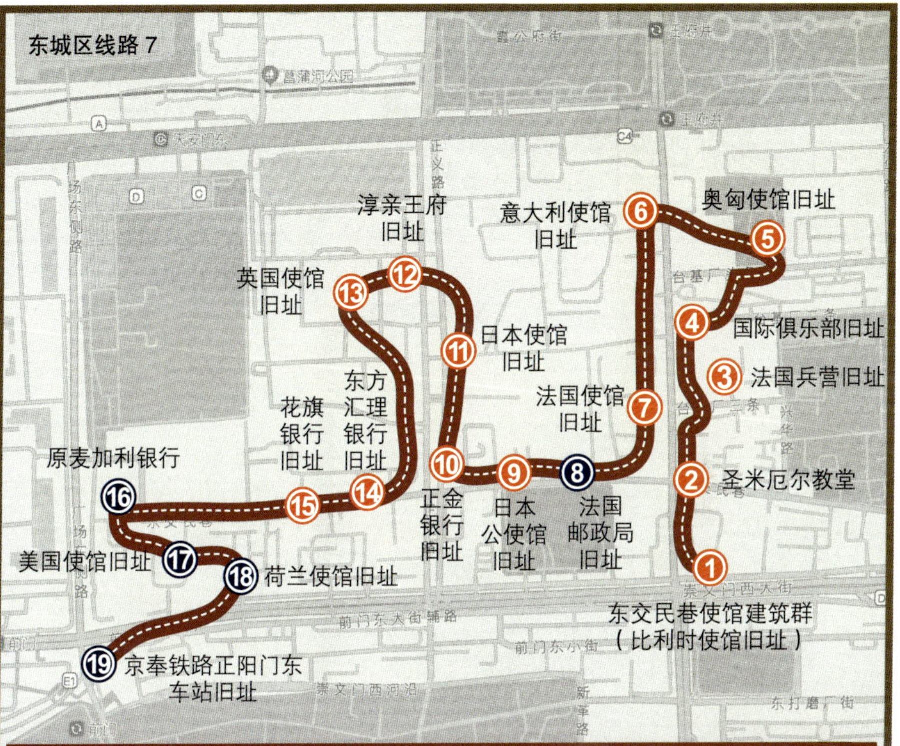

推荐寻访方式

单车 + 步行

推荐寻访路线

此行程主要寻访东交民巷使馆建筑群（见 P756）的 14 处子项，从比利时使馆旧址开始，沿台基厂大街北行，隔围墙可以看到其内部建筑屋顶，往北至东交民巷可参观圣米厄尔教堂外观，继续北行到台基厂三条会路过法国兵营旧址，返回台基厂大街向北可见国际俱乐部旧址。进台基厂头条抵达奥匈使馆旧址后过台基厂大街路过意大利使馆旧址，然后到东交民巷一路向西顺序可见法国使馆旧址、法国邮政局旧址（市五，内部不开放）、日本公使馆旧址和正金银行旧址（中国法院博物馆，预约免费参观）。沿正义路北行途经日本使馆旧址，路西则是淳亲王府旧址和英国使馆旧址。再沿正义路南行到东交民巷西段，可依次寻访东方汇理银行旧址和花旗银行旧址（北京警察博物馆，预约免费参观），向西为原麦加利银行（市七，不开放），出东交民巷从天安门广场东侧路到前门东大街可途经美国使馆旧址（市五，需要许可），继续东行有荷兰使馆旧址（市五，不开放）。最后可至京奉铁路正阳门东车站旧址（市六，中国铁道博物馆正阳门馆收费参观）。

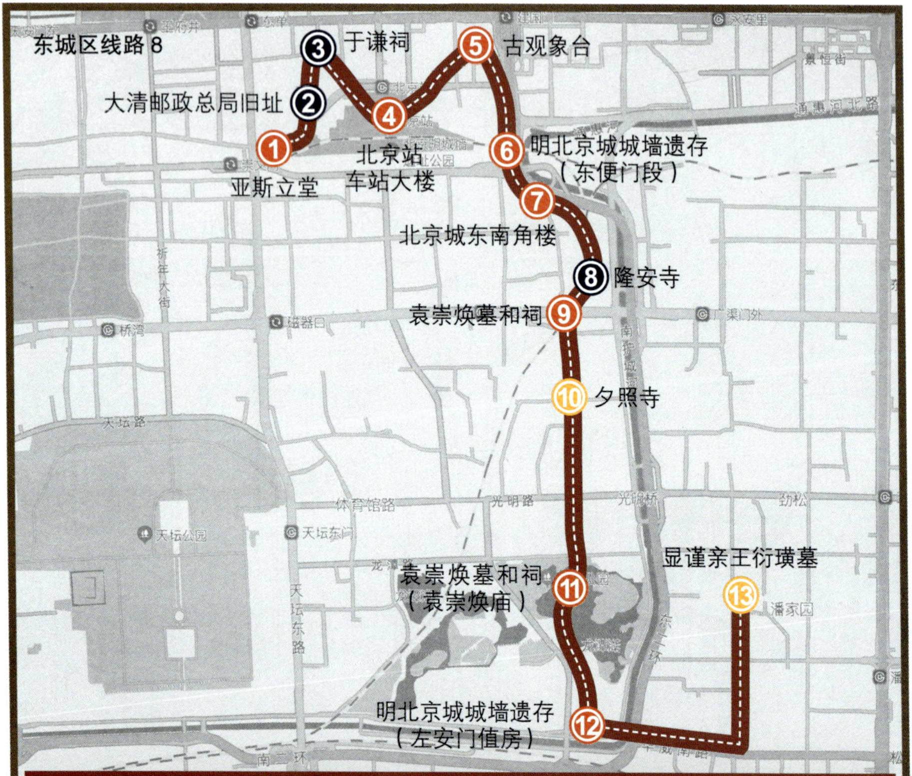

推荐寻访方式

单车 + 步行

推荐寻访路线

从崇文门地铁站东北口沿后沟胡同向北至亚斯立堂（见 P776），然后继续向北先后到访大清邮政总局旧址（市八，不开放）和于谦祠（市三，免费开放）。再向南抵达北京站车站大楼（见 P708），向东北方向可参观古观象台（见 P348），再向南至明北京城城墙遗存（东便门段）（见 P356）和北京城东南角楼（见 P344）。继续南行可途经隆安寺（市三，不开放），再向西可到达袁崇焕墓和祠（见 P94）。穿过广渠门内大街向南可寻访夕照寺（区保，不开放）。沿夕照寺街继续向南至龙潭公园（景区收费）可参观袁崇焕墓和祠（袁崇焕庙）（见 P95），之后可出龙潭公园西门向南寻访明北京城城墙遗存（左安门值房）（见 P356），再向东北穿过东二环可寻访显谨亲王衍璜墓（区保，免费开放）。

推荐寻访重点

古观象台、北京城东南角楼、袁崇焕墓和祠。

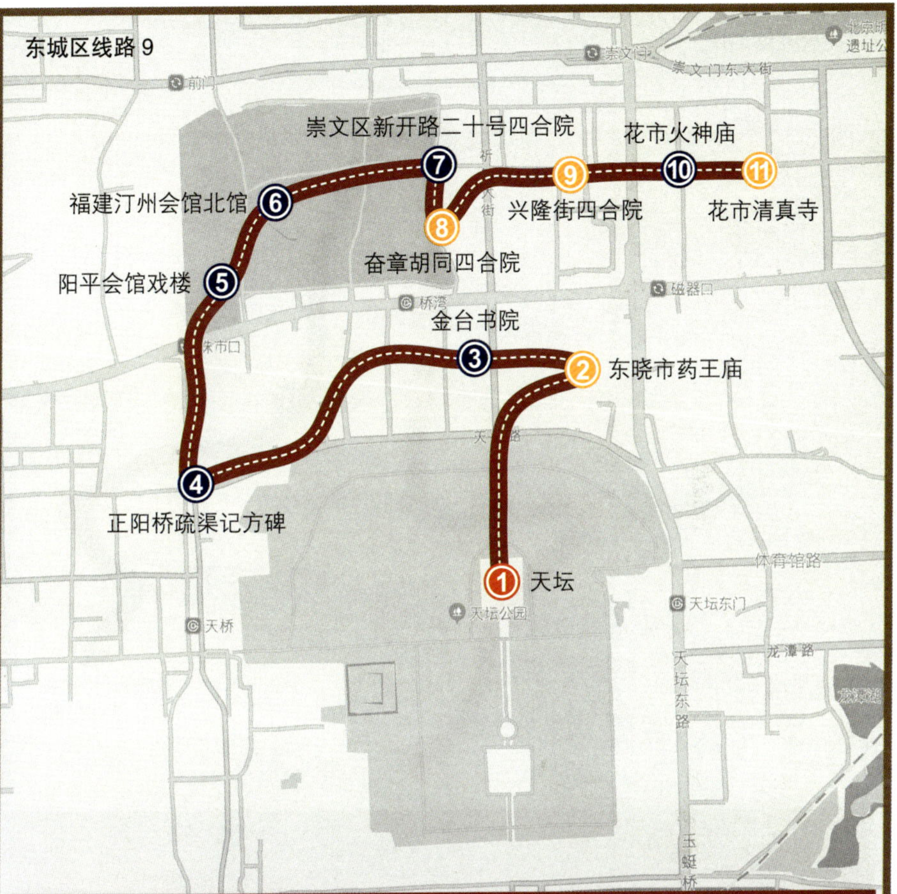

推荐寻访方式

单车 + 步行

推荐寻访路线

天坛（见 P246）游览后从北门向北直行，再向东至东晓市药王庙（区保，不开放），折返向西至金台书院（市三，不开放），然后向西南至正阳桥疏渠记方碑（市三，需要许可），再向北穿过两广大街后到达阳平会馆戏楼（市三，不开放），之后向东北至福建汀州会馆北馆（市三，不开放），再一路东行依次途经崇文区新开路二十号四合院（市三，不开放）、奋章胡同四合院（区保，不开放）、兴隆街四合院（区保，不开放）、花市火神庙（市七，暂不开放）和花市清真寺（区保，不开放）。

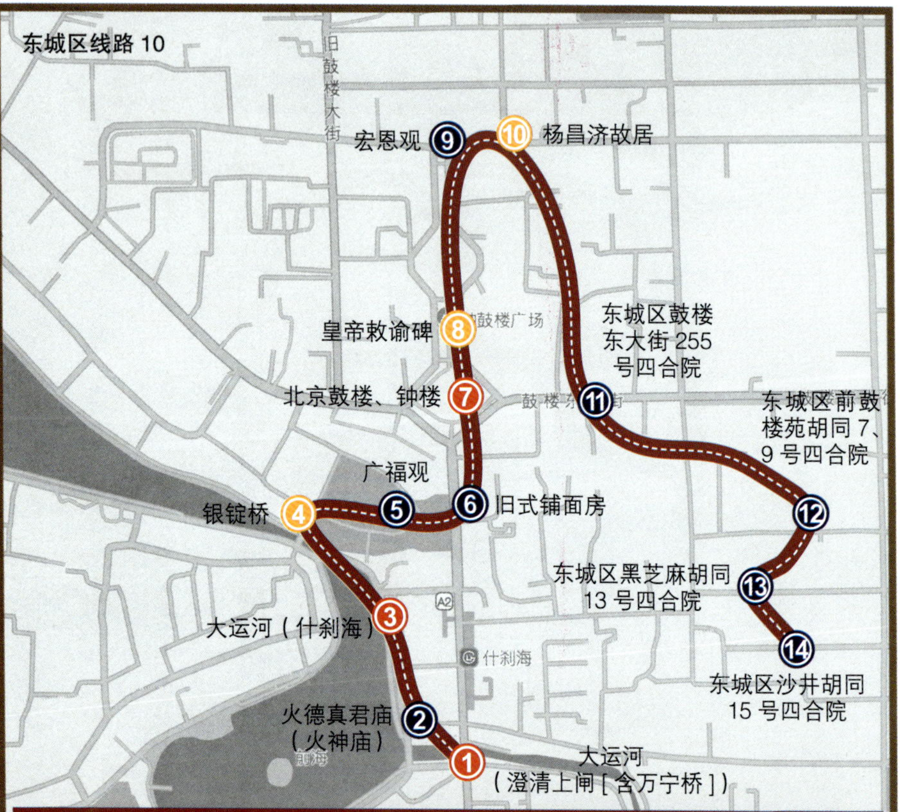

推荐寻访方式

单车 + 步行

推荐寻访路线

首先来到大运河（澄清上闸［含万宁桥］）（见 P113），然后西北行参观火德真君庙（火神庙）（市三，免费开放），然后向北途经大运河（什刹海）（见 P113）。沿前海东沿行至银锭桥（区保，公共区域），领略燕京小八景之一的“银锭观山”景色，再东行至广福观（市八，免费开放），继续沿烟袋斜街向东至地安门外大街寻访旧式铺面房（市六，营业用房），再向北参观北京鼓楼、钟楼（见 P360，鼓楼有定时击鼓表演），钟楼院内东北部有皇帝敕谕碑（区保，不开放）。继续向北可到宏恩观（市九，不开放），东侧有杨开慧之父杨昌济故居（区保，不开放）。之后向东南先后寻访东城区鼓楼东大街 255 号四合院（市六，不开放）、东城区前鼓楼苑胡同 7、9 号四合院（市六，不开放）、东城区黑芝麻胡同 13 号四合院（市七，不开放）和东城区沙井胡同 15 号四合院（市七，不开放）。

火德真君庙（火神庙）藻井

（刘雷／摄）

广福观

（赵伯晟／摄）

东城区鼓楼东大街 255 号四合院

（刘雷／摄）

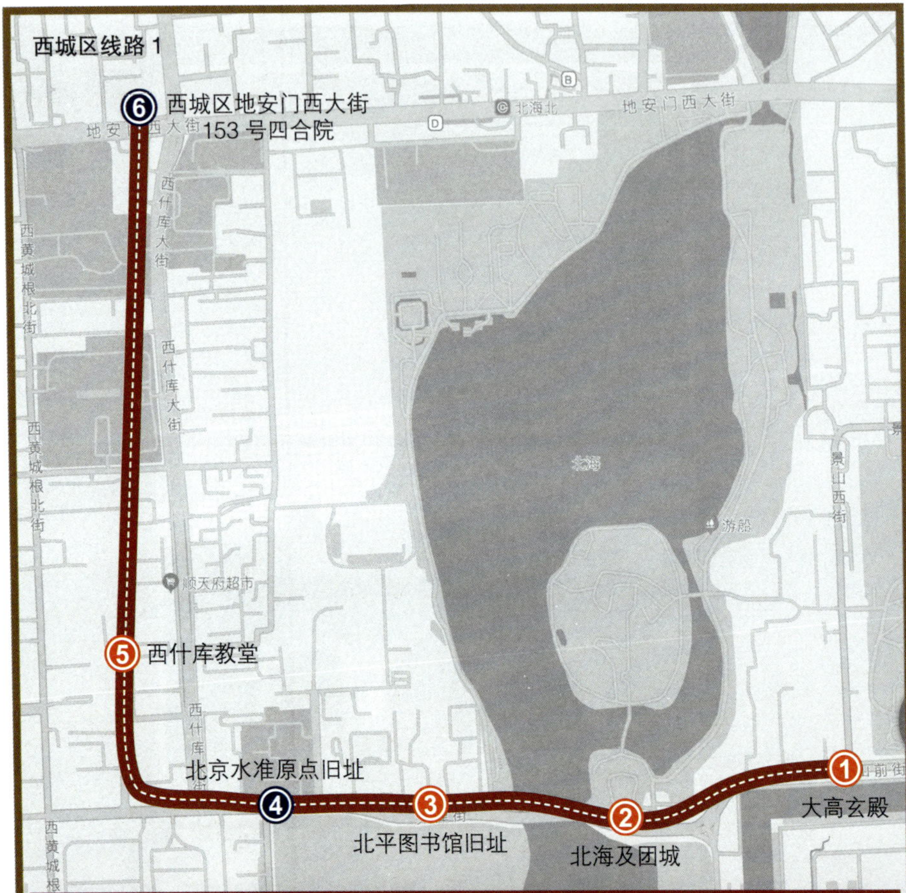

推荐寻访方式

单车 + 步行

推荐寻访路线

从大高玄殿（见 P334）出发，向西参观北海及团城（见 P304）。先登团城，然后进北海南门，可从永安桥进永安寺直上白塔（需单独购票）参观，半山腰处也有众多园林小品可以驻足，下山后从永安桥北端顺时针沿琼岛绕行至东部参观“燕京八景”之一的琼岛春阴碑，再向东通过陟山桥沿北海东岸、北岸、西岸绕湖一周，参观一众园中园景区（均免费，周一闭园）。出北海西门后西行，可参观北平图书馆旧址（见 P696）和北京水准原点旧址（市五，可看外观）。继续向西到西什库大街向北可达西什库教堂（见 P784）和西城区地安门西大街 153 号四合院（市七，不开放）。

推荐寻访方式

单车 + 步行

推荐寻访路线

从故宫西北角楼出发，沿北长街一路向南，先后经过万寿兴隆寺（市九，不开放）、福佑寺（市三，不开放）和昭显庙（市三，不开放），经故宫西华门从中山公园西门至社稷坛（见 P240）参观，然后出中山公园南门向南途经升平署戏楼（市三，不开放）。向西沿北京明清皇城墙遗存（西城段）（市七，免费开放）步行至中南海（见 P324）新华门，途经仪亲王府（区保，不开放）后继续西行至西单北大街向北可到达国立蒙藏学校旧址（见 P694），继续西行可到访郑王府（市三，不开放）、齐白石故居（市三，不开放）和都城隍庙后殿（寝祠）（市三，殿内不开放）。

升平署戏楼（任昱 / 摄）

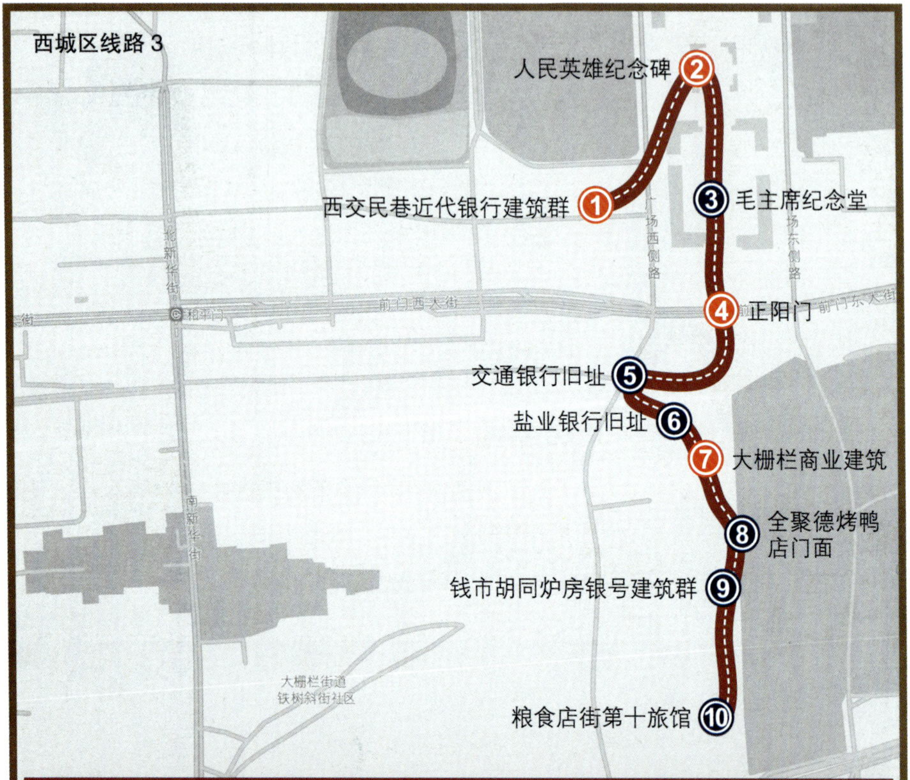

推荐寻访方式

步行

推荐寻访路线

此段寻访起点为西交民巷近代银行建筑群（见 P768），从西向东依次有户部银行旧址、中国农工银行北平分行旧址、中央银行北平分行旧址（营业开放）、华资商业银行总办事处旧址和大陆银行北京分行旧址等五个子项。然后向东进入天安门广场（需预约），可瞻仰人民英雄纪念碑（见 P630）和毛主席纪念堂（市二，预约免费，只在开放日的上午开放且不能携包，可在广场东侧寄存）。向南参观正阳门（见 P340）后进入前门大街，可看到杨廷宝先生设计的交通银行旧址（市五，不开放）和沈理源先生设计的盐业银行旧址（市五，不开放）。沿中轴线继续向南，可看到大栅栏商业建筑（见 P772—775）的四处子项：谦祥益旧址门面、劝业场旧址、祥义号旧址门面和瑞蚨祥旧址门面，路两侧的全聚德烤鸭店门面（市八，营业开放）、钱市胡同炉房银号建筑群（市九，不开放）以及粮食店街第十旅馆（市六，不开放）等近代优秀建筑可一并寻访。

毛主席纪念堂

（刘雷／摄）

全聚德老门面墙

（刘雷／摄）

粮食店街第十旅馆

（陈泽仁／摄）

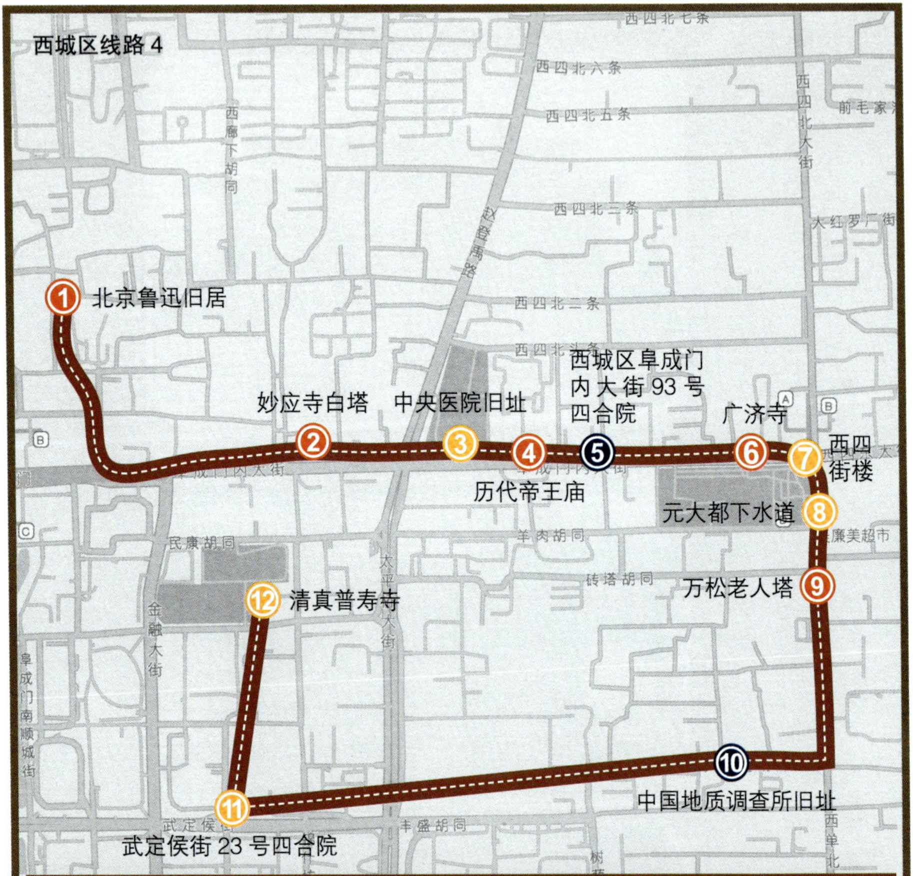

推荐寻访方式

单车 + 步行

推荐寻访路线

从阜成门地铁站出发，向东依次寻访北京鲁迅旧居（见 P662）、妙应寺白塔（见 P182）、中央医院旧址（区保，需要许可）、历代帝王庙（见 P292）、西城区阜成门内大街 93 号四合院（市七，不开放）、广济寺（见 P576）、西四街楼（区保，免费开放）。在西四街楼折向南可参观元大都下水道（区保，已回填）和万松老人塔（见 P196），再向西可到达中国地质调查所旧址（市八，不开放）和武定侯街 23 号四合院（区保，不开放），最后向北至清真普寿寺（区保，不开放）。

推荐寻访重点

妙应寺白塔、历代帝王庙、广济寺和万松老人塔。

西城区阜成门内大街 93 号四合院

（任昱 / 摄）

西四街楼

（刘雷 / 摄）

中国地质调查所旧址

（任昱 / 摄）

推荐寻访方式

单车 + 步行

推荐寻访路线

从北海北地铁站出发，先寻访盛新中学与佑贞女中旧址（见 P746），再跨过地安门西大街到达贤良祠（市六，不开放）。继续向东北参观郭沫若故居（见 P672，在海棠花期和银杏金黄时节最为美丽），再向西北参观恭王府及花园（见 P516），途经辅仁大学本部旧址（见 P738）、庆王府（市三，不开放）继续向西到达梅兰芳旧居（见 P674）参观。梅兰芳旧居西北侧还有护国寺建筑遗存（市三，大部分不开放）若干子项可访。

贤良祠（藻井）

（任昱 / 摄）

贤良祠（御制碑）

（任昱／摄）

庆王府（绣楼）

（刘雷／摄）

护国寺建筑遗存（金刚殿）

（刘雷／摄）

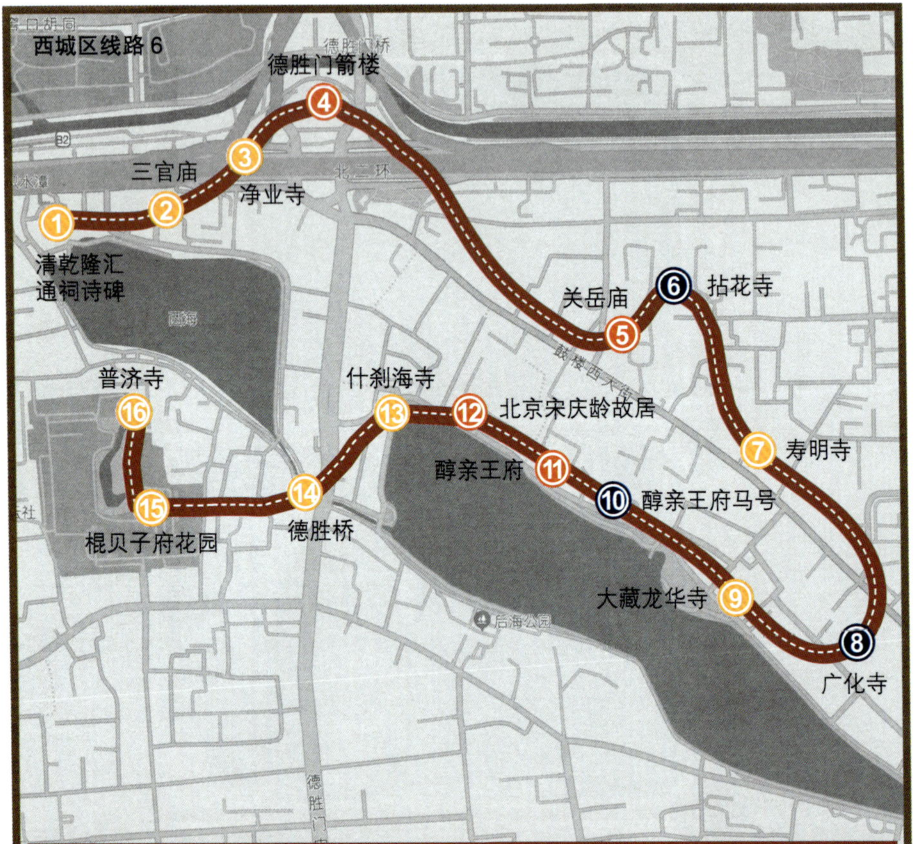

推荐寻访方式

单车 + 步行

推荐寻访路线

从积水潭地铁站出发，先看清乾隆汇通祠诗碑（区保，免费开放），后向东依次寻访三官庙（区保，不开放）、净业寺（区保，不开放）和德胜门箭楼（见 P352），再从德胜门沿鼓楼西大街向东到达关岳庙（见 P532）和拈花寺（市七，不开放）。继续向东途经寿明寺（区保，不开放），再向东南先后到访广化寺（市三，农历初一、十五等特定日期免费开放）和大藏龙华寺（区保，不开放）。由此沿后海北沿向西可依次浏览醇亲王府马号（市九，不开放）和醇亲王府（见 P528），北京宋庆龄故居（见 P668）可进入参观。再向西可走访四处文保，分别是什刹海寺（区保，不开放）、德胜桥（区保，免费开放）、棍贝子府花园（区保，免费开放）和普济寺（区保，不开放）。

清乾隆汇通祠诗碑（刘雷／摄）

拈花寺（刘雷／摄）

广化寺（任昱／摄）

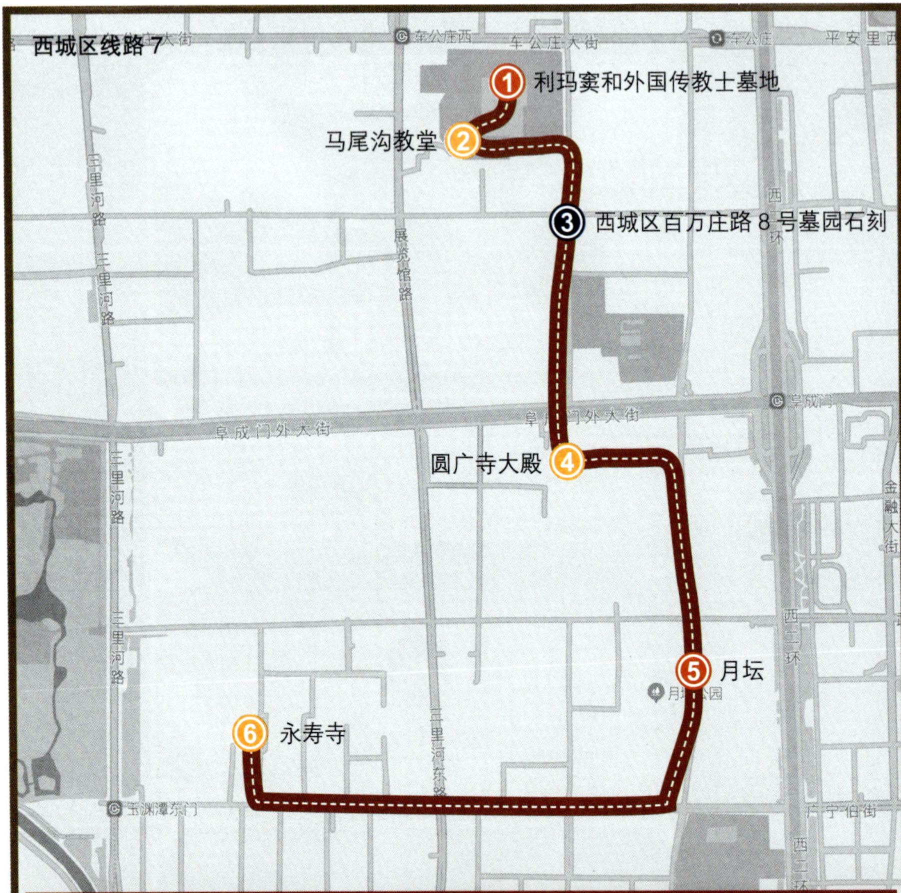

推荐寻访方式

单车 + 步行

推荐寻访路线

从车公庄西地铁站出发，先参观北京行政学院内的利玛窦和外国传教士墓地（见 P96）及马尾沟教堂的山字楼和口字楼（区保，楼内不开放），再向东南参观西城区百万庄路 8 号墓园石刻（市六，内部不开放），继续向南到达圆广寺大殿（区保，殿内不开放），向东南参观月坛（见 P282），最后向西行到达永寿寺（区保，不开放）。

推荐寻访重点

利玛窦和外国传教士墓地以及月坛。

西城区线路 8

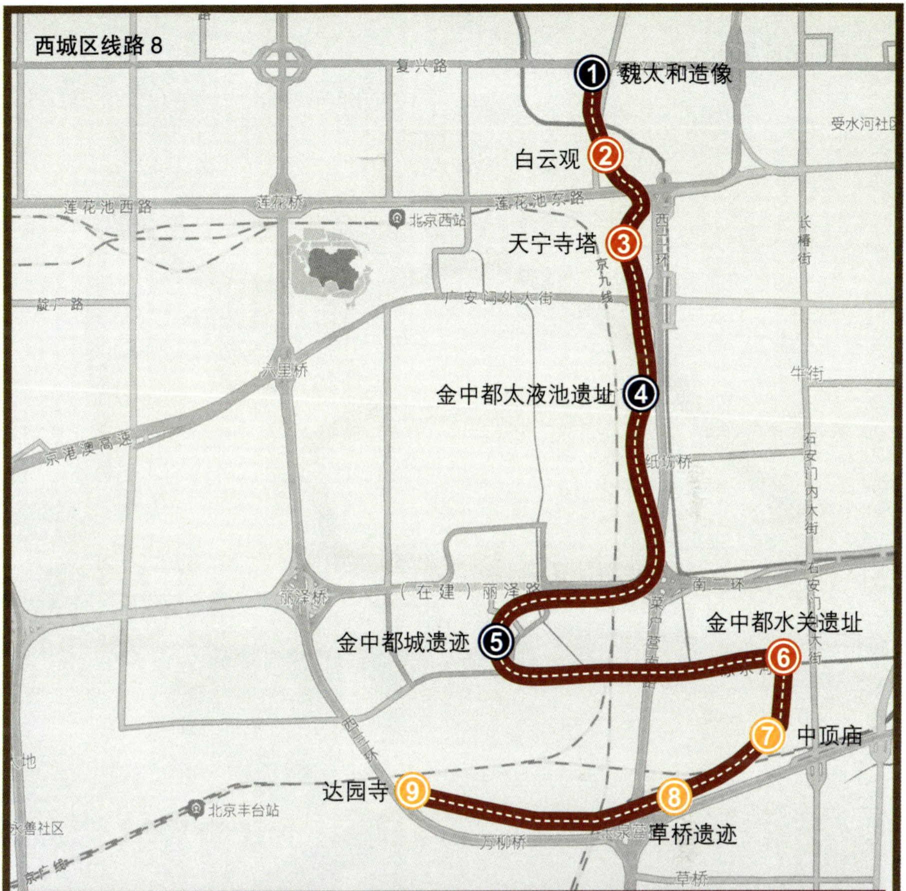

推荐寻访方式

自驾、单车 + 步行

推荐寻访路线

从木樨地地铁站向东可参观首都博物馆内的魏太和造像（市一，免费开放）原件，然后向南可依次参观白云观（见 P592）、天宁寺塔（见 P154）和金中都太液池遗址（市三，不开放）。再向西南可寻访金中都城遗迹（市三，不开放）的三处子项，分别是东管头高楼村西城墙遗址、凤凰嘴西南角城墙遗址和万泉寺南城墙遗址，向东穿过京开高速可到达金中都水关遗址（见 P24）。继续南行可寻访中顶庙（区保，不开放），折向西可至草桥遗迹（区保，免费开放）和达园寺（区保，不开放）。

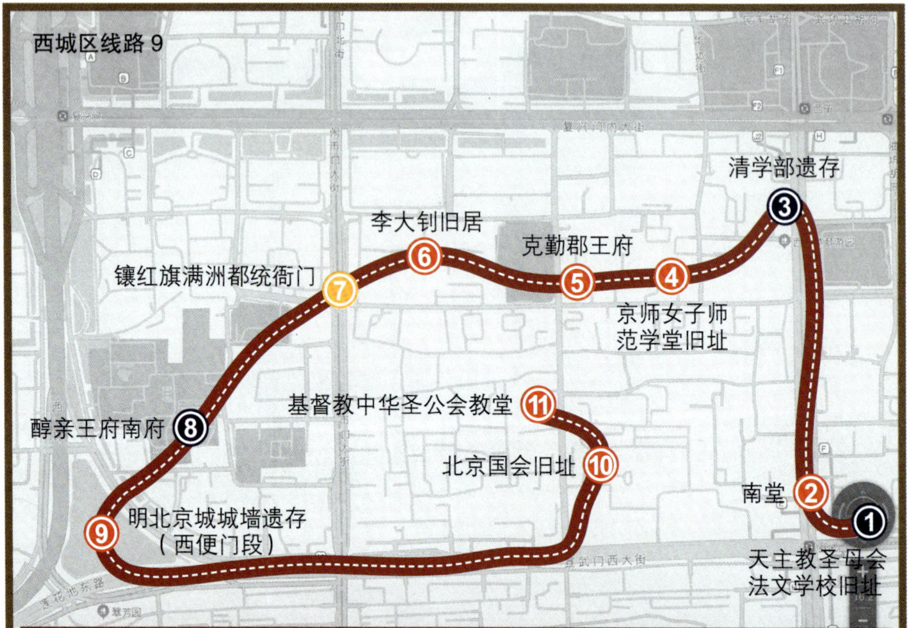

推荐寻访方式

单车 + 步行

推荐寻访路线

从宣武门地铁站 B 口出站即可见天主教圣母会法文学校旧址（市三，不开放），向西即是北京地区始建年代最早的天主教堂——南堂（见 P620）。继续向北至教育街到达清末废除科举后主持全国学政的清学部遗存（市八，不开放），折返向南到新文化街西行途经京师女子师范学堂旧址（见 P750）和克勤郡王府（见 P540），再向西到访李大钊旧居（见 P664）和镶红旗满洲都统衙门（区保，不开放），醇亲王府南府（市八，不开放）在其西南方向，这里是光绪皇帝的出生地，也叫“潜龙邸”。继续向西南参观明北京城城墙遗存（西便门段）（见 P356），然后向东北寻访北京国会旧址（见 P686）和网红打卡地模范书局所在地——基督教中华圣公会教堂（见 P788）。

醇亲王南府后罩楼（刘雷 / 摄）

天主教圣母会法文学校旧址（刘雷/摄）

清学部遗存（任昱/摄）

醇亲王府南府（任昱/摄）

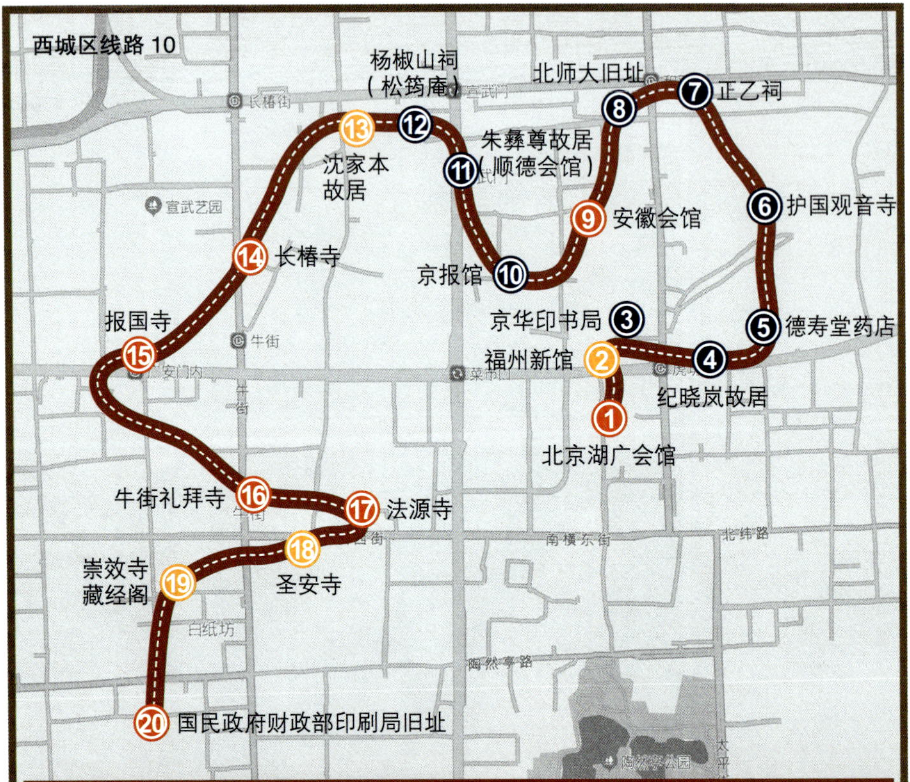

推荐寻访方式

单车 + 步行

推荐寻访路线

从虎坊桥地铁站出 D 口向东即是北京湖广会馆（见 P612），向北为福州新馆（区保，可预约参观）和京华印书局（市七，暂不开放），向东途经纪晓岚故居（市七，收费参观）和德寿堂药店（市七，药店经营），进陕西巷向北可到护国观音寺（市九，不开放），再向西北到达正乙祠（市六，演出预约收费），而后向西途经北师大旧址（市九，部分开放）再向南寻访安徽会馆（见 P608）和京报馆（市三，可预约参观）。向北途经朱彝尊故居（顺德会馆）（市三，不开放），再向西可达纪念明代著名谏臣的杨椒山祠（市三，不开放）和近代法律奠基人沈家本故居（区保，可预约参观）。然后向西南可到达长椿寺（见 P584）和报国寺（见 P572），穿过广安门内大街到达牛街礼拜寺（见 P430），向东不远则是法源寺（见 P560）。再向西南，经圣安寺（区保，不开放）和崇效寺藏经阁（区保，不开放），最后到达国民政府财政部印刷局旧址（见 P690）。

德寿堂药店

（刘雷／摄）

京报馆

（失重的梁柱／摄）

沈家本故居

（刘雷／摄）

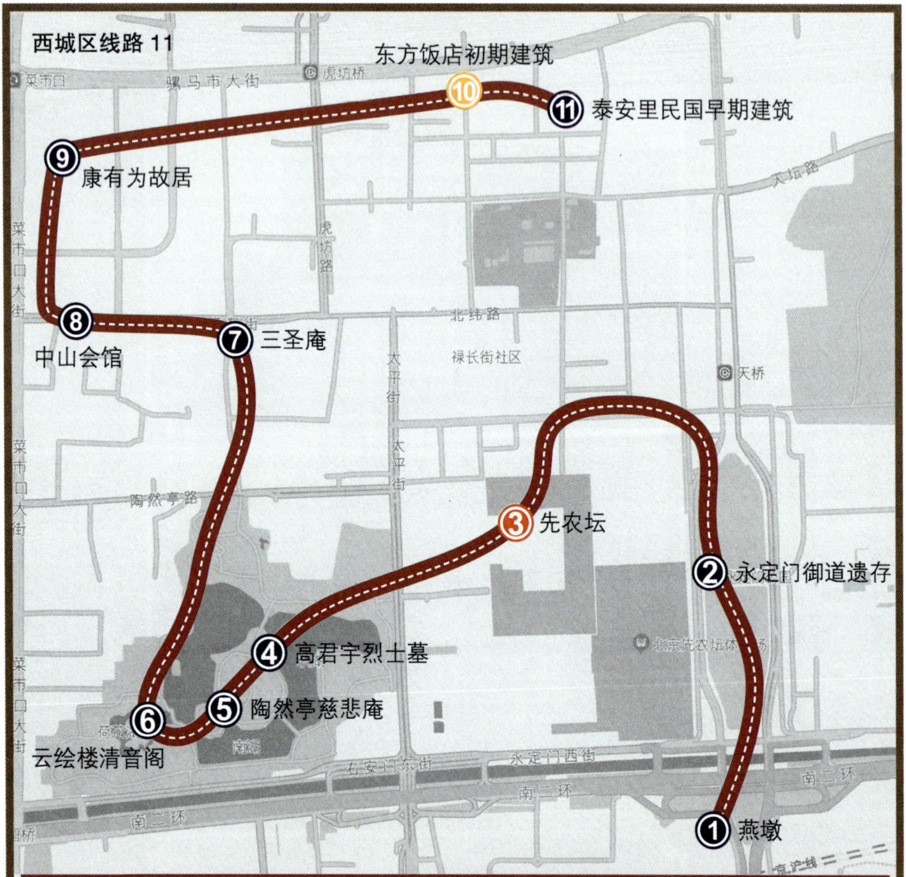

推荐寻访方式

单车 + 步行

推荐寻访路线

从永定门外地铁站出站可看到老北京“五镇”之一的燕墩（市三，可远眺外观），而后向北到达永定门御道遗存（市九，免费开放），折向西行可至作为北京古建筑博物馆开放的先农坛（见P264）主体建筑群。再向西进陶然亭公园（景区收费）瞻仰高君宇烈士墓（市九），并参观陶然亭慈悲庵（市二，需要预约）以及从中南海迁建至此的云绘楼清音阁（市三，可看外观）。从北门出公园后继续向北至三圣庵（市六，不开放），折向西行途经中山会馆（市三，不开放），再向北到达康有为故居（市三，不开放）。最后向东前往始建于1918年的北京东方饭店初期建筑（区保，需要许可）以及同时期建造的仿上海里弄式住宅的泰安里民国早期建筑（市九，暂不开放）。

燕墩
（任昱/摄）

陶然亭慈悲庵
（失重的梁柱/摄）

泰安里民国早期建筑（天井）
（刘雷/摄）

朝阳区线路 1

推荐寻访方式

公交、单车 + 步行

推荐寻访路线

从安德里北街地铁站向北出发，先途经京师大学堂分科大学旧址（见 P742），再向西北可参观形制独特的金刚宝座塔——清净化城塔（见 P598），继续向北前往北顶娘娘庙（市七，预约免费）参观。再折返向西南寻访元大都城墙遗址（北城垣水关遗址）（见 P31），继续西行再向南参观蓟门烟树碑（区保，公共区域）和元大都城墙遗址（肃清门瓮城遗址）（见 P28），最后折向西北参观觉生寺（见 P550）。

推荐寻访重点

觉生寺和清净化城塔、元大都城墙遗址（朝阳段）海棠花溪景区在春天花季最为繁盛，遗址内还有数座明、清石碑可浏览。

推荐寻访方式

自驾、单车＋步行

推荐寻访路线

从西城区锦什坊街迁建到朝阳公园东南部的顺承郡王府（市三，不开放）出发，向南途经海阳义园（区保，不开放）至通惠河再向东，寻访大运河（庆丰闸）（见 P116）和大运河（平津闸）（见 P117），再向东途经那桐墓（区保，不开放）至四九一电台旧址（见 P704）。然后向南寻访张翼祠堂（区保，免费开放），再向西北到达肃慎亲王敬敏墓（区保，部分开放），继续向西进古塔公园参观十方诸佛宝塔（市四，免费开放）。

十方诸佛宝塔

（当年公瑾 / 摄）

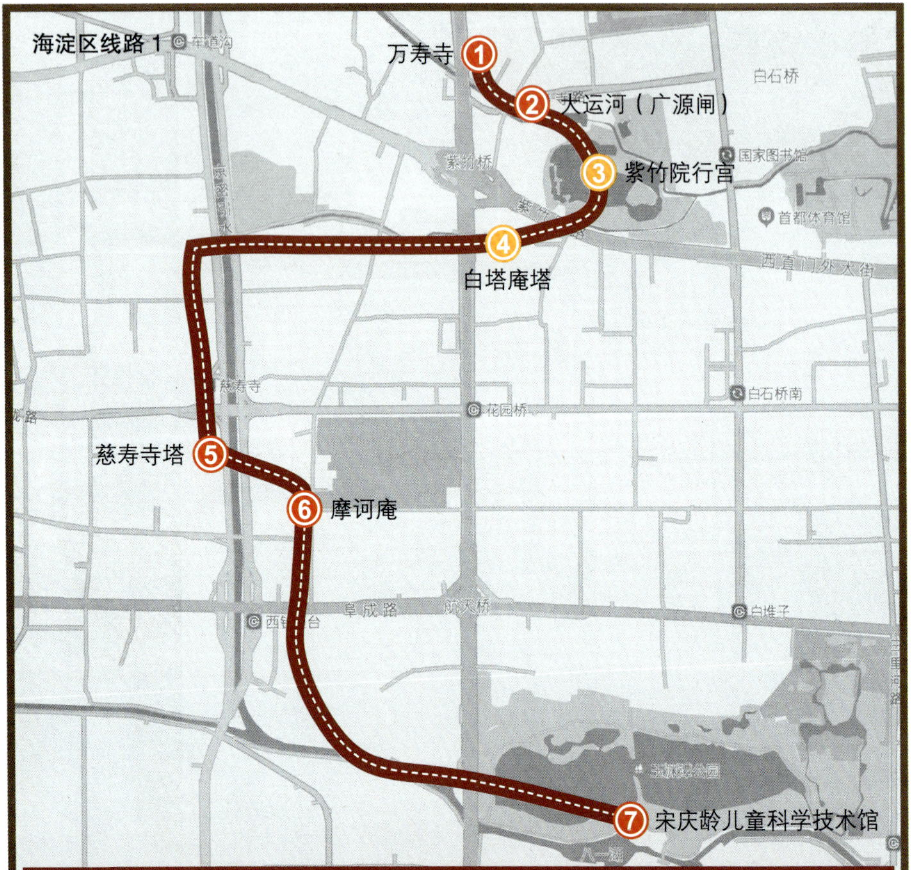

推荐寻访方式

公交、单车 + 步行

推荐寻访路线

从万寿寺地铁站出发，先参观万寿寺（见 P566），再向东南至大运河（广源闸）（见 P112），继续向东南进紫竹院公园（免费开放）参观紫竹院行宫（区保，景区收费），再折向西南进中国画研究院寻访白塔庵塔（区保，需要许可）。之后继续向西南到玲珑公园参观慈寿寺塔（见 P448），向东途经摩诃庵（见 P424）再向东南至中华世纪坛西北侧的宋庆龄儿童科学技术馆（见 P804）。

推荐寻访重点

万寿寺和慈寿寺塔。塔上的砖雕人物、佛像及各种纹饰值得细观，塔下分别刻有关公像和九莲菩萨像的两座石碑亦不宜忽略。

海淀区线路 2

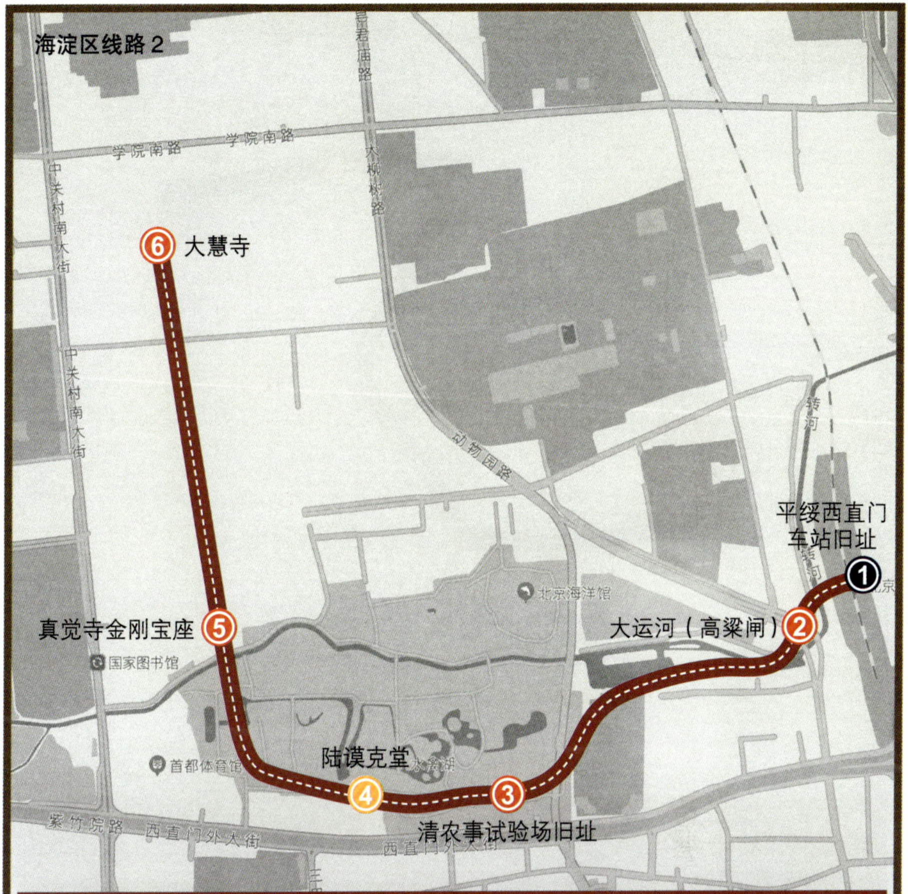

推荐寻访方式

公交、单车 + 步行

推荐寻访路线

本段寻访从西直门地铁站出发，先参观北京北站站内及周边的平绥西直门车站旧址（市五，进站乘车可见），再寻访大运河（高粱闸）（见 P112），由此向西进入北京动物园（景区收费），可参观清农事试验场旧址（见 P682）多处子项和陆谟克堂（区保，不开放）。之后出动物园北门至北京石刻艺术博物馆（亦称五塔寺，景区收费），欣赏真觉寺金刚宝座（见 P438），同时可以参观院内傅恒宗祠碑和会仙女校碑等区保碑刻以及其他众多精美石刻文物，最后抵达五塔寺正北的大慧寺（见 P402）。

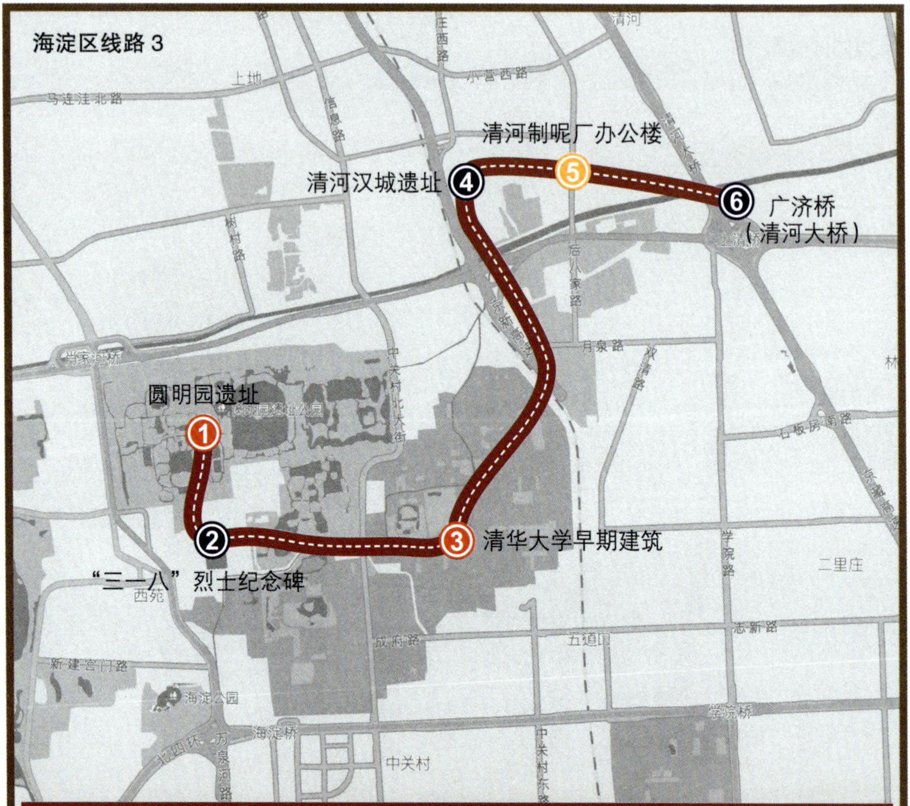

推荐寻访方式

自驾、单车 + 步行

推荐寻访路线

本段寻访从圆明园地铁站出发，从正觉寺（需预约，收费）进入圆明园遗址（见 P36）参观，园内还有“三一八”烈士纪念碑（市三）可以瞻仰。出圆明园向东进入清华大学（需要预约许可），参观清华大学早期建筑（见 P714）的各处子项，然后从东北门出校，向北到达清河汉城遗址（市六，不开放），再向东寻访清河制呢厂办公楼（区保，可看外观）和广济桥（清河大桥）（市三，公共区域）。

推荐寻访重点

圆明园园区东部的西洋楼景区（需单独购票）是精华区域，并建有展览馆和露天石刻展区。清华大学校内除清华大学早期建筑以外，还有大量历史建筑和部分清代园林遗存以及网红打卡地清华大学艺术博物馆（收费参观）可供参观。

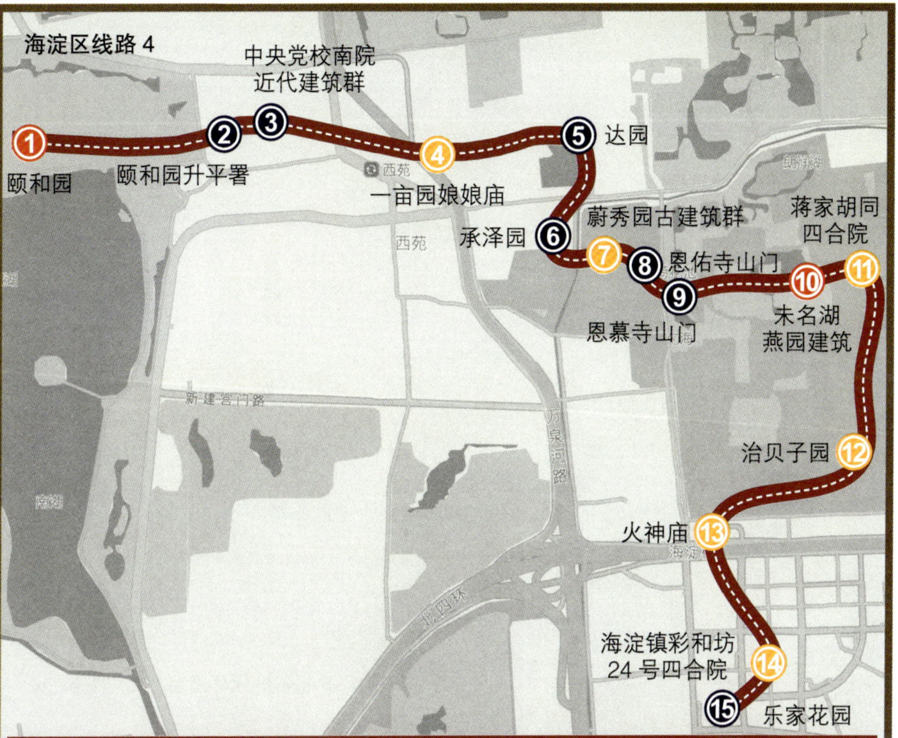

推荐寻访方式

单车 + 步行

推荐寻访路线

颐和园（见 P476）参观至少需要半天时间，然后向东途经位于中央党校南院的颐和园升平署（市九，不开放）和中央党校南院近代建筑群（市九，不开放），继续东行经一亩园娘娘庙（区保，不开放）和达园（市三，不开放），向南到达承泽园（市八，不开放），再向东寻访蔚秀园古建筑群（区保，需要许可）和畅春园仅存的恩佑寺山门（市九，公共区域）、恩慕寺山门（市九，公共区域）。从北京大学西门进入校内，可参观未名湖燕园建筑（见 P730）的各处子项。北京大学校园东部有蒋家胡同四合院（区保，不开放），南部有治贝子园（区保，不开放）。再向南行可途经火神庙（区保，不开放）、海淀镇彩和坊 24 号四合院（区保，不开放），最后到达乐家花园（市三，需要许可）。

推荐寻访重点

颐和园和未名湖燕园建筑，而且北京大学校内还有大量清代园林遗存、圆明园石刻和历史建筑可供寻访。

推荐寻访方式

自驾、单车 + 步行

推荐寻访路线

从西郊线颐和园西门站出发，进入北坞公园（免费开放）寻访北坞金山寺及戏楼（区保，不开放）和北坞关帝庙（区保，不开放），再向北到达玉东郊野公园内的湖山罨画坊（区保，公共区域），此处可眺望静明园（见 P500）玉峰塔。继续向西北到达景泰陵（见 P90），折向西南途经正蓝旗清代碉楼（区保，不开放）和妙云寺（区保，不开放），再向南进入万安公墓（区保，免费开放）参观李大钊烈士陵园（市三，免费开放），最后可向东南经门头新村甲 8 号四合院（区保，不开放），到达西禅寺（区保，不开放）和小屯村侵华日军飞机掩体遗址（区保，不开放）。

推荐寻访重点

由于静明园和景泰陵等多处文保均不开放，故寻访重点可放在李大钊烈士陵园，万安公墓内还有诸多近代名人墓可以瞻仰。

湖山罨画坊

（刘雷／摄）

妙云寺

（自在香山／摄）

万安公墓

（刘雷／摄）

海淀区线路 6

推荐寻访方式

公交、单车 + 步行

推荐寻访路线

沿香山南路向北先后途经旭华之阁及松堂（市三，不开放）和健锐营演武厅（见 P504），然后继续向北进入国家植物园北区（景区收费），经过镶白旗碉楼（区保）后，可瞻仰梁思成先生为其父亲设计的梁启超墓（市六），然后西行可到达孙传芳墓（区保，周末开放），最后参观十方普觉寺（见 P554）。

推荐寻访重点

国家植物园分南区和北区两部分，其中北区古迹丰富，特别是十方普觉寺看点很多。

旭华之阁及松堂（海里的乌鸦／摄）

镶白旗碉楼（自在香山／摄）

梁启超墓（自在香山／摄）

海淀区线路 7

推荐寻访方式

步行

推荐寻访路线

从香山地铁站出发，向南可瞻仰佟麟阁将军墓（市九，免费开放），再向西进入香山公园参观“三山五园”之一的静宜园（香山）（市三，景区收费）和筹建新中国的历史见证地——双清别墅（见 P638）。然后向北经香山慈幼院址（区保，不开放）出香山北门，进碧云寺（见 P388）参观，向东南至熊希龄墓园（区保，不开放）。最后可向北瞻仰梅兰芳墓（区保、公共区域）和马连良墓（区保，公共区域）。

推荐寻访重点

此线路的重点为静宜园（香山），“二十八景”分布其间，除双清别墅可预留一定时间参观外，山间众多的摩崖石刻、碑记亦可寻访，如“燕京八景”之一的西山晴雪碑。静宜园（香山）四季之美以深秋满山红叶之时为最。其次是碧云寺，也有丰富的看点值得驻足。

佟麟阁将军墓

（滇中樵夫／摄）

静宜园（香山）（昭庙和琉璃塔）

（刘雷／摄）

熊希龄墓园

（滇中樵夫／摄）

推荐寻访方式

自驾 + 步行

推荐寻访路线

从黑龙潭及龙王庙（市三，不开放）出发，向西北进入北京老年医院内的辛亥滦州起义纪念园（见 P658），可一并参观院内的孙岳墓（市七，免费开放）和显龙山石刻（区保，免费开放）。向西经响塘庙（区保，不开放）进入鹫峰国家森林公园寻访秀峰寺（区保，不开放）和中国自行建设的第一座地震台——鹫峰地震台（市八，景区收费）。由此折向南参观贝家花园（市八，景区收费），之后继续南行途经普照寺（市八，不开放），到达大觉寺（见 P410），最后向西南寻访周云端塔（区保，公共区域）。

推荐寻访重点

寻访重点为大觉寺，寺内建筑、彩塑、石刻内容较多，玉兰花期和银杏季最为可观。黑龙潭及龙王庙可从路边看到部分外观。大觉寺到周云端塔需步行。

黑龙潭及龙王庙

（自在香山／摄）

显龙山石刻

（天翔／摄）

普照寺

（刘雷／摄）

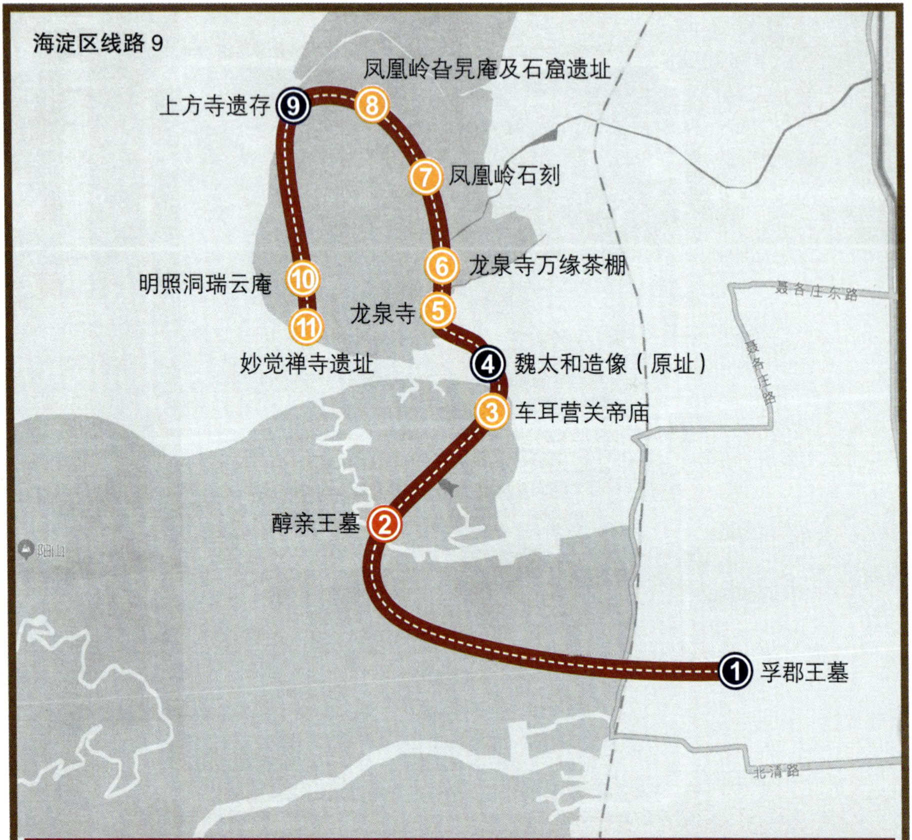

推荐寻访方式

自驾 + 步行

推荐寻访路线

从孚郡王墓（市三，不开放）出发，向西北到达醇亲王墓（见 P100）。由此向东北可寻访车耳营关帝庙（区保，不开放）和魏太和造像（原址）——民国时期建造的石亭（市一，需要许可）。继续向西北可依次寻访龙泉寺（区保，暂不开放）、龙泉寺万缘茶棚（区保，景区收费）、凤凰岭石刻（区保，景区收费）、凤凰岭沓吴庵及石窟遗址（区保，景区收费）和上方寺遗存（市九，景区收费）。此外南线的明照洞瑞云庵（区保，景区收费）也是非常有特色的景点，妙觉禅寺遗址（区保，景区收费）在其南侧。

推荐寻访重点

上方寺遗存和明照洞瑞云庵。

浮郡王墓
（刘雷／摄）

上方寺遗存（辽应历十年题记）
（刘雷／摄）

明照洞瑞云庵
（天翔／摄）

推荐寻访方式

自驾、公交 + 步行

推荐寻访路线

参观完承恩寺（见 P418）后，折向西北可寻访冰川擦痕（市一，博物馆预约免费），途经四柏一孔桥（区保，公共区域）到达以明代壁画闻名的法海寺（见 P382），法海寺西侧还有龙泉寺（区保，预约免费）可以参观。再向南至田义墓（市六，景区收费）。此外，模式口大街周边还有模式口 76 号院（区保，不开放）、过街楼遗址、老爷庙、龙王庙、古城墙等诸多文保可供游览。

推荐寻访重点

承恩寺、法海寺和田义墓。

四柏一孔桥
（滇中樵夫／摄）

龙泉寺
（刘雷／摄）

田义墓
（滇中樵夫／摄）

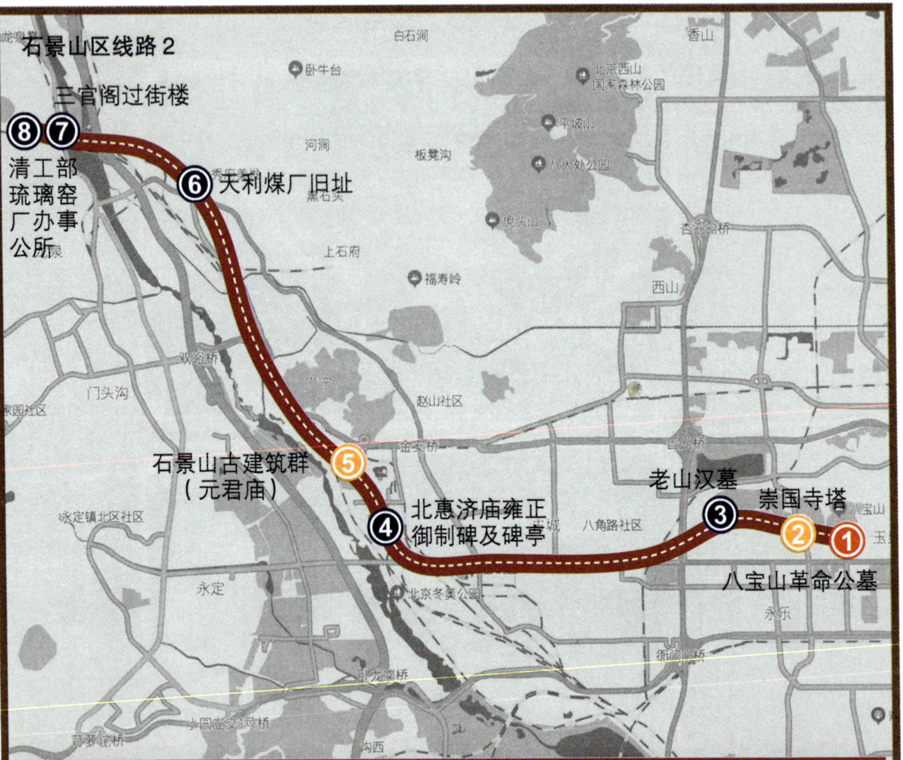

推荐寻访方式

自驾、公交、单车或步行

推荐寻访路线

从八宝山地铁站出发，向东可至八宝山革命公墓（见 P798，清明需预约），折返向西有崇国寺塔（区保，公共区域），再向西北至老山城市休闲公园内寻访老山汉墓（市六，不开放）。再向西至首钢园西南角寻访北惠济庙雍正御制碑及碑亭（市九，公共区域）及石景山古建筑群（元君庙）（区保，暂不开放），然后向西北方向进入三家店村寻访有精美砖雕的天利煤厂旧址（市六，需要许可），此外三家店村还有东街 78 号院、白衣庵、中街 59 号院、关帝庙铁锚寺、二郎庙、龙王庙等众多区保可供寻访。再向西过永定河至琉璃渠村参观三官阁过街楼（市四，公共区域）和清工部琉璃窑厂办事公所（市八，需要许可），村内还有关帝庙和妙峰山正路万缘同善茶棚两处区保可以寻访。

推荐寻访重点

八宝山革命公墓、石景山古建筑群（元君庙）、三官阁过街楼和清工部琉璃窑厂办事公所。

崇国寺塔
（刘雷／摄）

北惠济庙雍正御制碑及碑亭
（孔小乙／摄）

三官阁过街楼
（天翔／摄）

丰台区线路

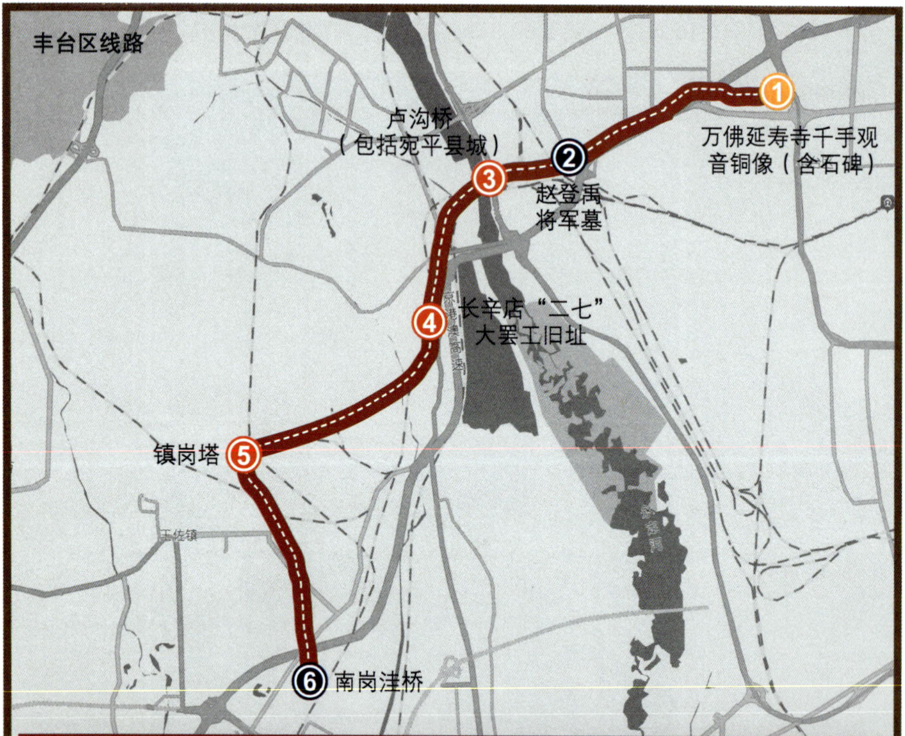

推荐寻访方式

自驾、公交 + 步行

推荐寻访路线

从大井地铁站出站进入丰台体育中心向西，可寻访北京目前最大的菩萨铜像——万佛延寿寺千手观音铜像（含石碑）（区保，公共区域），然后向西在大瓦窑地铁站附近瞻仰赵登禹将军墓（市九，公共区域），继续向西抵达“七七”事变发生地——卢沟桥（包括宛平县城）（见P644）。参观之后向西跨过永定河，再向南寻访长辛店“二七”大罢工旧址（见P650—657）的七处子项：“二七”烈士墓、“二七”机车厂近代建筑遗存、长辛店留法勤工俭学预备班旧址、长辛店工人俱乐部旧址、警察局驻地旧址、工人夜班通俗学校旧址和劳动补习学校旧址。继续西南行寻访北京地区罕见的金代花塔——镇岗塔（见P180），然后南行可至南岗洼桥（市六，公共区域）。

推荐寻访重点

卢沟桥（包括宛平县城）和长辛店“二七”大罢工旧址，中国人民抗日战争纪念馆和长辛店“二七”纪念馆也可预约参观。

万佛延寿寺千手观音铜像（含石碑）

（赵伯晟/摄）

赵登禹将军墓

（刘雷/摄）

南岗洼桥

（滇中樵夫/摄）

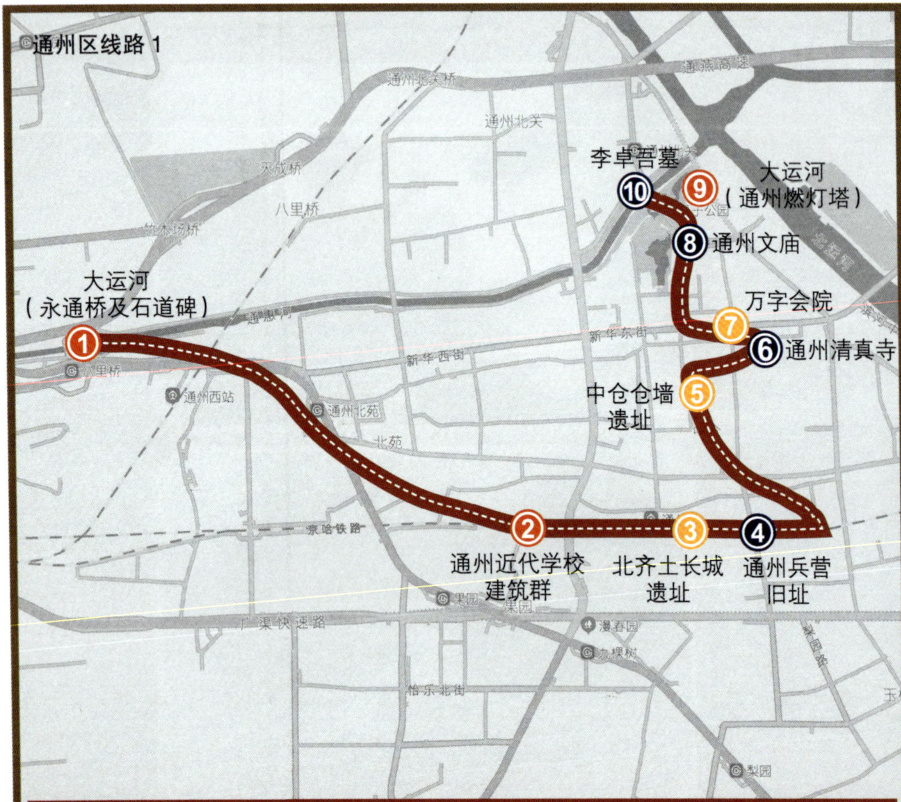

推荐寻访方式

自驾、单车 + 步行

推荐寻访路线

从大运河（永通桥及石道碑）（见 P118—120）开始，向东依次寻访通州近代学校建筑群（见 P794—797）子项富育女校、北京护士学校和潞河中学。继续向东至北齐土长城遗址（区保，公共区域）和通州兵营旧址（市八，不开放）。向北寻访中仓仓墙遗址（区保，不开放），再折向东北参观通州清真寺（市五，需要许可）。随后向西寻访万字会院（区保，南部不开放），再继续向北到达通州文庙（市九，免费参观）和大运河（通州燃灯塔）（见 P121），最后折向西进西海子公园瞻仰李卓吾墓（市三，免费开放）。

推荐寻访重点

大运河（永通桥及石道碑），万字会院北部为通州区博物馆（可预约，免费参观），内有宝光寺铜钟（区保），通州文庙和燃灯塔景区内还有通永道署铁狮和紫清宫两个区保。

通州区线路 2

推荐寻访方式

自驾 + 步行

推荐寻访路线

从平津战役指挥部宋庄旧址（市九，不开放）向南出发，途经路县故城遗址（市九，不开放）到达石像生群（区保，免费开放）。然后向西南至大运河（通运桥及张家湾镇城墙遗址）（见 P122—123），再折向西北途经土桥镇水兽（区保，小区内公共区域）、日本侵华罪证碑（区保，公共区域）和张家门楼（区保，可看外观），最后折向东至谕祭国柱碑、文孚碑（区保，小区内公共区域）。

推荐寻访重点

大运河（通运桥及张家湾镇城墙遗址）保存较好，在城墙部分城砖上还留有弘治、嘉靖、万历等砖铭。

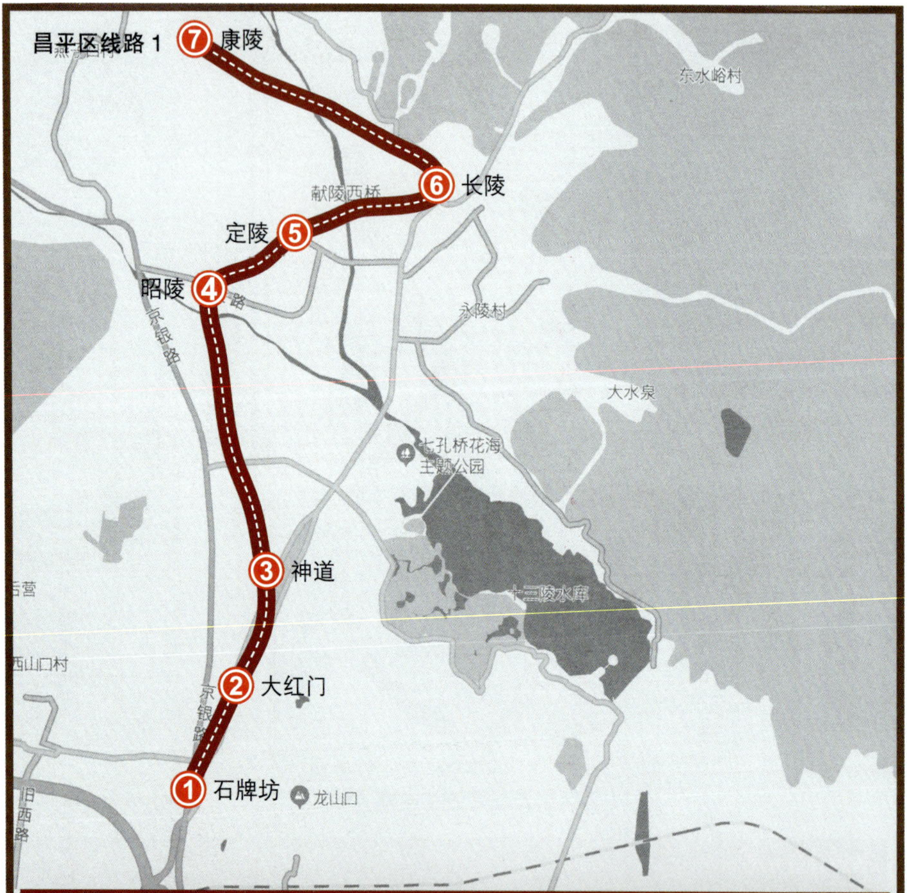

推荐寻访方式

自驾 + 步行

推荐寻访路线

本段主要寻访十三陵（见 P56）的开放景区。从石牌坊出发，向北到达大红门后进神道收费景区，出景区后向北依次寻访均为收费景区的昭陵、定陵、长陵、康陵。

推荐寻访重点

神道的石刻、定陵的地宫和长陵的祾恩殿，是十三陵的精华所在。康陵是近几年新开放的景区，也是很有特点的一座帝陵，同时康陵村的春饼宴也是小有名气。

昌平区线路 2

推荐寻访方式

自驾 + 步行

推荐寻访路线

本段主要寻访十三陵（见 P72—89）未开放子项，包含帝陵和陪葬墓。寻访从最南边的思陵（含王承恩墓）开始，依次经过悼陵，四妃二太子墓，贤妃墓，郑贵妃与二李、刘、周妃墓，万贵妃墓，九龙池遗址，西井，泰陵，茂陵，裕陵，庆陵，献陵，景陵，德陵，东井和永陵。

推荐寻访重点

此路线九座帝陵均不开放，但陵门和陵门外的神道桥、石碑、部分遗址基本可见，万贵妃墓和东井还保存有较为明显的建筑遗址和石刻遗存。

推荐寻访方式

自驾 + 步行

推荐寻访路线

本段主要寻访银山塔林（见 P172），然后出景区至安四路向北依次途经海子村九圣庙（区保，需要许可）、慈悲峪村福庆庵（区保，需要许可）和金代的南庄经幢（区保，免费开放），再向东走怀黄路至长城（慕田峪段）（见 P126），途中还有龙泉庄石刻（区保，免费开放）可供选择，继续向东南方向到达红螺寺（市四，景区收费）。

推荐寻访重点

银山塔林、长城（慕田峪段）和红螺寺。

南庄经幢（天翔/摄）

龙泉庄石刻（刘雷/摄）

红螺寺（刘雷/摄）

推荐寻访方式

自驾 + 步行

推荐寻访路线

首先向北沿京藏高速依次途经巩华城（市五，部分开放）、朝宗桥（市三，全天开放）和大运河（白浮泉遗址）（见 P110）。再一路向西北经京张铁路南口段至八达岭段（南口火车站站房）（见 P702）到达居庸关云台（见 P190）参观，继续向西途经长城（水关长城）到达京张铁路南口段至八达岭段（青龙桥车站站房及职工宿舍和监工处）（见 P701），可在此瞻仰詹天佑墓、碑及铜像（见 P700）。再往西不远处就是著名的万里长城—八达岭（见 P366）。长城（岔道城）（见 P132）和八达岭烈士陵园（市九，不开放）在八达岭西侧。

巩华城（镇辽门）

（刘远航／摄）

朝宗桥

（田毅／摄）

八达岭烈士陵园

（刘雷／摄）

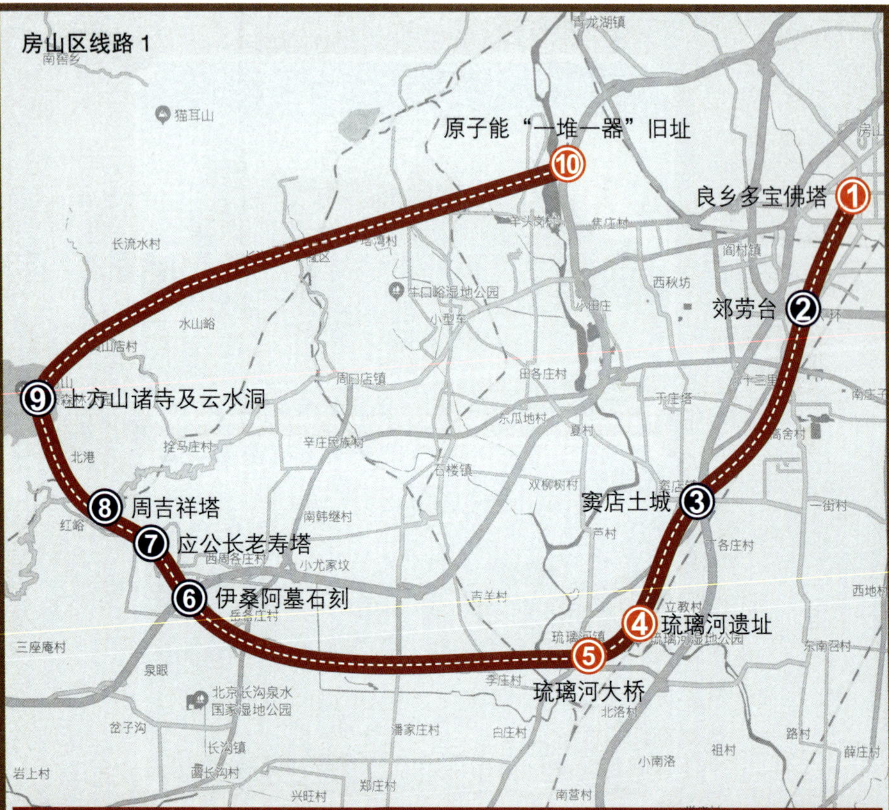

推荐寻访方式

自驾

推荐寻访路线

先驾车至良乡多宝佛塔（见 P160）参观，后向西南寻访清代郊劳台（市五，需要许可）、汉代窦店土城（市二，免费开放）和西周琉璃河遗址（见 P14）。然后行至琉璃河大桥（见 P456），桥北有众多碑刻可以驻足浏览。再向西行可寻访清代吏部尚书伊桑阿墓石刻（市六，免费开放）、元代应公长老寿塔（市五，景区收费）、明代周吉祥塔（市五，免费开放）和上方山诸寺及云水洞（市三，景区收费），最后返城路上途经原子能“一堆一器”旧址（见 P706）。

推荐寻访重点

良乡多宝佛塔、琉璃河遗址、琉璃河大桥、伊桑阿墓石刻和上方山诸寺及云水洞，由于上方山诸寺及云水洞景区较大，可酌情选择诸寺进行重点寻访。

伊桑阿墓石刻（黑敀/摄）

应公长老寿塔（刘远航/摄）

上方山诸寺及云水洞（塔林）（刘远航/摄）

推荐寻访方式

自驾 + 步行

推荐寻访路线

从姚广孝墓塔（见 P452）开始寻访，向西南行驶可至万佛堂、孔水洞石刻及塔（见 P146）。然后北行至庄亲王园寝（市九，需要许可）寻访石牌坊，继续西行可在河北镇政府院内看到北京市少见的铁瓦建筑——铁瓦寺（市六，需要许可）。之后可选择向东北寻访灵鹫禅寺（区保，暂不开放）、环秀禅寺（区保，免费开放）和广智禅寺（区保，免费开放）三处无梁殿建筑。

推荐寻访重点

姚广孝墓塔，万佛堂、孔水洞石刻及塔和铁瓦寺，值得一提的是灵鹫禅寺所在的谷积山一带还有众多文保古迹可以深度寻访。

庄亲王园寝（石牌坊）
（洛卡奇／摄）

铁瓦寺
（自在香山／摄）

环秀禅寺
（自在香山／摄）

房山区线路 3

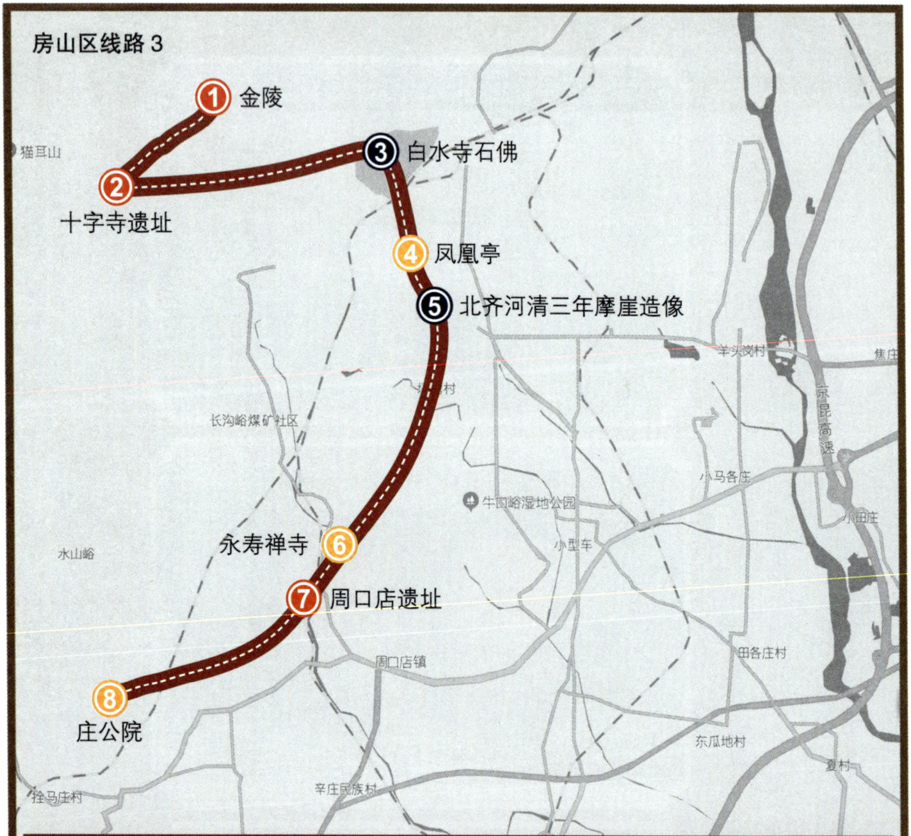

推荐寻访方式

自驾 + 步行

推荐寻访路线

驾车至北京现存最早的皇家陵寝——金陵（见 P52）参观，其西南侧有罕见的景教遗存——十字寺遗址（P32）。而后向东寻访白水寺石佛（市三，不开放）和清代凤凰亭（区保，公共区域），再至燕山公园参观北京最早有纪年的摩崖造像——北齐河清三年摩崖造像（市九，需要许可）。最后向南依次到访永寿禅寺（区保，不开放）和“北京人”发现地——周口店遗址（见 P2）参观，临近的周口店遗址博物馆（收费，周一闭馆）亦值得一看。如果时间充裕，还可到其西南方向幽静的庄公院（区保，免费开放）小憩。

推荐寻访重点

金陵和周口店遗址（含博物馆），每年 11 月初为十字寺遗址银杏古树的最佳观赏期。

白水寺石佛
（刘雷／摄）

北齐河清三年摩崖造像
（刘雷／摄）

庄公院（塔）
（刘远航／摄）

房山区线路 4

推荐寻访方式

自驾 + 步行

推荐寻访路线

首先寻访著名的房山云居寺塔及石经（见 P134）主体所在的云居寺和石经山，然后向南前往辽代玉皇塔（市五，公共区域），并可参观房山云居寺塔及石经（房山大白玉塘采石场遗址）（见 P144）。继续开车向西南可先后到达辽代照塔（市五，公共区域，爬山往返约一个小时）、拒马河吊桥（区保，免费开放）和镇江塔（区保，免费开放），然后折向西北到达张坊地道（区保，暂不开放）和五级密檐灵塔（区保，学校内不开放，可远观）。再向北可到访唐代的七级密檐塔（区保，需要许可），最后走周张路可依次寻访唐代大峪沟摩崖造像（区保，免费开放，爬山往返约一个小时）、中山寺（区保，免费开放）和北白岱观音像（区保，免费开放）。

玉皇塔
（刘雷／摄）

照塔
（刘远航／摄）

大峪沟摩崖造像
（刘雷／摄）

推荐寻访方式

自驾

推荐寻访路线

驾车至戒台寺停车场，沿东南方向古道步行至戒台寺南塔院（见 P171）参观，在登山栈道上还可俯瞰戒台寺全景，步行下山向东依次有石牌坊（见 P170）、芦潭古道（戒台寺—石佛村段）（区保，需要许可）、明代摩崖造像群（区保，需要许可），返回停车场可进入戒台寺（见 P164）游览。出戒台寺向西可至千灵山景区寻访极乐峰护国宝塔及佛洞群（区保，景区收费）而后再次返回停车场自驾前往戒台寺西北方向的古刹潭柘寺（见 P544），这里有两株千年的银杏古树，又叫“帝王树”和“配王树”，每年 11 月初是最佳观赏期。而且这里还有北京地区最大的塔林（上塔林开放，下塔林暂不开放）。最后向西可到达北京日报社西山基地（市九，暂不开放）。

摩崖造像群
（刘雷／摄）

极乐峰护国宝塔及佛洞群
（程尧／摄）

北京日报社西山基地（办公区）
（刘雷／摄）

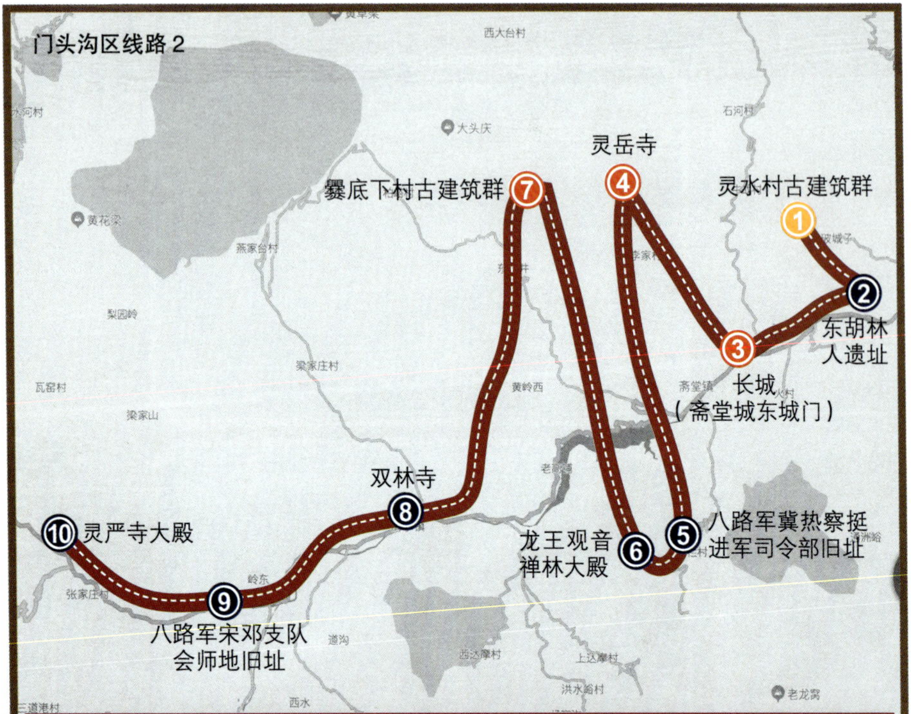

推荐寻访方式

自驾 + 步行

推荐寻访路线

自驾沿京拉线先至灵水村古建筑群（区保，景区收费）参观，然后折返回京拉线向西途经东胡林人遗址（市九，需要许可）和长城（斋堂城东城门）后向北上山寻访古刹灵岳寺（见P214），再回到斋堂镇向南至马栏村，可分别参观八路军冀热察挺进军司令部旧址（市五，景区收费）和龙王观音禅林大殿（市九，景区收费）。再次折返回京拉线向西北进入爨底下村古建筑群（见 P616）参观，随后折返再沿京拉线西行可途经双林寺（市六，不开放）和八路军宋邓支队会师地旧址（市九，需要许可），最后到达北京最西端的元代风格木构灵严寺大殿（市五，需要许可）。

推荐寻访重点

本条线路上的灵严寺大殿、双林寺西配殿和灵岳寺大殿是三处保留了元代风格的木构建筑，其中灵严寺大殿的替木式短栱、双林寺西配殿的普拍枋和灵岳寺大殿的月梁都很有特色。明代木构建筑龙王观音禅林大殿的斗拱硕大，也很值得一看。

龙王观音禅林大殿
（自在香山/摄）

双林寺
（刘雷/摄）

灵严寺大殿
（自在香山/摄）

平谷区线路

推荐寻访方式

自驾 + 步行

推荐寻访路线

先自驾至顺义区的焦庄户地道战遗址（见 P802）参观，然后向东北方向行驶到达丫髻山碧霞元君祠遗址（市六，景区收费）游览，再向南至新石器时期的北埝头遗址（市六，免费开放），继续向东到达平谷石刻艺术馆（区保，需预约），这里也是上宅文化陈列馆所在地，然后向北至上宅遗址（见 P10）。返程西行可寻访刻有元代八思巴文的大兴隆禅寺碑刻（区保，开放）。此外，平谷区博物馆（需预约）也是一处了解平谷区历史古迹风貌的不错去处，可供选择参考。

北埝头遗址（刘雷/摄）

丫髻山碧霞元君祠遗址（天翔/摄）

大兴隆禅寺碑刻（刘雷/摄）

推荐寻访方式

自驾 + 步行

推荐寻访路线

先自驾到延庆城区，依次途经灵照寺（市八，免费开放）和北关龙王庙（市八，需要许可），向西可寻访有精美壁画的西五里营龙王庙（区保，免费开放），然后继续西行至延庆古崖居（见 P20）参观。再驱车向东北途经玉皇庙山戎墓遗址（市五，暂不开放），继续向东北会路过明代烧窑峪摩崖造像（区保，不开放）。再向南至永宁天主教堂（市六，不开放），继续向东北穿过百里山水画廊，途经木化石群（市六，景区收费），最后到达花盆村戏台及关帝庙（市八，需要许可）。该线路全程较长，可根据自身情况取舍。

西五里营龙王庙（壁画）

（刘雷/摄）

烧窑峪摩崖造像

（刘雷/摄）

花盆村戏台及关帝庙

（刘雷/摄）

参考文献

[1] 北京市地方志编纂委员会 . 北京志 · 世界文化遗产卷 · 周口店遗址志［M］. 北京：北京出版社，2003.

[2] 北京市古代建筑研究所 . 北京古建文化丛书 · 城垣［M］. 北京：北京出版集团公司，北京美术摄影出版社，2014.

[3] 北京市古代建筑研究所 . 北京古建文化丛书 · 府邸宅院［M］. 北京：北京出版集团公司，北京美术摄影出版社，2014.

[4] 北京市古代建筑研究所 . 北京古建文化丛书 · 桥塔［M］. 北京：北京出版集团公司，北京美术摄影出版社，2014.

[5] 北京市古代建筑研究所 . 北京古建文化丛书 · 园林［M］. 北京：北京出版集团公司，北京美术摄影出版社，2014.

[6] 北京市古代建筑研究所 . 北京古迹概览［M］. 北京：北京出版集团公司，北京美术摄影出版社，2019.

[7] 段柄仁 . 北京四合院志［M］. 北京：北京出版集团公司，北京出版社，2016.

[8]《全国重点文物保护单位》编辑委员会 . 全国重点文物保护单位 · 第一批至第五批［M］. 北京：文物出版社，2004.

[9] 国家文物局 . 全国重点文物保护单位 · 第六批［M］. 北京：文物出版社，2008.

[10] 国家文物局 . 第八批全国重点文物保护单位［M］. 北京：文物出版社，2021.

[11] 国家文物局 . 中国文物地图集 · 北京分册［M］. 北京：科学出版社，2008.

[12] 贾珺 . 北京私家园林志［M］. 北京：清华大学出版社，2009.

[13] 姚雅欣，黄兵 . 识庐 · 清华园名人故居［M］. 中国建筑工业出版社，2009.

[14] 李路珂，王南，胡介中，李菁 . 北京古建筑地图（上）［M］. 北京：清华大学出版社，2009.

[15] 王南，胡介中，李路珂，袁琳 . 北京古建筑地图（中）［M］. 北京：清华大学出版社，2011.

[16] 王南，胡介中，李路珂，袁琳 . 北京古建筑地图（下）［M］. 北京：清华大学出版社，2012.

[17] 孟宪利 . 话说八达岭与长城［M］. 北京：人民邮电出版社，2014.

[18] 王南 . 北京古建筑［M］. 北京：中国建筑工业出版社，2015.

[19] 吴锴 . 北京古塔影像录［M］. 北京：北京出版社，2019.

[20] 于敏中．日下旧闻考［M］．北京：北京古籍出版社，1983.
[21] 陈欣雨．春秋石铭——北京栅栏墓地历史及现存碑文考［M］．北京：人民出版社，2020.
[22] 重现于世的雍正石碑［J］．中国商界，1997（10）：9.
[23] 杜嘉希，许懋彦．宏图与现实——国立清华大学时期校长和建筑师的互动与成果［J］．建筑史学刊，2022，3（01）：151—164.
[24] 谷新春．北京普度寺沿革考［J］．南京艺术学院学报（美术与设计），2018（05）：8—15+209.
[25] 侯德义．“一堆一器”奠定中国核科研基础——记我国第一座实验性重水反应堆和第一台回旋加速器［J］．国防科技工业，2014（02）：44—45.
[26] 黄钟，忻琳，张维．现当代文物价值载体认定及保护利用规划策略——以宋庆龄儿童科学技术馆保护区划研究为例［J］．面向高质量发展的空间治理——2021 中国城市规划年会论文集（09 城市文化遗产保护），2021.
[27] 姜纬堂．北京牛街礼拜寺阿拉伯文墓碑来历质疑［J］．文物，1987（11）:81—85.
[28] 李磊，李哲．牛街 牛街［J］．旅游，2014（9）:8—19.
[29] 刘盛林．牛街礼拜寺的筛海坟及阿文墓碑无可置疑——与姜纬堂同志商榷［J］．文物，1988（10）：76—78.
[30] 刘勇，郝树鹏．北京站：地标式建筑［N］．人民铁道，2009-09-19（A02）.
[31] 懿恭．北京牛街礼拜寺两方阿拉伯文的古刻［J］．文物，1961（10）：53—54.
[32] 有关 101 堆的小故事［J］．国防科技工业，2021（04）：69—70.
[33] 王世仁．北京房山金陵碑亭原状推测［M］//北京市文物研究所．北京金代皇陵．北京：文物出版社，2006.
[34] 王淼．北京地区史前文化的研究刍议——兼谈上宅文化［J］．丝绸之路，2020（4）:64—67.
[35] 北京大学光华管理学院．这些北大校园建筑背后，有多少历史故事？［J/OL］．［2018-4-28］.https://www.sohu.com/a/229815277_99982005.
[36] 北京大学基建工程部．未名湖燕园建筑保护范围及建设控制地带.［J/OL］.［2017-4-3］.https://jjgcb.pku.edu.cn/gcjs/xyztgh/43100.htm.
[37] 北京大学政策法规研究室，党委政策研究．文物信息.［J/OL］.［2017-7-26］.

https://zys.pku.edu.cn/wwbh/wwxx/322.htm.
[38] 北京市东城区第一图书馆．中华圣经会旧址．[J/OL]．[2009-6-11].http://www.bjdclib.com/subdb/laneculture/historybuilding/200906/t20090611_2005.html.
[39] 汪艺朋．京城古迹丨天宁寺塔——北京市区最古老的地面建筑．[J/OL]．[2021-11-30].https://baijiahao.baidu.com/s?id=1717840529292050176&wfr=spider&for=pc.
[40] 北京市东城区第一图书馆．意大利使馆旧址．[J/OL].[2009-6-10].http://www.bjdclib.com/subdb/laneculture/historybuilding/200906/t20090610_1835.html.
[41] 小川一真，杨文举．清代北京皇城写真帖[M]．北京：学苑出版社，2009.
[42] 卞修跃．西方的中国影像[M]．合肥：黄山书社，2016.
[43] 贾珺，马之野．北京西郊退潜别墅[J]．建筑史，2012(01)：136—146.

后 记

有这样一座城市，风雨千年，燕赵之地的金戈铁马与明清帝都的壮丽恢弘，交织成最绚烂的历史篇章，斗转星移，伴随着日新月异的建设与国际化的进程，在时代的潮流里书写着城市新的篇章。

这座城市的名字，叫北京。

我是土生土长的北京人，也是一位北京文物古迹发烧友。因为共同的访古爱好，我加入了华夏古迹图（以下简称“华古”）团队，担任华古北京领主。从 2019 年开始我利用四年业余时间，把北京地区的 3000 多处文保点进行了标注，对 2000 多处进行过实地探访。通过华古平台我还结识了不少北京古迹爱好者，如北京青年报社的郑直老师，清华大学古迹协会的陈泽仁会长和骆欢副会长，拍摄北京古迹多年的刘远航博士，曾经在北京工作过的田毅、刘德旺等等，这为华古团队编著此书奠定了雄厚的基础。

当《寻迹北京》这本内含 1300 余张图片、近 20 万字文字、厚达 900 余页的书付梓之时，掩卷而释，眼前浮现的是多少个日日夜夜大家共同整理与拍摄的情景，心中涌现的是太多的感恩和感谢。

2020 年，华古团队经过调研和策划，启动了“寻迹华夏”丛书之“寻迹古都”系列的第一本《寻迹南京》的编撰。同时，《寻迹北京》也开始提上议程，我开始有目的和有计划地，一边在华古文物古迹大数据平台进行北京文保数据的标注和规范，一边进行线下寻访和拍摄记录。

2022 年初，《寻迹北京》正式启动，由我出任主编，编撰、校对由郑直、骆欢、田毅、刘远航、王腾、王勘、刘德旺等共同参与。图片大部分由华古平台和微信公众号征集，部分为特约，供稿照片多达上万张，供稿人多达 70 位，充分体现了华古平台共同参与的力量，向众创华夏文物古迹影像志的目标又迈近了一步。

在《寻迹北京》的编撰过程中，我们首先收集了各种正式出版的文物部门编写的书籍，然后分头整理，最后汇总校对。在图片搜集方面，我们得到了北京众多文博单位领导、北京地区访古人和摄影师的帮助，特别是得到故宫摄影大师苏唐诗老师、北京资深访古人颐和吴老、中国铁路研究学者王嵬老师、《国家地理》杂志优秀摄影师洛卡奇、航拍古迹摄影师莎萝蔓蛇、北京古迹研究和高角度拍摄达人失重的梁柱和任昱老师等资深媒体人的大力支持，同时还有华古北京平台上众多访古爱好者的鼎力贡献。在此，华古团队都表以深深的谢意和敬意。

北京的文物古迹多以明清古建筑为主，为此我们选择了北京古建筑中最具代表性的天坛祈年殿的形象作为《寻迹北京》的封面图并特别邀请了著名古建筑绘画师连达老师进行手绘。《寻迹北京》的集字，选用明代皇陵御碑中的台阁体，堂皇典重，和北京的气质相同。

文中章节开篇插图，我们特别邀请了毕业于南京艺术学院中国画系的硕士刘莹莹老师，手绘四幅具有代表性的北京文物古迹手绘图。古遗址选用周口店遗址的北京猿人形象塑像，古墓葬选用明十三陵神道武将石像生，古建筑选用北京鼓楼、钟楼，近现代重要史迹及代表性建筑选用卢沟桥（包括宛平县城）。

感谢北京市文物保护协会会长、北京市文物局原局长孔繁峙先生为本书写序，感谢故宫博物院研究员、原书画部主任余辉老师为本书题字，感谢清华古迹协会、清明上河图研究会和长城小站对本书的支持。

感谢陕西人民出版社许晓光老师、白艳妮老师的信任和鼎力支持，让我们可以根据自己的意愿全力做好一本想做的书。感谢陕西人民出版社资深设计师赵文君老师，对本书设计和排版提供的宝贵意见与付出。

感谢《寻迹南京》主编王腾和主设计师袁景对本书组稿和排版的参谋，最后还要感谢我的家人以及“寻迹华夏”丛书策划杨彩的大力协助。

《寻迹北京》之后，我们还将继续推出《寻迹西安》和《寻迹洛阳》，届时“寻迹”系列的四大古都将全部完成，与广大爱好者见面。鉴于我们都是业余古迹爱好者，在编写过程中难免会有一些错误或者表述不妥之处，也请朋友们多批评指正。

关于北京的文物古迹，其实我们还有很多想向大家介绍的内容，限于书的体量只能是概览，如果想更加细致地寻迹北京，可以配合华夏古迹图进行寻访。当然，以后我们也会继续努力深入，向大家展示更多的“不一样的北京”古迹历史风貌。

末了，从“熏风十里琼华岛，一派歌声唱采莲”的金中都，到“三十二门金锁合，年年春归扫梧桐”的明清皇城，让我们跟着《寻迹北京：北京重点文保导览手册》，一起走进这座记载了并正在继续记录着华夏之都伟貌的北京城，倾听她的声音，感受她的魅力吧。

《寻迹北京》主编　刘雷

2022 年 11 月